面向"中国制造2025"城市轨道交通专业培养计划
普通高等教育"十三五"规划教材

城市轨道交通运营管理（第2版）

吴金洪		主　编
宛　岩　韦　强		副主编
黄先锋		主　审

CHENGSHI GUIDAO

JIAOTONG YUNYING

GUANLI

西安交通大学出版社

XI'AN JIAOTONG UNIVERSITY PRESS

内 容 简 介

本书内容主要包括城市轨道交通系统运营特性、运营管理模式、运输计划、客流预测与分析、列车运行图、运输能力、客运管理、列车运行控制及调度指挥、事故及处理等。随着我国城市轨道交通网络化建设和发展，城市轨道交通运营管理呈现出新的特点。能够适应城市轨道交通运营管理发展和轨道交通专业人才培养的需要。

本书可作为高等院校交通运输相关专业的教材或教学参考书、城市轨道交通专业人员培训教材，也可供从事城市轨道交通运营管理相关的专业技术人员参考。

图书在版编目(CIP)数据

城市轨道交通运营管理 / 吴金洪主编. —2版. —西安：西安交通大学出版社，2018.5(2025.7重印)

ISBN 978—7—5693—0708—5

Ⅰ. ①城… Ⅱ. ①吴… Ⅲ. ①城市铁路—交通运输管理 Ⅳ. ①U239.5

中国版本图书馆 CIP 数据核字(2018)第142385号

书　　名	城市轨道交通运营管理(第2版)	
主　　编	吴金洪	
责任编辑	聂燕	

出版发行　西安交通大学出版社
　　　　　（西安市兴庆南路1号　邮政编码 710048）
网　　址　http://www.xjtupress.com
电　　话　(029)82667874　82668357(市场营销中心)
　　　　　(029)82668315（总编办）
传　　真　(029)82668280
印　　刷　西安日报社印务中心

开　　本	787mm×1092mm　1/16　　印张 13.375　　字数 320千字
版次印次	2018年8月第2版　　2025年7月第5次印刷
书　　号	ISBN 978—7—5693—0708—5
定　　价	29.80元

如发现印装质量问题，请与本社市场营销中心联系。
订购热线：(029)82665248　(029)82667874
投稿热线：(029)82665249
读者信箱：medpress@126.com

版权所有　侵权必究

前言

随着城市化进程的快速发展,城市交通需求持续增长,城市道路交通拥挤、交通事故及交通污染等问题日益加剧。解决城市交通问题的根本出路在于优先发展以轨道交通为骨干的城市公共交通系统。在城市客运交通领域,在"以人文本、公交优先"方针指引下,城市轨道交通因具有运量大、速度快、安全准点、保护环境、节约能源和用地等优点,深受人民群众的欢迎,已成为广大市民出行的首选。

目前我国城市轨道交通正处在大发展、大建设时期,北京、上海等大城市的轨道交通已经从单线运营进入了网络化运营,其他城市的轨道交通建设也在不断深化和完善。城市轨道交通为市民带来出行便利的同时,也为运营部门带来了新的管理课题。为了保证城市轨道交通高效运转、优质服务和安全运营,不仅需要优质高效的硬件设备,还要有与系统规模相适应的运营管理机构和高素质的管理人才。

本书编者熟悉城市轨道交通运营管理,有多年的城市轨道交通专业的教学、研究和工作的经历。本书由浙江师范大学吴金洪主编,宁波工程学院宛岩、浙江师范大学韦强副主编。本书的编写工作分工如下:第一章和第八章由吴金洪编写,第二章和第三章由韦强编写,第四章和第五章由宛岩编写,第六章由宛岩、张水潮编写,第七章由浙江师范大学郑丽娟编写,第九章由吴金洪、郑丽娟编写。

全书由杭州市地铁集团有限责任公司设计部黄先锋部长审阅。浙江省交通规划设计研究院市政轨道交通分院丁赛华院长和叶建忠副院长及宁波市轨道交通集团有限公司总师办姚燕明副主任(博士),为本书在材料收集、内容安排等方面提出了许多宝贵意见,在此对他们表示感谢。

在编写过程中,本书大量引用了有关城市轨道交通的文献和部分城市轨道交通企业运营资料,在此谨向有关专家及部门致以衷心感谢。鉴于编写人员水平有限、资料难以收集齐全及实践经验的局限性,书中难免有不足之处,恳请读者批评指正。

编　者

第一章　绪论　/ 1

第一节　国外城市轨道交通的发展概况　/ 1
第二节　国内城市轨道交通的发展概况　/ 11
第三节　城市轨道交通系统的分类　/ 18
思考题　/ 21

第二章　城市轨道交通的运营管理　/ 23

第一节　城市轨道交通的运营特性　/ 23
第二节　城市轨道交通运营管理模式　/ 26
第三节　城市轨道交通运营管理内容　/ 30
思考题　/ 33

第三章　城市轨道交通客流预测与分析　/ 34

第一节　城市轨道交通客流　/ 34
第二节　城市轨道交通客流预测　/ 36
第三节　城市轨道交通客流调查　/ 39
第四节　城市轨道交通客流分析　/ 41
思考题　/ 46

第四章　城市轨道交通运输计划　/ 48

第一节　客流计划　/ 48
第二节　全日行车计划　/ 50
第三节　车辆配备计划　/ 55
第四节　列车交路计划　/ 58
思考题　/ 63

第五章　城市轨道交通列车运行图　/ 64

第一节　列车运行图基本概念　/ 64
第二节　列车运行图的分类　/ 66
第三节　列车运行图的要素　/ 70
第四节　列车运行图的编制方法　/ 76
第五节　列车运行图的检查与指标计算　/ 78
思考题　/ 82

第六章　城市轨道交通运输能力　/ 83

第一节　运输能力基本概念　/ 83
第二节　运输能力的影响因素　/ 85
第三节　运输能力的计算　/ 92
第四节　加强运输能力的措施　/ 96
第五节　提高运行效率的措施　/ 103
思考题　/ 105

第七章　城市轨道交通客运管理　/ 106

第一节　车站设备设施　/ 106
第二节　客流组织　/ 114
第三节　客运服务　/ 119
第四节　票务管理　/ 125
思考题　/ 131

第八章　列车运行控制及调度指挥　/ 132

第一节　ATC 系统的组成及其功能　/ 132
第二节　ATC 系统的典型制式　/ 136
第三节　ATC 系统的闭塞制式　/ 143
第四节　ATC 系统的控制模式　/ 146
第五节　列车运行调度指挥　/ 151
思考题　/ 158

第九章　城市轨道交通事故及处理　/ 159

第一节　事故的影响因素　/ 159
第二节　城市轨道交通事故分类　/ 164
第三节　事故处理　/ 169
第四节　安全运营控制体系　/ 173
第五节　城市轨道交通应急预案　/ 177
思考题　/ 185

附录A　城市轨道交通运营管理规定　/ 186

附录B　城市轨道交通运营管理规范（节选）　/ 195

参考文献　/ 205

第一章 绪 论

随着城市化进程加快、城市规模扩大、经济发展和居民收入提高,城市人口和外来人员的流动日益频繁,城市交通需求持续增长。同时城市交通拥堵问题日益加重,城市交通造成的环境污染日益加剧,在一定程度上严重影响着人们的工作和生活,也严重制约着生态型城市的建设和城市的可持续发展。

城市轨道交通是指服务于城市客运交通,通常以电能为动力,以轮轨方式为特征的公共交通。城市轨道交通具有运量大、速度快、安全、准点、保护环境、节约能源和用地等特点。世界各国普遍认识到,解决城市交通问题的根本出路在于优先发展以轨道交通为骨干的城市公共交通系统。为了适应城市迅速发展的需要,解决城市交通拥堵问题,我国政府加大了对城市轨道交通建设的投入,加快发展城市轨道交通。

轨道交通推动城市科学发展,轨道交通让城市生活更美好。

第一节 国外城市轨道交通的发展概况

地铁的产生源于将列车引入城市中心的构想。1863 年 1 月 10 日,世界上第一条地铁在英国伦敦正式通车运营,线路总长 6.5km,用蒸汽机车牵引。虽然当时地铁设施简陋,而且污染严重,由于地铁不像地面道路交通那样拥堵,还是受到了广大市民的欢迎。

地铁的诞生,为人口密集的大都市如何发展公共交通提供了宝贵经验。特别是 1879 年电力驱动的机车研制成功,地铁开始进入电力牵引时代。由于地下客运环境大为改善,免除了污染环境的顾虑,地铁显示出了强大的生命力。从此以后,世界上一些著名的大都市相继建造地铁。

一、城市轨道交通的发展阶段

城市轨道交通的发展经历了一个曲折的过程,可大致分为以下几个阶段:

1. 初步发展阶段(1863 年—1924 年)

在这一阶段,欧美的城市轨道交通发展较快,其间 13 个城市建成了地铁,还有许多城市建设了有轨电车。20 世纪 20 年代,美国、日本、印度和中国的有轨电车有了很大发展。这种旧式的有轨电车行驶在城市的道路中间,运行速度慢,正点率很低,而且噪声大,加速性能低,乘客舒适度差,但在当时仍然是公共交通的骨干。

2. 停滞萎缩阶段(1924年—1949年)

第二次世界大战的爆发和汽车工业的发展,导致了城市轨道交通的停滞和萎缩。汽车的灵活、便捷及可达性,因而得到了飞速发展,而城市轨道交通因投资大,建设周期长,一度失宠。这一阶段只有五个城市发展了城市地铁,有轨电车则停滞不前,有些线路被拆除。由于地下空间对于战火的特殊防护作用,处于战争中的国家加速进行地铁的建设,如莫斯科等。

3. 再发展阶段(1949年—1969年)

汽车过度增加,使城市道路异常堵塞,行车速度下降,严重时还会导致交通瘫痪,加之空气污染、噪声严重,大量耗费石油资源,市区汽车有时甚至难以找到停车地方。人们重新认识到,解决城市客运交通必须依靠电力驱动的城市轨道交通。城市轨道交通因此重新得到了重视,而且从欧美逐步扩展到日本、中国、韩国、巴西、伊朗、埃及等国家。

4. 高速发展阶段(1970年至今)

世界各国城市化的趋势,导致人口高度集中,要求城市轨道交通高速发展以适应日益增加的客流运输,科学技术的进步也为城市轨道交通奠定了良好的发展基础。世界上很多国家都确立了发展城市轨道交通的方针,立法解决城市轨道交通的资金来源。城市轨道交通从欧洲、美洲、亚洲又扩展到大洋洲的澳大利亚,从发达国家扩展到发展中国家。

二、世界各国地铁概况

俄罗斯新闻网2007年3月1日报道,英国新假日旅游公司对世界各国地铁进行了评比,列出了世界上最著名的11条地铁,依次是:英国伦敦地铁、法国巴黎地铁、俄罗斯莫斯科地铁、西班牙马德里地铁、日本东京地铁、韩国首尔地铁、美国纽约地铁、加拿大蒙特利尔地铁、中国北京地铁、中国香港地铁、巴西圣保罗地铁。

2008年8月4日,俄罗斯《权力》周刊发布了"全球地铁排行榜",前10名依次是:伦敦地铁、纽约地铁、东京地铁、莫斯科地铁、首尔地铁、马德里地铁、上海地铁、巴黎地铁、墨西哥城地铁、北京地铁。

参照上述排名,下面简要介绍国外6个有代表性的地铁概况。

1. 伦敦地铁

伦敦地铁是世界上历史最悠久的地铁,初期用蒸汽机车牵引,从1890年开始改用电力机车。

伦敦有12条地铁线路,总长408km,设有275个车站,如图1-1所示。每条线路都有一个标志色,具体情况见表1-1。由于有共线运营区段和公用车站,因此运营总量超过了土建工程总量。

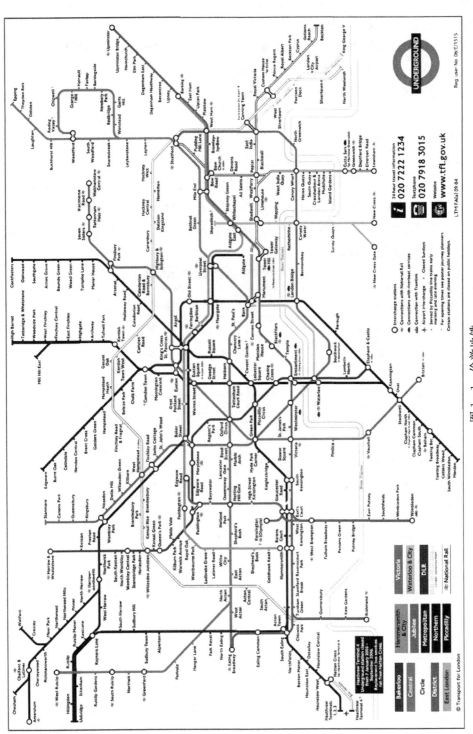

图 1-1 伦敦地铁

在地铁线路布局上,伦敦地铁各条线路间的长短差距很大,如最长线路长达74km,而最短线路只有2.37km。伦敦地铁线路有不少断头线,主要是由伦敦郊区有很多卫星城镇,其向心交通量很大所决定的。

伦敦地铁全部采用电动车组,每列6~8节编组,非高峰时段4节编组。市中心高峰时段行车间隔90s~120s,每站停车20s~25s。

伦敦地下铁道公司(London Underground)成立于1985年,负责所有地铁线路的运营。和世界上大多数地铁运营公司一样,伦敦地下铁道公司没有足够的收入来维持整个网络的运营和维护。1998年,伦敦市政府提出实施公私合作战略,以确保地铁运营的可持续发展。2003年,伦敦地下铁道公司运营机构重组完成。

在公私合作的框架下,伦敦地下铁道公司只负责管理层面,负责长期规划和整体网络协调,保持地铁运营的社会公益性。而与运营有关的核心部分,如车站、列车、信号等设施及运营职责全部下放给BCV、JNP和SSL3个下属私营企业,由这3个企业负责提供车站、列车服务,满足乘客需求。

表1-1 伦敦地铁运营线路基本情况

线路	颜色	运营公司	长度/km	车站数
贝克鲁线 Bakerloo Line	棕色	BCV	23.2	25
中央线 Central Line	鲜红色	BCV	74	49
环线 Circle Line	金黄色	SSL	22.5	27
区域线 District Line	草绿色	SSL	64	60
东伦敦线 East London Line	橙色	SSL	8	9
汉默史密斯及城市线 Hammersmith & City Line	粉红色	SSL	14.5	19
朱必利线 Jubilee Line	银灰色	JNP	36.2	27
大都会线 Metropolitan Line	紫色	SSL	66.7	34
北线 Northern Line	黑色	JNP	58	50
皮卡迪里线 Piccadilly Line	深蓝色	JNP	71	52
维多利亚线 Victoria Line	天蓝色	BCV	21	16
滑铁卢与城市线 Waterloo & City Line	浅蓝色	BCV	2.37	2
总计			461.47	370

2. 纽约地铁

纽约地铁是全世界唯一全天24h运营的地铁系统,第一条线路于1904年10月27日开始运营。目前纽约地铁共有24条服务线路(含3条区间线路),总长369km,设有468座车站,如图1-2所示。

纽约地铁在同一区段内有好几条股道,大部分线路是3~4线平行布置,只有少数线路是双线形式。这些区段可在一对线路上行驶普通站站停地铁列车,而在另外的线路上行驶部分车站停靠的快车。与此相适应,车站类型具有多样化,可以方便列车越行,开行大站车,也可以减少运营延误。

图1-2 纽约地铁

按运营时间的不同,纽约地铁有4种类型线路:(1)全天24h运营;(2)拥挤时段运营(工作日上午6:30~9:30,下午3:30~8:00);(3)除深夜外的其余时段运营(上午6:30~午夜12:00);(4)双休日运营(上午6:30~午夜12:00)。与此相适应,行车间隔不尽相同,在运输高峰时段,列车运行间隔为1.5min~5min,一般时段为6min~15min,在午夜至凌晨 5:00 之间为 20min。

纽约的城市轨道交通包括地铁和市郊铁路两种制式。纽约的地铁系统都在纽约市运输局(MTA)的管理下运营，MTA 的主要任务是通过纽约轨道交通系统的预算并争取政府的资金补助。纽约的市郊铁路主要用于上下班的通勤客运，由 8 个铁路公司经营，共拥有线路 3630km。

3. 东京地铁

东京地铁是亚洲建设最早的地铁，第一条线路建成于 1927 年 12 月。东京地铁共有 13 条路线，285 座车站，线路总长 312.6km，如图 1-3 所示。

东京是世界上典型的以轨道交通为主导的大都市。东京的轨道交通属于资源节约型，设计线路时充分考虑了不同的运营状况，线路设置非常合理，几乎不存在线路能力浪费。

东京的轨道交通包括地铁、民铁、私铁三种方式。市区的轨道交通线路除地铁外，还有民铁 180km、私铁 200km。

东京地铁线路几乎没有断头线，其端部都与铁路相连通，而且制式能够相互兼容，铁路线还可以与部分地铁线路共线运营，直接进入市中心。铁路线进入市中心以后，采用快速行车即只停大站的方式，而地铁线路则采用站站停靠的方式，这样可以使近郊、远郊的乘客快速地到达市中心。

东京地铁和铁路之间、运营地铁的两个公司之间，都严格划分服务范围，所有进入对方领域的车辆必须更换乘务员和驾驶员，周转量和成本也按这种方式进行划分。

东京地铁由东京地下铁和都营地下铁两家公司负责运营管理。东京地下铁负责 9 条地铁路线的运营，其中 1 条路线在兴建中；都营地下铁负责 4 条地铁路线的运营。

4. 莫斯科地铁

莫斯科地铁的首条线路于 1935 年 5 月 15 日投入运营。莫斯科地铁共有 12 条路线，171 个车站，线路总长 312.9km，如图 1-4 所示。

莫斯科地铁一直被公认为是世界上最漂亮的地铁，地铁站的建筑造型各异、华丽典雅。每个车站都由国内著名建筑师和艺术家设计，以不同的历史事件或人物为主题，采用五颜六色的大理石、花岗岩、陶瓷和彩色玻璃镶嵌出各种浮雕和壁画装饰，辅以华丽的照明灯具，好像富丽堂皇的宫殿，享有"地下宫殿"之美称。

莫斯科地铁的布局由莫斯科市中心呈放射状向四周延伸，间以环行线路，密布于城市地下。莫斯科地铁沟通了市中心和郊区的绝大部分住宅区，并将市内的 7 个火车站(市内共有 9 个火车站)和 10 多个广场串联起来。

当地铁由周边向市中心驶去的时候，其报站音为男声，而当地铁开始驶出市中心通往郊区的时候，则为女声报站名；而在环线上，当顺时针行驶的时候，为男声报站，而逆时针的时候则为女声。

5. 首尔地铁

首尔地铁的首条线路于 1974 年 8 月 15 日投入运营。首尔地铁共有 10 条路线，376 个车站，线路总长 314km，如图 1-5 所示。

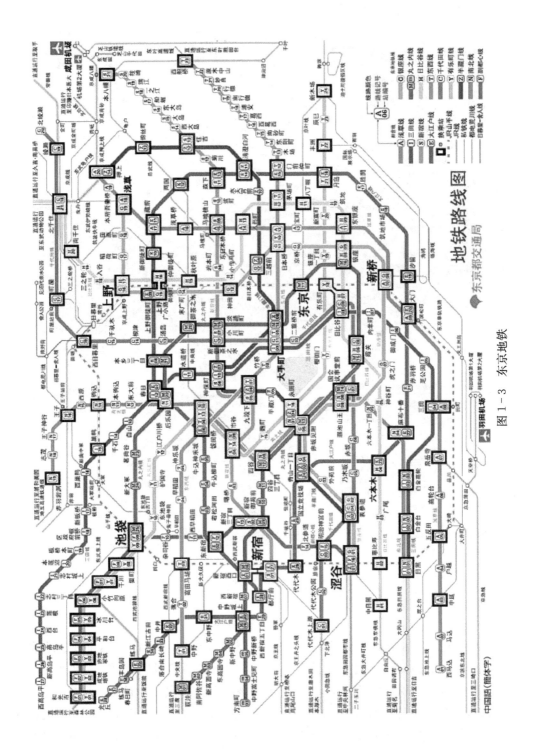

图1-3 东京地铁

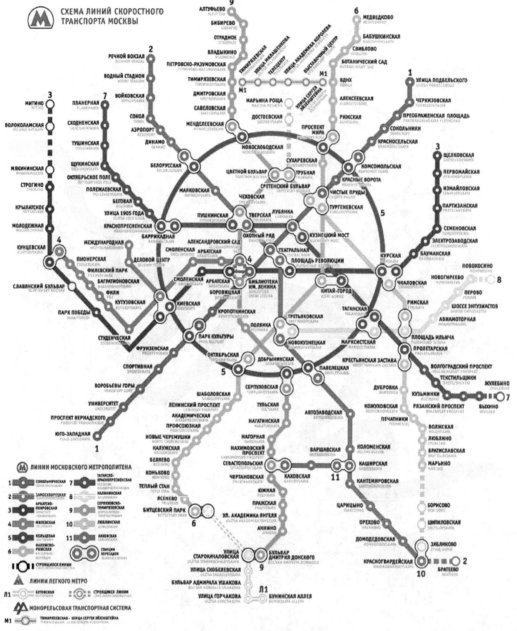

图1-4 莫斯科地铁

首尔地铁不同线路用不同颜色来区别。可以换乘的站画一个圆圈,里面有红蓝黄三原色,似乎要说明,所有的颜色都来源于此三色,样子有点像太极图,堪称"三色太极图"。地铁站收费处前悬挂着色彩各异的指示牌,指示牌与相应线路的颜色是一致的。地铁各站长长的走廊里,墙壁上、楼梯上的两侧面,往往画有长长的色带,上面还有相应的数字和箭头之类的标记,当然还有韩文、英文及中文说明,指示乘客前进。无论地下通道如何复杂,无论你懂不懂韩文、英文或中文,你只要以不变应万变,循着要乘的那条色带前进就行。

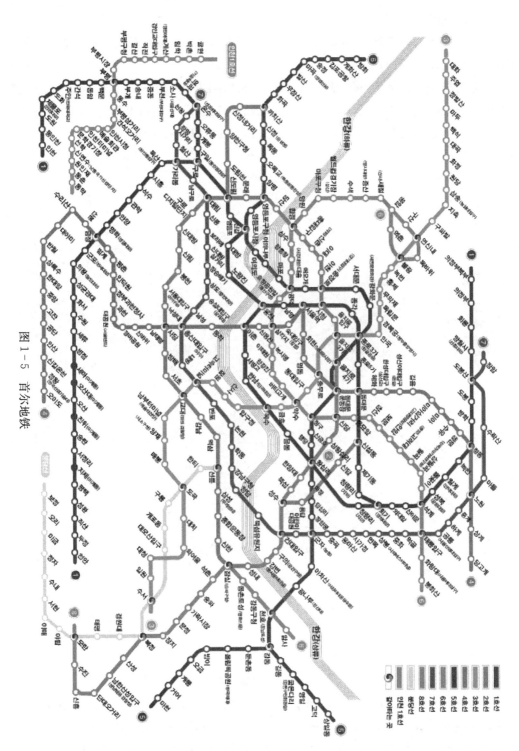

图1-5 首尔地铁

首尔地铁的另一个特色就是标示阿拉伯数字。每个车站都有一个三位数的编号,以地铁线路号为首位数,自东向西或从北到南按次序给每个站一个编号。乘客可按编号来判断到了哪个车站,非常方便。

6. 巴黎地铁

巴黎地铁的首条线路于1900年7月19日投入运营。巴黎地铁的开通是为了迎接当年在巴黎举行的世界博览会。

巴黎地铁分为两部分：运行范围在巴黎二环之内的，叫做Metro，共有14条地铁线和2条轻轨线；运行范围超出巴黎二环称作"区域快速轨道线"（简称PER），共有5条线，分别用字母A、B、C、D、E表示，即从PER A至PER E，如图1-6所示。

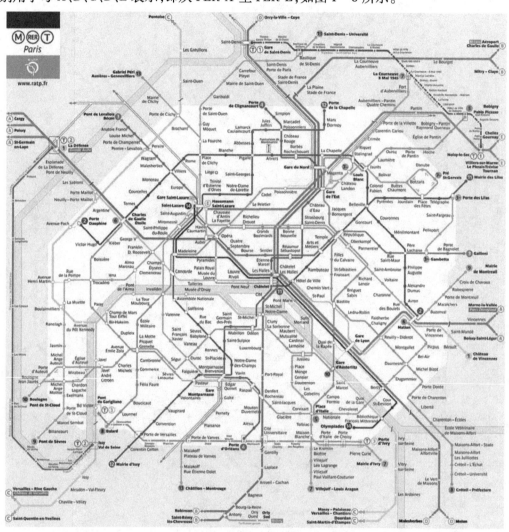

图1-6 巴黎地铁

巴黎市中心地铁线路总长215km，共有303座车站（387间站厅）和62座交汇站。PER运营线路总长363km，其中114km与地铁共线运营，249km为PER专线。

巴黎地铁的一大特点是线网密度高，站间距短，因此覆盖率高，市区居民步行不超过500m就能到达地铁车站；另一特点是市郊铁路网发达，它能将居住在巴黎近郊和远郊的上班族快速送达市中心。

巴黎地铁的换乘十分方便，中心城区几乎所有的径向线路都可与PER换乘，其中4

条地铁线路与所有的 PER 线都能换乘。巴黎地铁线路在主要换乘站通过地下通道连接相邻的换乘系统（包括铁路车站），构成大型的换乘枢纽。在换乘枢纽，乘客可以直接进行地铁与地铁、地铁与 PER、地铁与国有铁路之间的换乘。但是，巴黎的每条地铁线路都有独立的车站，线路之间不会共享同一站台。

巴黎地铁的行车方式单一，所有地铁线路均采用站站停的行车方式，极大地方便了乘客，减少了步行距离和换乘时间，但也导致乘客旅行时间较长，车的周转较慢，需要的车辆数较多。

第二节　国内城市轨道交通的发展概况

1953 年 9 月，在北京市委领导下，由国内和苏联著名城市规划建设专家共同完成了《改建与扩建北京市规划草案要点》的报告。它不但对北京城市的规模、政治经济定位和今后的发展走向作了规划，而且明确提出"为了提供城市居民以最便利、最经济的交通工具，特别是为了适应国防的需要，必须及早筹划地下铁道的建设"。

据当年的地铁筹备处总工程师谢仁德回忆，周恩来总理曾一语道破："北京修建地铁，完全是为了备战。如果为了交通，只要买 200 辆公共汽车，就能解决。"1965 年 2 月 4 日，毛泽东主席亲自在北京地下铁道建设方案的报告上作了"精心设计，精心施工，在建设过程中一定会有不少错误、失败，随时注意改正"的重要批示，确定了北京地铁"适应军事上的需要，兼顾城市交通"的建设方针。

1965 年 7 月 1 日，北京地铁一期工程开工，经过 4 年的艰苦奋战，全长 23.6m 的地铁一期工程于 1969 年 10 月 1 日建成通车，从而开创了我国地铁建设的先河。全长为 16.1km 的二期工程于 1971 年 3 月开工，1984 年 9 月通车运营。

天津地铁始建于 1970 年 4 月 7 日，天津是继北京后中国第二个建设城市轨道交通系统的城市，但地铁工程由于中国当时实行的停缓建政策，再加上资金限制，被迫停建。1981 年重新启动，于 1984 年 12 月 28 日建成通车（最初一段于 1976 年开通）。

改革开放以后，我国国民经济保持持续快速增长，城市化进程明显加快，对城市运输的需求日益增加，城市轨道交通进入了快速发展期，大致经历了 3 个阶段。

（1）开始建设阶段（1990 年—1994 年）

以上海地铁 1 号线、北京地铁复八线、北京地铁 1 号线改造、广州地铁 1 号线建设为标志，我国真正以交通为目的的地铁项目开始建设。同时，沈阳、天津、南京、重庆、武汉、深圳、成都、青岛等城市开始上报建设轨道交通项目，纷纷要求国家进行审批。

（2）调整整顿阶段（1995 年—1998 年）

由于种种原因，我国城市轨道交通的有关技术发展缓慢，离世界先进水平有相当距离，特别在车辆、信号及自动售检票等专业领域尤为明显。因此，上海、广州等开始修建地铁时，技术装备基本依赖进口，产生了造价高、建设周期长、维护费用高等负面影响。

另一方面,许多城市不考虑经济的承受能力和社会发展的实际需求,城市轨道交通建设带有很大盲目性。针对工程造价高、盲目引进进口设备等问题,1995年12月,国务院出台了第60号文件《暂停审批快速轨道交通项目的通知》,宣布除北京、上海、广州等在建地铁项目继续施工外,所有地铁项目暂停审批,并要求做好轨道交通网络发展规划和高新技术装备的国产化工作。

(3) 蓬勃发展阶段(1999年至今)

1997年年底,国家发展和改革委员会研究了城市轨道交通设备国产化实施方案,提出深圳地铁1号线、上海明珠线、广州地铁2号线、南京地铁1号线一期工程作为国产化的依托工程,于1998年批复立项,轨道交通项目重新开始启动。

随着国家积极财政政策的实施,国家从资金上给予城市轨道交通建设有力支持;同时通过技术引进,实现了部分城市轨道交通设备的国产化,使工程造价大为降低。由此,国家先后批准了10多个城市的轨道交通项目,我国轨道交通项目从此进入高速发展期。

截至2017年年底,中国内地共有34个城市开通运营城市轨道交通,共计165条线路,运营线路总长度达5033公里。其中,地铁3884公里,占线路总长的77.2%;轻轨240.8公里,占线路总长的4.8%;单轨98.5公里,占线路总长的2.0%;市域快轨502公里,占线路总长的10.0%;现代有轨电车246.1公里,占线路总长的4.9%;磁浮交通57.9公里,占线路总长的1.1%;APM线3.9公里,占线路总长的0.1%。全年累计完成客运量185亿人次,同比增长14.9%。城市轨道交通运营线路增多、客流持续增长、系统制式多元化、运营线路网络化的发展趋势更加明显。

2017年中国内地城市轨道交通完成建设投资4762亿元,在建线路6246公里,可研批复投资额累计38756亿元。截至2017年年底,共有62个城市的城轨线网规划获批,规划线路总长7321公里。2017年是国家实施"十三五"规划的重要一年,城轨交通进入快速发展新时期,运营规模、客运量、在建线路长度、规划线路长度均创历史新高,可研批复投资额、投资完成额均为历年之最。

预计到2020年,城轨里程总数将达到9000 km。虽然从运营总里程来看,全球前十大城市里面我国占据了四个(北京、上海、广州、深圳),但无论是从人均轨道交通线路拥有量、还是单位面积土地轨道交通线路拥有量看,我国城市轨道交通线路密度与纽约、伦敦、东京等国外发达城市仍有不小的差距。此外,东京、巴黎、伦敦等城市的轨道交通客运量占城市公共交通客运总量的比例均在80%以上,而北京、上海、广州轨道交通客运量仅占城市公共交通客运总量的40%~50%,国内其他城市则更低。因此,我国城市轨道交通仍有至少十年的"黄金发展期"。

下面简要介绍国内北京、上海、广州、深圳的城市轨道交通概况。

1. 北京

北京是中国第一座拥有地铁线路的城市,其第一条线路于1971年1月15日正式开通运营。截至2017年12月,北京地铁运营线路共有22条,覆盖北京市11个市辖区,运营里程 608 公里,共设车站 370 座。北京城市轨道交通线网图如图 1-7 所示,每条线路的具体情况见表 1-2 所示。

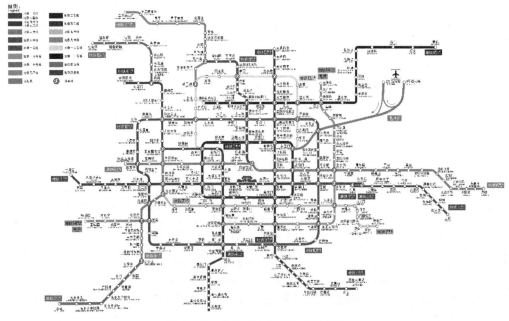

图 1-7 北京城市轨道交通线网图

表 1-2 北京地铁运营线路情况

序号	线路	颜色	运行区间	长度(km)	车站数	编组
1	1 号线	红色	苹果园—四惠东	31.0	23	6B
2	2 号线	蓝色	西直门—积水潭(环线)	23.1	18	6B
3	4 号线	青绿色	安河桥北—天宫院(与大兴线贯通运营)	50.0	35	6B
4	5 号线	紫色	天通苑北-宋家庄	27.6	23	6B
5	6 号线	土黄色	海淀五路居—潞城	42.8	26	8B
6	7 号线	淡黄色	北京西站—焦化厂	23.7	19	8B
7	8 号线	绿色	朱辛庄—南锣鼓巷	26.6	18	6B
8	9 号线	淡绿色	郭公庄—国家图书馆	16.5	13	6B
9	10 号线	天蓝色	巴沟—火器营(环线)	57.1	46	6B
10	13 号线	藤黄色	西直门—东直门	40.9	16	6B
11	14 号线(西段)	淡粉色	张郭庄—西局	12.4	7	6A
12	14 号线(东段)		北京南站—善各庄	31.4	19	
13	15 号线	紫罗兰色	清华东路西口—俸伯	41.4	20	6B

续表

序号	线路	颜色	运行区间	长度(km)	车站数	编组
14	16号线	草绿色	北安河—西苑	19.4	10	8A
15	八通线	红色	四惠—土桥	19.0	13	6B
16	昌平线	嫩粉色	西二旗—昌平西山口	31.9	12	6B
17	房山线	橘红色	苏庄—郭公庄	25.4	12	6B
18	亦庄线	桃红色	宋家庄—次渠	23.2	13	6B
19	西郊线	朱红色	巴沟—香山	9.1	6	5C
20	燕房线	橙红色	阎村东—燕山	14.4	12	4B
21	S1线	棕红色	金安桥—石厂	9.4	7	6M
22	机场线	银灰色	东直门—2号、3号航站楼	28.1	4	4L

北京地铁由北京市地铁运营有限公司、北京京港地铁有限公司、北京京城地铁有限公司和北京公交集团运营。

北京市地铁运营有限公司是国有独资的特大型专门经营城市轨道交通运营线网的专业运营商,运营线路共计16条,包括1号线、2号线、5号线、6号线、7号线、8号线、9号线、10号线、13号线、15号线、八通线、房山线、昌平线、燕房线、S1线和亦庄线。

北京京港地铁有限公司(简称京港地铁)是一个致力于地铁建设、运营、管理的专业化公司,在北京市加大基础设施投资体制改革力度的历史条件下,由北京市基础设施投资有限公司、北京首都创业集团有限公司和香港地铁有限公司共同出资组建,运营线路共计4条,包括4号线、14号线(西段)、14号线(东段)、16号线。

北京京城地铁有限公司成立于2016年2月,北京市地铁运营有限公司持股51%、京投公司旗下中国城轨持股49%,主要从事城市轨道交通建设投资、运营管理和经营管理等业务,是地铁运营公司和京投公司践行国资国企改革,发展混合所有制,打造城市轨道交通"投资、融资、运营"一体化业务的重要平台,运营线路机场线。北京公交集团是以经营地面公共交通客运为主的特大型国有独资企业,运营线路西郊线。

2. 上海

1993年5月28日,上海轨道交通1号线南段(锦江乐园—徐家汇)开始观光试运行;1995年4月10日,1号线全线(上海火车站—锦江乐园)试运营,总长16.1公里。截至2018年3月,上海地铁共开通地铁线路16条,磁悬浮1条,全网运营线路总长673公里,车站395座。运营里程居中国第一,居世界第一。上海轨道交通网络如图1-8所示,每条线路的具体情况见表1-3所示。

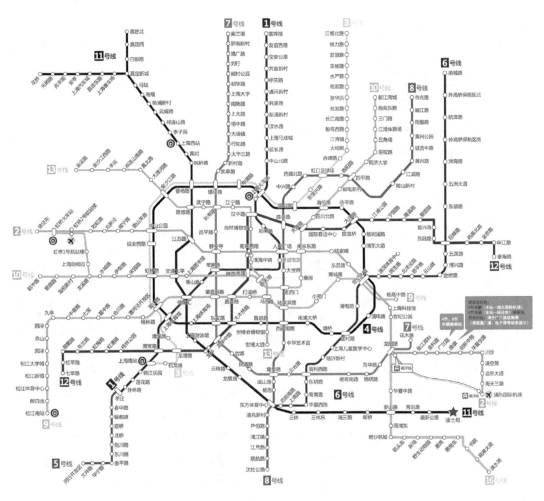

图1-8 上海轨道交通运营线路图

表1-3 上海城市轨道交通运营线路基本情况

序号	线路	颜色	运行区间	长度(km)	车站数	编组
1	1号线	大红色	莘庄—富锦路	36.9	28	8A
2	2号线	淡绿色	浦东国际机场—徐泾东	64	30	4A/8A
3	3号线	黄色	上海南站—江杨北路	40.3	29	6A
4	4号线	紫罗兰色	上海火车站—宝山路（环线）	33.6	26	6A
5	5号线	紫红色	闵行开发区—莘庄	17.2	11	4C
6	6号线	品红色	东方体育中心—港城路	36.1	28	4C
7	7号线	橙色	花木路—美兰湖	44.3	33	6A
8	8号线	蓝色	沈杜公路—市光路	37.4	30	6C/7C
9	9号线	天蓝色	杨高中路—松江南站	45.6	23	6A

续表

序号	线路	颜色	运行区间	长度(km)	车站数	编组
10	10号线	淡紫色	航中路—新江湾城	36.0	31	6A
11	11号线	深棕色	迪士尼—嘉定北	82.4	38	6A
12	12号线	翠绿色	七莘路—金海路	40.4	32	6A
13	13号线	粉红色	金运路—世博大道	23.3	19	6A
14	16号线	浅绿色	滴水湖—龙阳路	59.0	13	3A/6A
15	17号线	暗橙色	虹桥火车站—东方绿舟	35.3	13	6A
16	磁悬浮		龙阳路—浦东机场	33.0	2	3
17	浦江线	灰色	沈杜公路—汇臻路	6.7	6	4L

上海轨道交通运营管理为"1+4"模式,其中上海轨道交通运营管理中心负责整体网络运营,而四家运营公司(上海地铁第一至第四运营有限公司)负责各自的客运及车站设施等。

2009年12月31日,"上海地铁客流实时信息显示系统"全面亮相上海地铁。在车站、列车以及上海地铁网站上都能看到客流信息。乘客可根据"绿、黄、红"三色图选择乘行方式:绿色表示运营畅通状态,站点和列车能够持续提供正常服务,乘客可畅通地到达目的站点;黄色表示运营拥挤状态,运营服务能力饱和,包括列车或车站处于满员或拥挤状态,车站可能实行临时性限流措施;红色表示运营中断状态,乘客乘行路径阻断或车站关闭,包括列车延误15 min以上或可能延误15 min以上、线路/区段停运、站点运营服务停止、换乘停止等状态。

3. 广州

广州地铁1号线于1997年6月1日西郎至黄沙段投入试运营,1999年6月28日全线开通运营。截至2018年4月,广州地铁共有13条运营线路,总长为391.6公里,共206座车站,如图1-9所示。

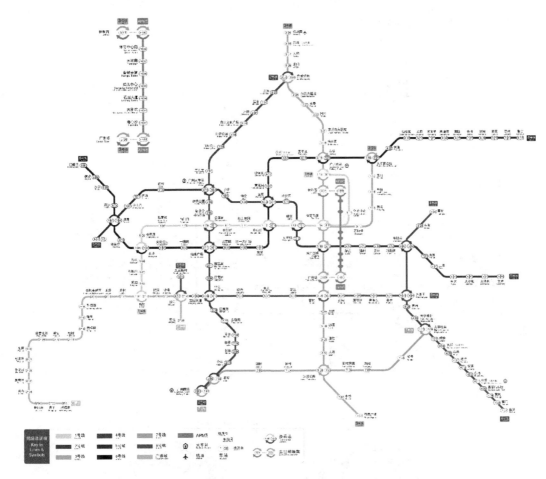

图1-9 广州地铁运营线路图

广州地铁由广州市地下铁道总公司负责营运管理,并且还是广佛地铁的实际建设及营运者,因此广州地铁的服务范围亦延伸至佛山市。

4. 深圳

深圳地铁1号线于2004年12月28日正式开通运营。截至2017年6月30日,深圳地铁已开通运营线路共有8条,运营线路总长285 km,共199座车站,如图1-10所示。

深圳地铁的标志和香港地铁标志非常相识,设计造型如出一辙,如图1-11和图1-12所示。深圳地铁是希望和香港地铁有联系,上面和下面的半圆代表深圳和香港(中间隔了深圳河),中间两竖代表把深圳和香港连接起来,未来香港深圳的地铁将直接相通。

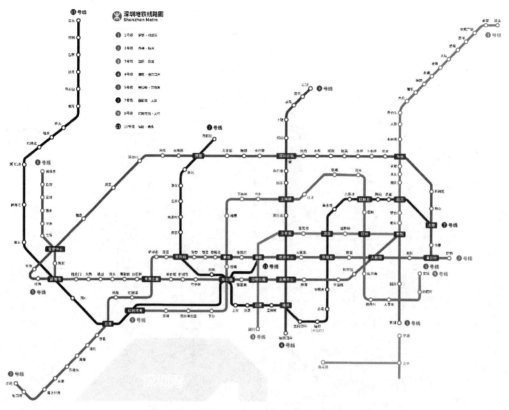

图1-10 深圳地铁运营线路图

图1-11 深圳地铁标志

图1-12 香港地铁标志

第三节 城市轨道交通系统的分类

城市轨道交通经过一个多世纪的发展,形成了多种多样的城市轨道交通方式。各国对城市轨道交通的分类各有差异,常用的分类方法有以下几种。

1. 按高峰小时单向运输能力分类

根据城市轨道交通系统高峰小时单向运输能力的大小,城市轨道交通系统可分为三类。

(1)高运量城市轨道交通系统:高峰小时单向运输能力达到3万人以上,属于该种类

型的城市轨道交通系统主要有地铁和市郊铁路等;

(2)中运量城市轨道交通系统:高峰小时单向运输能力为1.5万~3万人,属于该种类型的城市轨道交通系统主要有微型地铁、高技术标准的轻轨和独轨铁路等;

(3)低运量城市轨道交通系统:高峰小时单向运输能力为0.5万~1.5万人,属于该种类型的城市轨道交通系统主要有低技术标准的轻轨、自动导向交通系统和有轨电车等。

2. 按构筑物的形态或轨道相对于地面的位置分类

根据构筑物的形态或轨道相对于地面的位置,城市轨道交通系统可分为三类。

(1)地下铁路:位于地下隧道内的铁路称为地下铁路;

(2)地面铁路:位于地面的铁路称为地面铁路;

(3)高架铁路:位于地面高架桥上的铁路称为高架铁路。

3. 按基本技术特征分类

根据基本技术特征,城市轨道交通系统可分为地下铁道、轻轨交通、独轨交通、有轨电车、自动导向交通、市郊铁路及磁悬浮列车等类型。

(1)地下铁道

地下铁道,简称地铁或地下铁,是一种高运量城市轨道运输系统,也是世界各个国家城市轨道交通的主要模式。地铁线路一般全封闭,主要在城市地下空间修筑的隧道中运行,当条件允许时,也可在地面或高架桥上运行。图1-13为上海轨道交通1号线。

(2)轻轨交通

轻轨交通是一种中运量城市轨道交通系统,从有轨电车发展演变而来,采用轮轨导向,主要在城市地面或高架桥上运行。地铁和轻轨的区别主要在于单向高峰小时最大客流量的大小,地铁能适应的单向高峰小时最大客流量为3万~6万人,轻轨能适应的单向高峰小时最大客流量为1万~3万人。图1-14为上海轨道交通6号线。

图1-13 地铁

图1-14 轻轨

(3)独轨交通

独轨交通又称单轨铁路,是车辆或列车在专用轨道梁上运行的中运量城市轨道交通系统。独轨的线路一般采用高架结构,车辆则大多采用橡胶轮胎。从构造形式上可分为跨座式独轨与悬挂式独轨两种。跨座式独轨是列车跨在轨道梁上运行的形式，如图1-15所示；而悬挂式独轨则是列车悬挂在轨道梁下运行的形式，如图1-16所示。

图1-15　重庆跨座式独轨

图1-16　日本千叶悬挂式独轨

(4) 有轨电车

有轨电车属于低运量城市轨道交通系统，电车轨道铺设在城市道路路面上，轨面与路面保持同一水平，一般车辆和行人可以进入，是一种混合交通，运行速度低，行车安全和准时性差，运量较小，如图1-17所示。

(5) 自动导向交通

自动导向交通系统在一些文献资料中称为新交通系统，是一种中运量城市轨道运输系统。其主要技术特征是轨道采用混凝土道床、车辆采用橡胶轮胎，有一组导向轮引导车辆运行，列车运行自动控制，可实现无人驾驶等，如图1-18所示。

图1-17　大连有轨电车

图1-18　日本大阪自动导向交通

(6) 市郊铁路

市郊铁路是一种高运量城市轨道运输系统，连接城市市区与郊区，以及连接城市周围卫星城镇或城市圈的铁路，如图1-19所示。它往往又是连接大中城市干线铁路的一部分，具有干线铁路的技术特征，如市郊旅客列车与干线旅客列车和货物列车混跑。通常所有权不属于所在的城市政府，由铁路部门经营。

(7) 磁悬浮列车

磁悬浮列车是由无接触的电磁悬浮、导向和驱动系统组成的新型交通工具，如图1-20所示。磁悬浮列车运行时悬浮于轨道之上，轮轨之间没有摩擦，能够突破轮轨粘着极限速度的限制。磁悬浮列车分为德国的常导磁吸型和日本的超导磁斥型两大类。

图 1-19 北京市郊铁路

图 1-20 上海磁悬浮线

4. 按导向方式分类

根据导向方式，城市轨道交通系统可分为两类。

(1) 轮轨导向：地铁、轻轨、有轨电车等属于轮轨导向方式；

(2) 导向轮导向：单轨、新交通系统等属于导向轮导向方式。

5. 按轮轨的材料分类

根据轮轨的材料，城市轨道交通系统可分为两类。

(1) 钢轮钢轨系统：地铁、轻轨、有轨电车属于钢轮钢轨系统；

(2) 胶轮钢筋混凝土系统：单轨、新交通系统属于胶轮钢筋混凝土系统。

6. 按路权及列车运行控制方式分类

根据城市轨道交通系统是否专用、列车运行控制方式的不同，城市轨道交通系统可分为路权专用、按信号指挥运行，路权专用、按视线可见距离运行和路权混用、按视线可见距离运行等类型。

(1) 路权专用、按信号指挥运行类型

该类型系统的特点是线路专用，与其他城市交通线路没有平面交叉。由于路权专用及按信号指挥运行，行车速度高且行车安全性好。属于该种类型的轨道交通系统包括市郊铁路、地下铁道、高技术标准的轻轨和自动导向交通等。

(2) 路权专用、按视线可见距离运行类型

该类型系统的特点是线路专用，与其他城市交通线路没有平面交叉，行车安全性较好。但由于无信号、按可视距离间隔运行，行车速度稍低。属于该种类型的轨道交通系统主要是中等技术标准的轻轨。

(3) 路权混用、按可视距离运行类型

该类型系统的特点是线路与其他运输车辆和行人共用，与其他城市交通线路有平面交叉。除在交叉口设置信号控制外，其余线路段按可视距离间隔运行，行车速度与行车安全稍差。属于该种类型的轨道交通系统主要是低技术标准的轻轨和有轨电车。

思 考 题

1. 什么叫做城市轨道交通？

2. 城市轨道交通的发展经历了哪几个阶段？简述其发展变化的原因。
3. 简述我国城市轨道交通发展的态势。
4. 城市轨道交通如何分类？
5. 试述地铁与轻轨的区别。

第二章 城市轨道交通的运营管理

城市轨道交通的运营管理是综合利用相关设施为旅客提供优质服务的保证。城市轨道交通运营企业不但要提供良好的乘车环境,而且要有配套完善的基础设施和保障机制。为了保证城市轨道交通高效运转、优质服务和安全运营,不仅需要优质高效的硬件设备,还要有与系统规模相适应的运营管理及高素质的管理人才。

第一节 城市轨道交通的运营特性

城市轨道交通是一个庞大而复杂的技术系统,其专业涵盖了土建、机械、电机电器、自动控制、运输组织等技术范畴。从运营功能看,城市轨道交通大体可分为三大系统。

(1) 列车运行系统:线路、车辆、牵引供电、通信信号、控制中心等。

(2) 客运服务系统:车站、自动售检票、导向标识、消防环控、火灾报警、给排水等。

(3) 检修保障系统:为保障城市轨道交通设备性能良好,应具备的检修手段及检修能力等。

一、系统联动

城市轨道交通系统建设和运营的目的是为乘客提供快速、安全、准时、舒适、便利的运输服务,使乘客能够顺利地进站购票乘车、安全而舒适地旅行、快速而准确地到达目的地。

城市轨道交通三大系统同时正常、协调地运行是安全运行和优质服务的基础。各种设备之间在正常运行时均有相互依托的关系,同时要求设备之间有严格的技术配合,如列车和钢轨、列车和接触网、列车和信号、列车和通信、供电和通信信号、通信和信号、供电和自动售检票等。

可以说在列车运行时,各种设备相互之间环环相扣,共同保证列车正常运行和服务的良好。任何一环故障均会不同程度地使列车的正常运行受到影响,严重的甚至造成列车停运。这些设施、设备系统在建设阶段和停运检修时是各自独立的个体,一旦建成或修复投入运行,它们就像链轮和链条,共同维持城市轨道交通的正常运行。

二、时空关联

列车运行是根据乘客的出行需要安排的,大中城市要求高速度、高密度的列车运行来为市民出行服务,因此,城市轨道交通的旅行速度市中心一般设计为35km/h～40km/h,市郊为60km/h以上,最小行车间隔为2min。

城市轨道交通的产品是乘客的位移,对时间和空间的概念尤为重要。在城市轨道交通运营中,由于时间和空间不可存储,一旦失去势必造成列车运行晚点,严重时会发生事故。

具体来说,一旦运行的车辆、设备故障影响到列车的正常运行,必须立即处理,尽快恢复正常,确保列车运行。安装在车站的设备,白天的检修与故障处理也要定时、定点;线路设备检修、巡视等工作一般安排在夜间进行。各专业的检修要提前计划,经批准后才能进行。进入区间时要取得调度命令,根据调度命令登记好开工时间及结束时间、进行工作的区间工作范围(上、下行、里程等),工作必须按时完成。由于各专业维修均在夜间作业,夜间允许检修工作的时间又很短(一般为24:00～4:00),有时还需开行施工列车,有时需停电,因此,维修作业需要统一组织,并按时间完成,否则就可能发生人员或设备事故或者影响列车正常运行。

有些设备检修只要单一专业就可以完成,而有些设备的检修需要专业之间相互渗透,有关专业人员需同时到场联合作业,如车辆检查时,车辆、通信、信号检修人员需要同时到场,并排定三者的作业程序。因此,对于城市轨道交通运营企业,时间和空间是必备的基本概念。

三、统一指挥

多专业多工种联合运行,对时间和空间的概念要求非常高,需要严格高效的统一指挥。

控制中心就是为行车工作的统一而设置的。控制中心一般设在城市轨道交通线路的中部,包括列车自动监控系统(ATS)、供电系统(SCADA)、环控系统(FAS、BAS)、主机及显示屏、通信系统等设备。列车运行时由行车调度员、电力调度员、环控调度员分别担任行车系统、供电系统及环控系统的调度指挥。

正常情况下,城市轨道交通的自动化系统均由系统主机按设定的模式运行,列车在驾驶员的监护及必要的操作下正常行驶。同时运行的信息如列车位置、列车间隔及是否偏离设定的运行图、供电及环控系统运行状态均在显示屏上实时显示,调度员可随时监视、掌握列车及有关系统运行状况。调度员还可以利用有线及无线通信系统随时和有关人员(列车驾驶员,行车、供电、环控等系统运营值班人员)通话了解有关情况。

发生一般问题,如列车晚点、供电设备故障等,系统自动调整运行或自动进行设备切换运行。遇有重大事故，如列车故障停运或牵引供电设备故障停运等，则由各专业调度员按照预案或紧急抢修方案有步骤地指挥有关的列车驾驶员、车站行车值班员、牵引变电所值班员、环控值班人员、事故现场抢修人员等，采取必要的措施迅速进行抢修。有关车站按照命令进行客运组织工作，在确保乘客安全的前提下，尽快恢复设备和列车的正常运行。必要时一边抢修，一边组织小交路行车，以缩小事故影响范围和疏散滞留的乘客。

当然，无论是列车运行图、各设备系统正常运行模式，还是事故处理预案等调度员据以进行每天正常指挥或事故抢修的文件，都是运营公司决策机构经过市场调查及服务水平的要求，阶段性地研究制订的。除极特殊的情况外，控制中心无权改变。因此，严格地说，运营决策机构和控制中心的有机结合形成了城市轨道交通的运营统一指挥中心。

四、严格管理

某一系统的管理是建立在该系统的技术基础上，但任何先进的技术设备都不可能完全取代管理。对城市轨道交通运营企业而言，技术管理的核心是规章制度，它是规范人员生产活动的行为准则，各岗位人员只有严格执行规章制度才能使城市轨道交通系统有序、安全而高效运转。反之，系统运转就会受到阻碍，从而降低效率，甚至发生事故，造成严重后果。

企业规章制度是有层次的，如具有"企业宪法"性质的《技术管理规程》（简称《技规》），其内容规定城市轨道交通的运营宗旨、技术规范、服务要求、管理规则、指挥系统等运营系统的规则及带有规律性的问题，以统领和规范列车运行、客运服务、检修保障三大系统的生产活动。随着运营规模、运营技术、社会环境的发展，《技规》应及时修改，使其符合运营实际，以保持其统领和规范作用。

具有系统性规范性质的规章有《行车组织规则》《客运组织规则》《调度规则》《安全规则》《事故处理规则》及《运行检修规则》等。这些规则是在《技规》指导之下，在各系统设备技术基础上制订的，以规范各系统的日常生产活动。如《行车组织规则》是列车运行系统的行为规则，可以在列车、线路、车站设施、信号及通信系统的技术基础上，在列车不同的运行模式（如正常、晚点、故障等）下规范调度员、列车驾驶员、车站及各设备系统值班人员的活动，以及进行活动所必须办理的手续。

一系列的规章制度涵盖了运营系统的每一个技术角落，使得日常运营和故障处理均有章可循，从而保证城市轨道交通运营正常运行，更好地保证"城市动脉"的畅通和社会的发展。

五、网络化运营

随着管辖线路里程和线路数量的不断增加，城市轨道交通系统由简单的单线系统逐步形成网络化系统,由单线运营模式迈入网络化运营时代。网络化运营随之带来了许多新问题,如网络化运营管理体制、换乘枢纽的管理、系统互联互通、设施设备资源共享、线路间运力协调、运营组织配合等。

在城市轨道交通网络上,线路、车辆及信号等制式往往多样化,设有大型的换乘枢纽、折返系统、车辆段等大型基础设施,通过这些设施使线路之间实现互联互通、资源共享,从而满足城市交通和乘客出行的需求。

第二节 城市轨道交通运营管理模式

一、城市轨道交通运营管理模式分类

由于世界各个城市发展轨道交通的历史条件和经营环境不同,形成了各种各样的城市轨道交通管理模式。

1. 按所有权与经营权的关系分类

从所有权与经营权的关系上来看,城市轨道交通运营管理模式可分为国有国营模式、国有民营模式、公私合营模式和民有民营模式等。

(1) 国有国营模式

国有国营模式可分为无竞争条件下的国有国营和有竞争条件下的国有国营模式两种。无竞争条件下的国有国营模式是指由政府负责轨道交通的投资、建设,所有权归政府所有,运营由政府部门或国有企业负责,代表城市有纽约、柏林、巴黎、莫斯科、北京、广州等,世界上绝大多数城市都采用此模式。有竞争条件下的国有国营模式是指政府出资建设,国有企业通过竞争取得运营权,代表城市有首尔。

纽约的城市轨道交通系统作为城市公交系统的一部分,其建设资金全部由纽约市政府承担,建设完成后交由纽约州政府下属机构——纽约市运输局(MTA)进行运营管理。MTA 的董事会成员基本上都是纽约州政府制定,其余部分由纽约市市长或郊区各县的官员指定。自 1995 年以来,纽约的所有城市轨道交通系统的资金补助都来自市政府、州政府和联邦政府的拨款;运营费用便占了总拨款的 65%,不足的部分由州和联邦政府补贴。

无竞争条件下的国有国营模式体现了城市轨道交通的福利性,政府直接控制轨道交通票价,这种运营模式下没有市场竞争机制,对财政补贴的依赖程度较高,政府负担较重。

首尔的城市轨道交通网络包括首尔地铁和首尔铁路系统两部分,分别由首尔地下铁公司(SMSC)、首尔快速轨道交通公司(SMART)和韩国国家铁路公司(KNR)等三家国有公司运营。地铁从运输税务系统得到补助金,而税务系统资金的主要来源为燃料税,由于地铁亏损,市政府还不得不注入额外的资金发行债券弥补。地铁获得不动产和注册方面是免税的,也不用公司交所得税、城市建设税和营业税。

有竞争条件下的国有国营模式在体现轨道交通公益性的同时带有计划性质的市场竞争,有助于地铁服务水平的提高。不过在建设与后期管理方面政府干预过多,存在效率低下的问题。此模式适用于有一定的客流量、可通过一定的财政补贴实现盈利的城市。

(2) 国有民营模式

国有民营模式是指城市轨道交通的线路完全由政府投资建设,建成后委托企业负责运营管理,代表城市有新加坡。

新加坡地铁由新加坡国土运输局建设,对线路拥有所有权。建设完成后,交给新加坡快速轨道交通公司负责独立运营,公司的第一大股东为一家私营企业。

新加坡地铁是把建设和运营分开的一种管理模式,所有线路都在国土运输局建设完成以后交付运营公司使用。它的主要特点有:①地铁作为福利由政府负担建设费用;②运营公司无线路所有权,政府不干涉运营收入,也不对运营进行补贴;③运营公司完全民营,第一大股东为私人投资公司;④由政府指定运营水平和规则,保证城市轨道交通的福利性质。

国有民营模式把市场机制引入轨道交通的运营管理,实行市场化运作,降低了运营成本,使公司提高自身服务管理水平,实现市场盈利,降低了政府的财政压力。该模式适用于客流量大、市场化程度较高、市场环境和市场机制较好的城市,因为这样的城市才能给予运营公司盈利的空间,私营企业才能有足够的积极性。

(3) 公私合营模式

公私合营模式是指由政府与企业共同出资设立公司,负责城市轨道交通的投资、建设和运营,代表地有英国伦敦、中国香港。

早期的伦敦轨道交通建设资金全部由政府承担,轨道交通的运营管理由伦敦市下属的伦敦地铁有限公司负责。从1997年英国轨道交通完成私有化后,实现了资金来源多渠道。伦敦地铁有限公司引入私人股权投资者,采用公私合营(PPP)模式。

公私合营模式使公司在建设与经营的同时都要重视企业的盈利问题,轨道交通企业市场化运作,以降低成本增加收入为目标,不断提高自身的服务质量和管理水平,保障了公众能得到优质的运输服务,而且政府的参与也能保证轨道交通的福利性。这种模式适用于客流量很大、混合经济多,且能保证投资渠道通畅的城市。

(4) 民有民营模式

民有民营模式是指由私人集团投资建设,并由私人集团经营,代表城市有曼谷。

曼谷轻轨的建设和运营由曼谷大众交通系统公共有限公司(BTS)负责,它是一家由私人企业控股的公司。泰国政府通过合同形式对轻轨建设和运营以及BTS的股本结构进行约束。泰国政府并没有参股,因此泰国政府对这家公司本身不存在任何的影响和控制能力,但具体到投资项目上,投资者本身的资质还需得到泰国政府的确认。同时,曼谷轻轨的建设和运营受到政府机构的监管。

民有民营模式能最大限度地激发私人投资者的兴趣,但在票价、线路走向等敏感问题上政府与私人投资者不可避免地发生冲突,政府难以保证城市轨道交通作为公共福利事业的本质。城市轨道交通的投资回收期长,私人投资者要有在头几年亏损的情况下偿还贷款利息的心理准备。这种模式会激发私人投资者严格控制建设和运营成本。

2. 按城市轨道交通的管理方式分类

城市轨道交通项目主要包括投融资、建设、运营及监管四项业务。因此,从对城市轨道交通四项业务的管理方式来看,运营管理模式可以分为一体化和专业化两种运营管理模式。

(1) 一体化模式

一体化模式是集城市轨道交通投融资、建设、运营、沿线商业开发统一运作的公司制模式,如广州地铁。其特点是,根据每项职能设立部门,城市轨道交通建设、运营为主要业务,房地产、广告等商业经营为辅助业务。

一体化模式的优点:①地铁各种资源高度集中,有利于各方面资源的共享,资源配置的成本低;②投融资、建设、运营作为公司内部的几项工作,便于协调、分工;③客运主营业务与商业等辅助业务可以合并收入,实现合理避税。

一体化模式的缺点:①承担职能太多,随着地铁规模的不断扩大,机构庞大,企业管理成本增加,对企业管理水平有极高的要求,不利于大规模的地铁投资、建设、运营;②集建设、运营、沿线商业化开发于一体,资源、权利过于集中垄断,不利于地铁建设、运营的投资主体多元化运作,以及市场化竞争格局的形成。

广州市地下铁道总公司(简称广州地铁)成立于1992年12月28日,是广州市政府全资大型国有企业。公司负责广州轨道交通系统建设及运营管理,同时经营以地铁相关资源开发为主的多元化产业,如图2-1所示。

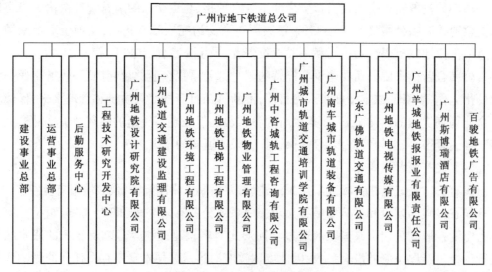

图2-1 广州地铁组织架构

广州地铁坚持建设、运营、资源开发"一体化"经营模式,能高效地整合各类资源,发挥协同效应,形成了强有力的多条线建设组织协调能力和资源整合集成能力,提高了工作效率,缩短了建设工期,降低了工程投资,成为国内地铁建设的典范之一。

(2) 专业化模式

专业化模式是把城市轨道交通的投融资、建设、运营、沿线商业开发分别由专业化的公司来承担,各公司之间可以是以资产为纽带的企业集团形式,也可以是完全相互独立的市场化契约关系,如 2000 年~2004 年期间的上海地铁。

专业化模式的优点:①融资、建设、运营分别成立专业化公司,结构清晰,有利于集中精力完成大规模的建设、运营任务;②有利于地铁建设、运营主体多元化的市场良性竞争格局的形成。缺点是:虽然能合并报表,但各子公司要单独报税,不利于避税。

2000 年 4 月 28 日,经上海市政府的批准,上海地铁的"投资、建设、运营、监管"的四分开体制方案体制正式启动,如图 2-2 所示。

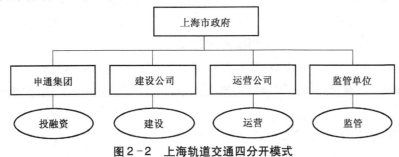

图 2-2 上海轨道交通四分开模式

上海地铁的投融资业务由"申通集团"负责,申通集团主要通过政府注资、沿线开发、多元投资、发行地方债券、利用外国政府贷款、国际金融组织贷款及国内银行贷款等方式解决资金筹措。

上海地铁的建设业务由上海地铁建设有限公司、久创建设管理有限公司、港铁建设管理有限公司(香港地铁下属建设公司)及中国铁道建设总公司等通过投标方式获得。

上海地铁的运营业务由上海地铁运营有限公司与上海现代轨道交通股份有限公司通过投标方式获得地铁某号线的运营管理权。由于实行横向竞争,2001 年,上海申通集团成功对上海凌桥股份有限公司进行股权收购,将其改名为申通地铁,成功将上海地铁一号线从上海地铁运营有限公司中剥离出来注入申通地铁。

上海地铁的监管业务由城市交通管理局及下属的轨道交通管理处起草轨道交通有关规范、条例,对地铁建设、运营进行监督管理。

为了解决"四分开"体制上造成的矛盾,2004 年 4 月 16 日,上海市政府将投资、建设合并,组建了上海申通集团,即所谓的"四分开"改为"三分开"。

2005 年 7 月 1 日,上海市政府将运营公司整体划转申通集团,实现了投资、建设、运营一体化管理,即所谓的"两分开"。上海市政府认为"两分开"后投资、建设、运营一体化适应大规模建设,有利于轨道交通发展。

二、城市轨道交通运营管理模式的适用性

城市轨道交通的运营管理模式在世界各国呈现出多样化的格局。由于不同的管理

模式是在不同的社会环境下发展起来的,在具体选择时应立足城市的实际状况,设计和选择适应具体城市的管理模式,以有利于城市轨道交通的可持续发展。

不同的运营管理模式均存在自身的优势与不足,有自己的适应范围。客流量和线路类型是影响城市轨道交通运营管理模式的重要依据。世界主要大城市轨道交通的客流密度见表2-1。

表2-1 世界主要大城市轨道交通的客流密度[万人/(km·日)]

城市	伦敦	巴黎	纽约	柏林	香港	首尔	东京	新加坡	上海
客流密度	0.64	1.54	0.8	0.77	2.86	1.75	2.87	1.3	1.64

结合世界主要大城市轨道交通的客流密度进行分析,可以初步得出如下结论:

① 当客流密度在0~1.5万人/(km·日)时,城市轨道交通缺乏赢利所需的客流,因此需要在政府的扶持下存活,可采用国有国营模式。

② 当客流密度在(1.5~2.5)万人/(km·日)时,城市轨道交通基本具备维持运营成本所需的客流且能略有赢利,可考虑采用有竞争条件下的国有国营、国有民营或公私合营模式。

③ 当客流密度在达到2.5万人/(km·日)以上时,可采用国有民营模式。

④ 如果城市轨道交通的业主(政府)独自承担建设费用,当客流密度大于1万人/(km·日)时,可采用国有民营模式。

⑤ 考虑到市中心地区修建城市轨道交通的成本和物业开发的难度较高,市中心区城市轨道交通线路不宜采用民有民营模式,必须有公共资本参与。民有民营模式最好用于市郊铁路。在市郊铁路,客流密度达到1.7万人/(km·日)以上时,就可采用民有民营模式。

第三节 城市轨道交通运营管理内容

一、城市轨道交通运营管理具体内容

城市轨道交通运营管理的目的是为规范和引导城市轨道交通运营的各项工作,使城市轨道交通运营得以安全、高效、科学地运作实施。城市轨道交通运营管理的内容包括行车管理、站务管理、票务管理、车站设备管理等四部分。

1. 行车管理

行车管理按生产、组织、管理流程,可以分为运输计划的编制(客流计划与全日行车计划)、车辆配备计划、列车牵引计算、列车运行图的铺画、列车交路计划、运输能力计算、列车运行与行车调度指挥等内容。

行车管理是城市轨道交通运营管理体系的核心内容,具有极其重要的地位和作用,

通过列车运行组织,将客运服务和城市轨道交通设备联系在一起,完成城市轨道交通系统运营组织和管理的全过程。

2. 站务管理

城市轨道交通的站务管理指密切注意车站乘客动态,发现危及行车和乘车安全的情况,及时与有关人员联系,进行处理,站台工作人员还需与乘务人员密切配合。站务管理是全线行车指挥和车站行车组织的必要支持和补充,共同确保列车运行安全和乘务安全。

3. 票务管理

票务管理主要包括票制、票价的确定和自动售检票系统及其运用、管理。由车站组织售检票工作,负责设备的养护维修和运用管理,并根据客流情况对售检票系统(装备)的设置进行调整。由运营公司票务管理部门对全线的运量、运营指标进行统计和进行财务、经济的核算、评价。

4. 车站设备管理

一个完整的城市轨道交通系统的设备运营管理包括车站服务设施系统、通信及信号系统、收费系统、供电系统、环控系统、通风及排烟系统、防灾系统、给排水及消防系统、自动扶梯及电梯运载系统等设施、设备的操作运用和养护维修管理。作为设备的运用,一般可分为正常状态下的日常运用、非正常情况下(故障运行)的运用及紧急情况时的运用。

二、城市轨道交通运营管理发展趋势

1. 由一条线路独立运营向多线甚至网络化运营管理过渡

目前我国大部分城市轨道交通线路还未成网络,还未发展到多线联通、联运,更没有构成线路网络,缺乏网络运营的经验。但随着建设规模的扩大及投入运营线路的增多,多线联通联运的可能性在增加,这也是城市轨道交通建设和发展的必然趋势。

在由一条线路独立运营向多线甚至网络化运营管理过渡时,对技术装备应该有如下要求。

(1)在线路间实现联通、联运时,以相邻两线为宜,线路过多会使运营管理复杂化。列车跨线运行时,需铺画跨线运行图,并拟定列车跨线行车安全规则。

(2)车辆段设置,在相邻线路间可实现两线一段或多线一段,不再是一线一段,以实现车辆统一调配、统一运转、统一计划维修,从而达到车辆运用和维修的资源共享目的。

(3)相关线路的信号制式兼容,不可再出现不同线路 ATC 制式不同的现象,而应该采用统一的信号制式,实现各线的联通联运,为网络化运营管理创造条件。

(4)通信设备统一组网,通信传输网络可以使用开放运输网络,或者使用同步数字系列方式、接入网方式,以传递整个系统的信息、图像、文字及多媒体等公用信息,保障多线运营或网络运营中的行车指挥、列车控制、牵引供电及对控制中心中系统监控的执行、维修人员、办公室工作人员、车辆段、车站、车库、隧道内部电话等方面基础网络系统的通信联络需要。

（5）运营控制中心（OCC）的运作办法将发生变化，除原有的一线一个行车指挥中心外，应设置监控应急指挥中心（TCC），统一调控各联网线路的分指挥中心中的列车运行调度、电力监控（SCADA）、车辆调度、防灾报警（FAS）、车站管理/旅客服务（BAS）、票务管理自动售检票（AFC）、列车自动控制（ATC）等。总行车指挥中心与分行车指挥中心间的关系如国家铁路中的铁路局调度所与原分局调度所之间的关系，分行车指挥中心受总行车指挥中心的业务指导和领导。

2. 城市轨道交通与铁路枢纽线路之间的过轨运输

为减少乘客换乘，提高直达率，给乘客提供方便出行条件，国外许多国家都有地铁、轻轨与铁路枢纽过轨运输的范例，从而扩大了城市轨道交通的吸引范围和乘客的出行范围。

较为典型的例子是日本东京有7条地铁线路与13条地面铁路线过轨联运，形成了37条直通线路。还有，与法国交界的德国边境小城卡尔斯鲁厄用轻轨借道干线铁路出城，使乘客可从市中心直达城郊。此种方法既省钱又省事，充分、合理地利用了轻轨与干线铁路的运输资源，造福城市居民。

我国大城市中有充足的铁路枢纽线路，如北京枢纽有铁路正线650km，沈阳枢纽有260km，天津枢纽有208km，上海枢纽有208km，广州枢纽有100km等，并且有城市轨道交通与铁路枢纽线路过轨的条件。例如北京西直门—回龙观—东直门的城铁13号线，就有过借道北京铁路枢纽的京包线的北京北站至回龙观段、枢纽东北环线、望京—和平里支线的方案，最终未能实现，实为憾事。

3. 城市轨道交通列车运行组织将发生较大变化

我国城市轨道交通中的列车运行组织一般说都是追踪运行，没有快慢车的越行，一样的速度、一样的停站；但随着市域快线的修建，列车速度将有所变化，而不是一律最高速度80km/h。

今后完全有可能实行不同的行车区域有不同的最高运行速度，如市区站距短，最高速度可达80km/h；近郊站距稍长，最高速度可达100km/h；远郊站距可适当延长，最高速度可达120km/h。在客流不均衡的情况下，对于某些车站可配置越行线路，供越行列车通过，从而产生列车越行的情况。如美国纽约地铁在运营管理方面，采取开行快车（非每站都停）、慢车（站站停）的方法，以提高运营效率，同时也满足长距离乘客希望快速到达的需求。

目前我国城市轨道交通列车编组一般为4辆~6辆，国外地铁最大编组可达10辆，但为了乘客乘车方便，使候车时间最短，在满足高峰小时客流的前提下，采取高密度的列车运行组织方式将成为趋势。

4. 实行城市公共交通一体化管理

随着我国大型城市公共交通换乘枢纽的建立，为城市轨道交通与城市公共交通实行一体化管理创造了条件。如北京的西直门、东直门、四惠,上海的新客站、火车南站,广州的广州火车站和广州东站等,在这些大型公交枢纽站上,往往有多条城轨线路汇聚在一起,其中有地铁、国铁、机场快速铁路、公共电汽车、出租车等,从而组成了立体公交网络,为乘客的零距离换乘创造了条件。

为有效地利用资源与方便乘客的乘车,有必要对城市轨道交通、市郊铁路、地面公交车、甚至通往机场的快速铁路,建立起一体化的管理机构和统一管理机制,例如统一运行图、统一票价票制、相互换乘。如德国、法国、美国等那样,由市交通管理或由城市地方其他交通管理部门牵头组织,由此体现出人性化的管理方法和以人为本的宗旨。

5. 城市轨道交通的票务管理规模扩大

现行城市轨道交通票务管理规模多采用两级管理,即车站、线路(公司)两级。其中车站一级,其职责为组织售票和车站售票统计、票款统计;线路(公司)一级,其职责为确定票价、票制,制定票务管理办法,统计票款收入、客运量及各项运营指标,并进行年度财务核算、经济评价等。

当多线运营或成网运营后,可能由于各线管理体制的不同,所属公司不一,线路票价的差异,增加许多线路间的票款核算问题。因此,城市轨道交通票务管理的内容和管理层次有所增加,管理规模有所扩大,将由现行的车站、线路(公司)两级管理统一结算变为车站、线路(公司)、市一级统一清分管理中心三级管理,分别结算。从管理内容而言,将增加公司间的财务核算、清算、联运公司的票款收入、运营指标的计算、统计、年度财务核算、经济评价等。

6. 城市轨道交通车站设备管理向综合自动化方向发展

城市轨道交通车站设备管理主要包括自动售检票(AFC)的运用和管理,以及对防灾报警系统(FAS)、环控系统(BAS)、供电监控系统(SCADA)等设备的独立监控和管理。一般说,这些监控设备均为两级管理(车站级和中心级)、三级控制(就地级、车站级、中心级)。

当城市轨道交通成网运营后,随着行车密度的增加和客流的增多,行车指挥趋于复杂化。车站设备管理将会把所有设备,包括对防灾报警系统(FAS)、环控系统(BAS)、供电监控系统(SCADA)等一起构成车站设备综合监控系统(EMCS),进行集中监控,实现综合自动化,以提高设备的安全性、可靠性、稳定性。

思 考 题

1. 城市轨道交通的运营特性有哪些?
2. 城市轨道交通运营管理模式如何分类?各类运营管理模式有何特点?
3. 城市轨道交通运营管理模式的适用性如何?
4. 城市轨道交通运营管理的内容有哪些?
5. 试述城市轨道交通运营管理发展趋势。

第三章

城市轨道交通客流预测与分析

　　城市轨道交通客流是规划城市轨道交通网络及线路走向、安排轨道交通项目建设顺序、选择轨道交通制式及车辆类型、设计车站规模和确定车站设备容量的主要决策依据，也是合理安排运输能力、编制运输计划、组织日常行车和分析运营效果的基础。

　　客流预测在城市轨道交通建设的前期工作中处于十分重要的地位，可以说，做好客流预测数据分析和应用是进行轨道交通建设和设计工作的起步点，是工程项目建设规模和运营经济评价的基础，是项目风险的评价要素和关键。因此在轨道交通领域内，客流预测已成为一项专题研究、专题评审的专项课题。

第一节　城市轨道交通客流

一、客流概念

1. 客流

　　城市轨道交通客流是指在单位时间内，线路上乘客流动人数和流动方向的总和。客流既表明了乘客在空间上的位移及其数量，又强调了这种位移带有方向性和具有起讫位置。客流可以是预测客流，也可以是实际客流。

　　根据客流的来源，轨道交通客流可分为基本客流、转移客流和诱增客流。基本客流是指轨道交通线路既有客流加上按正常增长率增加的客流。转移客流是指由于轨道交通具有快速、准时、舒适等优点，使原来经由常规公交和自行车出行转移到经由轨道交通出行的客流。诱增客流是指轨道交通线路投入运营后，促进沿线土地开发、住宅区形成规模、商业活动繁荣所诱发的新增客流。

　　根据客流的时间分布特征，轨道交通客流可分为全日客流、全日分时客流和高峰小时客流。全日客流是指全天的客流，全日分时客流是指全日各小时的客流，高峰小时客流是指高峰时段每小时的客流。

　　根据客流的空间分布特征，轨道交通客流可分为断面客流与车站客流。断面客流是指通过轨道交通线路各区间的客流，车站客流是指在轨道交通车站上下车和换乘的客流。

2. 断面客流量

断面客流量是指在单位时间内（一般指一小时或全日），通过轨道交通线路某一地点的客流量。显然，通过某一断面的客流量就是通过该断面所在区间的客流量。断面客流量可分为上行断面客流量和下行断面客流量，计算公式如下：

$$P_{i+1} = P_i - P_下 + P_上 \tag{3-1}$$

式中　P_{i+1}——第 $i+1$ 个断面的客流量（人）；

　　　P_i——第 i 个断面的客流量（人）；

　　　$P_下$——在车站下车人数（人）；

　　　$P_上$——在车站上车人数（人）。

3. 最大断面客流量

在单位时间内，通过轨道交通线路各个断面的客流量一般是不相等的，其中的峰值称为最大断面客流量。轨道交通线路上下行方向的最大断面客流量，一般不在同一个断面上。

4. 高峰小时最大断面客流量

在以小时为时间单位计算断面客流量的情况下，全日分时最大断面客流量一般不相等，其中的峰值称为高峰小时最大断面客流量。轨道交通的高峰小时一般出现在 7:00～8:00 和 17:00～18:00，称为早高峰小时和晚高峰小时。

高峰小时最大断面客流量是决策是否需要修建轨道交通、修建何种类型轨道交通、确定车辆型式、列车编组、行车密度、运用车配置数和站台长度等的基本依据。

5. 车站客流量

车站客流量是指在轨道交通车站上下车和换乘的客流量，包括全日、高峰小时和超高峰期车站客流量。超高峰期是指在高峰小时内存在一个约为 15min～20min 的上下车客流特别集中的时间段。

车站高峰小时和超高峰期客流量决定了车站设计规模，是确定站台、售检票设备、自动扶梯、楼梯、通道、出入口等车站设备容量或能力的基本依据，如站台宽度、售检票机数量、楼梯与通道宽度等。

二、客流影响因素

城市交通线路上的客流，可以认为是被实现了的城市交通需求。影响城市交通需求的因素很多，有经济因素，也有非经济因素，概括起来主要有以下几方面。

1. 沿线土地利用

城市各种经济活动在城市空间上所表现的土地利用是产生交通流的"源泉"。交通系统和土地利用实质上就是"流"和"源"、交通供给与交通需求的关系。实际上两者既是相辅相成又相互制约的，沿线土地利用对轨道客流规模有着举足轻重的影响。如果轨道交通线路行经的区域能将城市的主要居住区和商务区覆盖，那么其客流就有了基础保障。香港轨道交通成功的一个最重要原因就在于此。

2. 城市经济水平

城市经济水平一方面能够支持轨道交通的建设费用,另一方面对客流规模也有直接的影响。由于轨道交通建设费用巨大,其票价一般高于常规公交,因此乘客对票价的承受力是决定客流的关键因素。如果一个城市的经济水平比较高,而且发展前景比较稳定,将有助于轨道交通客流规模的增大。研究表明,只有当城市居民收入年均不低于1800美元时,轨道交通的客流规模才有可能得以保证。

3. 轨道交通和自行车、公共汽车等方式的换乘联运

轨道交通客流的规模与轨道交通影响合理区域范围的大小有着直接的联系。一般的城市很难做到像香港一样将大约50%的居民和约55%的职业岗位集中在离轨道交通车站10min的步行距离之内。轨道交通的特点决定了轨道网络覆盖区域的有限性。如果没有自行车和公共汽车等方式的换乘联运,轨道交通的吸引半径就只能限制在步行可达的区域,大约离车站800m范围内,这样就会丧失相当多的潜在客源。要扩大轨道交通影响合理区域范围,必须建立完善的轨道交通和自行车、公共汽车等方式的换乘联运。

4. 票价

乘客出行是否选择轨道交通,票价是主要影响因素之一。在票价很低的地区(如拉丁美洲),所有阶层都会使用轨道交通;但在票价较高时,乘客群就只能限制在收入较高的阶层。不同的票价政策对于客流规模起着重要的影响。在收入水平一定的情况下,只有在轨道交通的性价比高于其他出行方式时,轨道交通才具有吸引客流的优势。

此外,还有城市各功能区域的布局、人口密度、流动人口数量、城市交通网的布局、政府的交通运输政策、私人交通工具的拥有量等。

第二节　城市轨道交通客流预测

客流预测就是通过预测模型,在分析现状交通情况的基础上,对各年限内轨道交通线路的客流规模、分布特征等进行预测,为确定轨道交通线网布局、建设规模、系统规模选择、系统建设效益分析等提供依据,预测结果的可靠与否直接关系到城市轨道交通的运营效率和经济效益。

一、客流预测模式

城市轨道交通系统的规划、建设及运营,不但要以现状客流作为主要依据,还要以近、远期预测客流作为依据。同时,城市轨道交通系统是整个城市交通系统的组成部分,因此轨道交通系统的客流预测也不能脱离整个城市交通系统的客流预测。

当前,城市交通客流预测一般有以下几种模式。

1. 四阶段客流预测模式

四阶段是指交通的产生、交通的分布、交通方式的分配和交通在相关网络中的分配。

交通的产生是确定各发点的总发送客流和各到点的总到达客流;交通的分布是确定各到发点间的客流;交通方式的分配是确定轨道交通网络分摊的客流;交通在相关网络中的分配是确定轨道交通系统各线路的客流。这是一种在现状调查及未来城市发展规划、土地利用基础上,定量预测城市远期客流的预测模式,能较好地反映城市客流与城市发展的关系,但当城市未能按发展规划实现时,预测的客流与将来实际客流会存在较大差异。

2. 趋势外推客流预测模式

趋势外推是指根据道路交通量和公共汽车线路的现状客流量资料,按时间序列采用数学方法,利用有关参数求出轨道交通线路的客流。这是一种基于现状的预测方法,能较好地反映近期交通量的增长情况,但在预见轨道交通系统建成后的城市交通分布变化上,趋势外推客流预测的结果可靠性稍差。

3. 车站吸引区域客流预测模式

车站吸引区域是以车站为圆心、一定的到达车站时间或到达车站距离为半径的圆来确定的。到达车站的时间或距离又可以分为步行、骑自行车和乘公共汽车等3种方式。因此,车站吸引区域客流预测模式又称为3次吸引客流预测模式。该种客流预测模式认为,在合理确定车站吸引区域的前提下,能借助有关公式计算出通过3种方式到站乘车的人数。这种客流预测模式不以线路为单位,而以车站吸引区域范围半径及吸引区域内土地利用的性质对客流影响来预测客流。

轨道交通系统的客流预测结果应包括:站间方向别到发客流量、全日和高峰小时的客流量、总客运量、各站乘降量、全日客流的时段和断面分布,以及总客运量占全市公共总运量比重等。

二、客流预测方法

客流预测的方法有许多种,但归纳起来无非是定性预测和定量预测两类方法。

1. 定性预测方法

定性预测方法是通过社会调查,结合人们的经验加以综合分析比较做出量的预测。它简便易行,没有复杂高深的计算,使用范围广,但是容易受预测人员经验和认识上的局限,有一定的主观片面性。定性预测方法中使用较多的有德尔菲法等。

德尔菲法又称专家预测法,美国兰德公司首次用这种方法用来进行预测,后来该方法被迅速广泛采用。德尔菲是古希腊传说中的一座城市,城中有座阿波罗神殿可以预卜未来。因此,这种预测方法被命名为德尔菲法。

德尔菲法的一般程序如下:

(1) 确定预测主题;

(2) 选择专家,专家人数要适当,有一定代表性,对预测主题有较高造诣;

(3) 设计预测调查表,并提供有关背景材料;

(4) 逐轮咨询和信息反馈,组织者将表格寄给专家,征询他们的意见,在收到专家的意见后,将专家的意见进行归纳汇总,匿名反馈给专家,再次征询意见,如此反复几轮,当专家的预测意见逐步趋于一致,预测的结果基本形成;

(5) 采用统计分析法对专家预测进行定量评价,确定预测结果。

2. 定量预测方法

定量预测方法有时间序列客流预测方法和因果关系客流预测方法两类。

(1) 时间序列客流预测方法

时间序列客流预测方法的基本思路是根据客流从过去到现在的变化规律来预测未来的客流。这类方法的主要优点是需要数据少、运用简便,只要采用时间段的统计客流数据变动趋势没有大的异常波动,预测结果一般较好。这类方法的主要缺点是无法反映客流变动的原因,因而不能指明影响客流因素变动时客流的变化趋势与结果。

常用的时间序列客流预测方法有移动平均法、指数平滑法等。

① 移动平均法。移动平均法借助移动平均数修匀原始客流时间数列的变动,以描述其趋势。所谓移动平均,就是按原始客流时间数列的一定项数计算移动平均数,逐项移动,边移动边平均,得出一组移动平均数,由这组移动平均数构成新的客流时间数列。新的客流时间数列可以把原始客流时间数列中的某些不规则变动,特别是周期性变动加以修匀,从而显示出客流长期变化的基本趋势。

用移动平均法修匀原始客流时间数列比较客观,也比较容易得到客流变化的趋势。但移动平均法对原始客流时间数列两端的值无法进行修匀计算,因此每一次移动平均都会使数列变短,使进一步观察受到影响。另外,当原始客流时间数列的最后几项变动较大时,预测客流的可靠性也会受到一定影响。

② 指数平滑法。指数平滑法也称为时间数列的指数平滑法,是通过修匀历史数据中的随机成分去预测未来,但它所使用的修匀方法与移动平均法不同,它引入一个人为确定的系数以体现不同时期因素在整个预测期中所占的权数。

指数平滑法对实际客流时间数列的长度没有特别要求,资料较少时也能进行预测,但一般仅适用于原始客流时间数列变化较稳定的情况。另外,只要正确选择加权指数,也能对远近期数据的不同影响作用做出合理的反映。这种方法的局限性是不能考虑其他因素对客流变化的影响。

(2) 因果关系客流预测方法

由于客流的变动与某些因素之间存在密切的关系,并且这些因素之间又都是相互影响的,因此可以通过研究影响客流的因素来预测未来的客流。

因果关系客流预测方法与时间序列客流预测方法的区别在于前者的自变量是时间,而后者的自变量是除时间以外的其他因素。这类方法的主要优点是能够考虑较多的对客流可能产生影响的因素,揭示引起客流变化的原因,在数据量足够多的情况下,常能得到较好的预测精度。这类方法的主要缺点是由于自变量的选择、有关参数的确定本身带有主观性和预测性,存在着预测的准确性会受到影响的可能性。

常用的因果关系客流预测方法有回归预测法、引力模型和乘车系数法等。

① 回归预测法。回归预测法是通过回归分析,建立一个合适的因变量和自变量之间的函数关系,来近似地表达客流和影响客流因素之间的平均变化关系。它包括一元线性回归预测、一元非线性回归预测、多元线性回归预测和逐步回归分析预测等方法。

② 引力模型。在研究地区间人的流动问题时,研究者发现:人的流动数量似乎都是正比于地区人口的总数而反比于地区间的距离,这种现象正如物体之间的引力关系,于是提出了引力模型来预测客流。

引力模型既考虑了对地区间客流有影响的人口等各种吸引因素,又考虑了对地区间客流有影响的距离阻力因素。引力模型简单易懂,但在利用该模型进行客流预测时,参数的确定往往比较困难。

③ 乘车系数法。乘车系数法是一种以总人口和人均乘车次数来预测旅客发送量的方法。乘车系数是一定吸引范围内旅客发送量与总人口的比值,它可根据历年资料和可能发生的变化进行确定。这种方法的局限性是乘车系数本身的变动有时难以预料。此外,在计算总人口时,间接吸引范围的人口确定也比较复杂。

第三节 城市轨道交通客流调查

城市轨道交通的客流是动态变化的,但变化是有规律的,可以在实践中了解掌握。根据客流的动态变化,及时配备与之相适应的运输能力,给乘客提供良好的公共交通服务。

在轨道交通系统的运营过程中,要掌握客流在时间、空间上的动态变化规律,必须经常进行各种形式的客流调查。

一、客流调查种类

客流调查问题涉及客流调查的内容、调查地点和时间的确定,调查表格的设计,设备的选用和调查方式的选择,以及调查资料汇总整理、指标计算和结果分析等问题。根据不同的情况和不同的需要,轨道交通系统的客流调查种类主要有全面客流调查、乘客情况抽样调查、断面客流调查、节假日客流调查和突发客流调查等。

1. 全面客流调查

全面客流调查是对全线客流的综合调查,通常包含乘客情况抽样调查。这种类型的客流调查时间长、工作量大、需要较多的调查人员,但通过调查及对资料进行整理、统计和分析,能对客流现状及变化规律有一个全面清晰的了解。

全面客流调查有随车调查和站点调查两种调查方式。随车调查是在列车车门处对运营时间内所有上下车乘客进行调查;站点调查是在车站检票口对运营时间内所有进出车站乘客进行调查。轨道交通系统全面客流调查基本上采用站点调查。

全线客流调查一般应连续进行两或三天,在运营时间内,调查全线各车站所有乘客的下车地点和票种情况,并将调查资料以 5min 或 15min 为间隔分组记录下来。

2. 乘客情况抽样调查

抽样调查是用样本来近似代替总体,有利于减少客流调查的人力、物力和时间。乘客情况抽样调查通常采用问卷方式进行,内容包括乘客构成情况和乘客乘车情况两方面。

乘客构成情况调查一般在车站进行,内容包括年龄、性别、职业、家庭住址和出行目的等,调查时间可选择在客流比较正常的运营时间段。

乘客乘车情况调查可在特定的地点进行,内容包括年龄、性别、职业、家庭住址和收入、日均乘车次数、上车站和下车站、到达车站的方式和时间、下车后到达目的地的方式和时间、乘坐轨道交通后节省的出行时间及对现行票价的认同度等。

3. 断面客流调查

断面客流调查是一种经常性的客流抽样调查。根据需要,可选择一个或几个断面进行调查,一般是对最大客流断面进行调查,调查人员用直接观察法调查车辆内的乘客人数。

4. 节假日客流调查

节假日客流调查是一种专题性客流调查,重点对春节、元旦、国庆节、双休日和若干民间节日期间的客流进行调查。调查的内容包括机关、学校、企业等单位的休假安排,城市旅游业、娱乐业的发展程度,城市居民生活方式的变化,等等。该项调查一般通过问卷方式进行。

5. 突发客流调查

突发客流调查针对大型集散场所和大型事件活动产生的短时较大客流的地点,如影剧院、体育场馆等。该项调查主要涉及影剧院、体育场馆的规模与附近轨道交通车站的客流影响程度和持续时间之间的关系。

二、客流调查统计指标

客流调查结束后,对客流调查资料应认真汇总整理,列成表格或绘成图表,计算各项指标,并将它们与设计数据或历年调查数据进行比较,分析数据增减的比例及原因。

轨道交通全面客流调查后,应计算的主要指标如下:

(1)乘客人数:分时与全日各站上下车人数,分时与全日各站换乘人数,各站与全线高峰小时乘客人数,各站与全线全日乘客人数,高峰小时乘客人数占全日乘客人数的比例。

(2)断面客流量:分时与全日各断面客流量,分时与全日最大断面客流量,高峰小时最大断面客流量。

(3)乘坐站数与平均乘距:本线乘客乘坐不同站数的人数及所占百分比,跨线乘客乘坐不同站数的人数及所占百分比,平均乘车距离。

(4)乘客构成:全线持不同票种乘客人数及所占百分比,车站别按年龄、家庭住址和出行目的等统计的乘客人数及所占百分比,车站别三次吸引乘客人数及所占百分比。

(5)车辆运用:客车公里、客位公里、乘客密度、客车满载率和断面满载率。

(6)服务指标:列车运行图兑现率,列车运行正点率,乘客投诉率,车站、列车清洁合格率,乘客满意率。

第四节 城市轨道交通客流分析

城市轨道交通的客流是动态流,它因时因地而变化,但这种变化归根结底是城市社会经济活动、生活方式及轨道交通系统本身特点的反映,因此客流的分布与变化是有规律的。

对客流的分布特征与动态变化实行实时跟踪和系统分析,掌握客流现状与客流变化规律,有助于经济合理地进行线网规划、运力安排与设备配置,对做好日常行车组织和运营管理工作具有重要意义。

在轨道交通系统的运营实践中,客流分析的对象既可以是预测客流,也可以是实际客流,客流分析的重点是客流在时间与空间上的分布特征、动态变化规律,以及它们与行车组织、能力配备的关系。

一、客流的时间分布特征

1. 一日内小时客流分布特征

城市轨道交通一日内小时客流随人们的生活节奏和出行特点而变化。通常是夜间少,早晨渐增,上班和上学时达到高峰,午间渐减,至下班或放学时又出现第二个高峰,进入晚间又逐渐减少。因此,城市轨道交通一日内小时客流分布特征通常是双峰型,如图3-1所示。

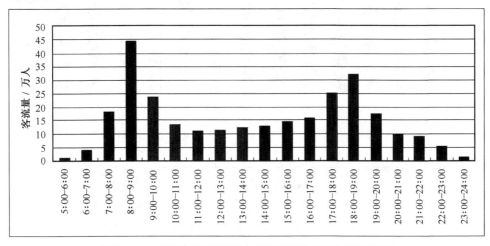

图3-1 上海轨道交通客流分布图(2008年11月工作日)

反映城市轨道交通线路分时客流不均衡程度的系数可按下式计算:

$$\alpha_1 = \frac{P_{\max}}{\sum_{i=1}^{H} \frac{P_i}{H}} \quad (3-2)$$

式中 α_1——单向分时客流不均衡系数;

$P_{\max}$——单向高峰小时最大断面客流量(人);

P_i——单向分时最大断面客流量(人);

H——全日营业小时数(个)。

单向分时客流不均衡系数 $\alpha_1 > 1$。α_1 趋向于 1,表明分时客流分布比较均衡,α_1 越大,表明分时客流越不均衡。当 $\alpha_1 \geq 2$ 时,表明分时客流不均衡程度较大。位于市区范围内的地铁、轻轨线路,α_1 通常为 2 左右;而通往远郊市域的轨道交通线路,α_1 通常大于 3。

在一日内小时客流不均衡程度较大的情况下,为实现运营组织的经济合理性,运营部门可考虑采用小编组、高密度列车开行方案,即在客流高峰时段开行较多列车,在低谷时段减少开行列车数。小编组、高密度与大编组、低密度两种列车开行方案的分时列车运能不变,但在客流低估时段,小编组、高密度方案具有既能提高列车满载率,又不降低乘客服务水平的优点。

2. 一周内全日客流分布特征

城市轨道交通客流有很大部分是由上班、上学等出行者组成,其工作周期是以周为循环周期,因此城市轨道交通线路日客流量在一周内会呈现出有规律的变化,如图 3-2 所示。

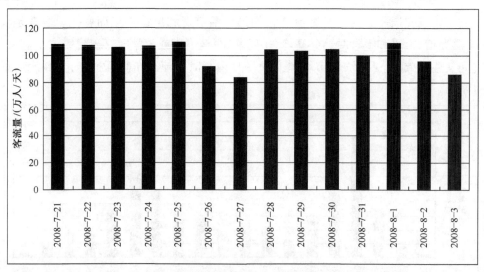

图 3-2 上海轨道交通某线路一周内全日客流分布图

由图 3-2 可知,周一和周五客流量较高,周二到周四客流量趋于平稳,而周六周日客流量明显低于工作日,呈现出以 7 天为一个周期的周期性波动特征。

在以通勤、通学客流为主的轨道交通线路上,双休日的客流会有所减少;而在连接商业网点、旅游景点的轨道交通线路上,双休日的客流会有所增加。与工作日的早晚高峰出现时间比较,双休日的早高峰出现时间往往推迟,而晚高峰出现时间又往往提前。另外,周一与节假日后的早高峰小时客流、周五与节假日前的晚高峰小时客流,都会比其他工作日的早、晚高峰小时客流要大。

根据全日客流在一周内分布的不均衡和有规律性的变化,城市轨道交通在一周内实行不同的全日行车计划和列车运行图,以适应不同的客运需求和提高运营经济性。

3. 季节性或短期性客流变化

在一年内,客流还存在季节性的变化,如由于梅雨季节和学生复习迎考等原因,6月份的客流通常是全年的低谷,如图3-3所示。另外,在旅游旺季,流动人口的增加也会使轨道交通线路的客流增加。短期性客流激增通常发生在举办重大活动或遇到天气骤然变化的时候。

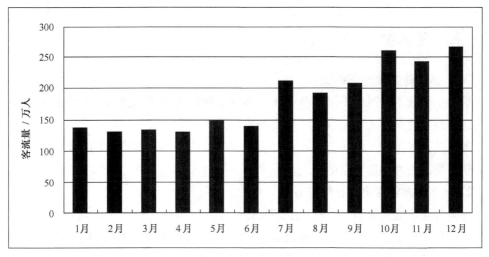

图3-3 2006年重庆轨道交通客流量

对季节性的客流变化,可采用实行分号列车运行图的措施来缓和运输能力紧张问题。当客流在短期内增加幅度较大时,运营部门应针对某些作业组织环节、某些设备的运用方案采取应急调整措施,以适应客运需求。

4. 车站高峰小时客流分布特征

车站高峰小时客流是确定车站设备容量或能力的基本依据。车站高峰小时客流分析,首先确定进、出站高峰小时的出现时间,其次分析客流量的大小。此外,还应分析客流的发展趋势,随着轨道交通新线投入运营和既有线路延伸,高峰小时进、出站客流会发生较大的变化。在车站吸引区范围内,住宅、商业和文化娱乐等方面发生变化时,高峰小时进、出站客流也会发生较大的变化。

研究表明,城市轨道交通车站高峰小时客流具有以下特征:

(1)车站客流的进、出站高峰小时出现时间与断面客流的高峰小时出现时间通常不相同;

(2)各个车站客流的进、出站高峰小时出现时间通常不相同;

(3)同一车站客流的进、出站高峰小时出现时间通常不相同;

(4)同一车站工作日客流与双休日客流的进、出站高峰小时出现时间通常不相同;

(5)工作日高峰小时进、出站客流通常大于双休日高峰小时进、出站客流。

5. 车站超高峰期客流分布特征

在高峰小时内车站客流分布也是不均衡的,一日内分时客流的调查资料显示,还存在着一个15min左右的超高峰期。为了避免因超高峰期内特别集中的客流而影响乘客不能顺畅地进出车站,甚至影响列车的正常运行秩序,在确定车站设备容量或能力时有必要适当考虑车站客流在高峰小时内分布的不均衡。

车站超高峰期的客流强度可用超高峰系数来反映,它是单位时间内的超高峰期平均客流量与高峰小时平均客流量的比值。超高峰系数一般可取值为 1.1~1.4。对终点站、换乘站和客流较大的中间站通常取高限值,其余车站可取低限值。

二、客流的空间分布特征

1. 各条线路客流分布特征

沿线土地利用状况的不同是各条线路客流不均衡的决定因素,而轨道交通线网与接运交通的现状也是各条线路客流不均衡的影响因素。

各条线路客流的不均衡包括现状客流分布的不均衡和客流增长的不均衡两方面,构成了轨道交通线网客流分布的不均衡。

2. 上下行方向客流分布特征

由于客流的流向原因,轨道交通线路上下行方向的最大断面客流通常是不均衡的。在放射状的轨道交通线路上,早、晚高峰小时上下行方向的最大断面客流不均衡尤为明显。北京地铁5号线早高峰小时断面客流如图3-4所示。

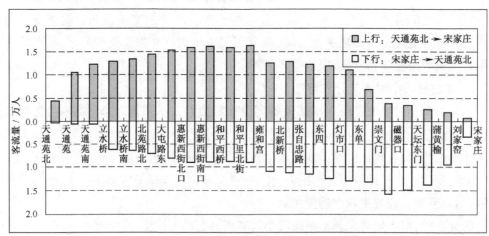

图3-4 北京地铁5号线早高峰小时断面客流

反映轨道交通线路上下行方向客流不均衡程度的系数可按下式计算:

$$\alpha_2 = \frac{\max\{P_{\max}^{上}, P_{\max}^{下}\}}{0.5(P_{\max}^{上} + P_{\max}^{下})} \tag{3-3}$$

式中 α_2——上下行方向客流不均衡系数;

$P_{\max}^{上}$——上行最大断面客流量(人);

$P_{\max}^{下}$——下行最大断面客流量(人)。

上下行方向客流不均衡系数 $\alpha_2 > 1$。α_2 趋向于1,表明上下行方向客流分布比较均衡,α_2 越大,表明上下行方向客流越不均衡。当 $\alpha_2 \geq 1.5$ 时,表明上下行方向客流不均衡程度较大。

在上下行方向客流不均衡程度较大时,直线线路上要做到经济合理地配备运力比较困难,无法避免断面客流较小方向的运能闲置;而在环形线路上可采取内外环线路安排不同运力的措施,避免断面客流较小方向的运能浪费。

3. 线路断面客流分布特征

在轨道交通线路上,由于各个车站乘降人数的不同,线路上各区间的断面客流通常各不相同,甚至相差悬殊。断面客流分布通常有阶梯型与凸字型两种情形,前者是指线路上各区间的断面客流为一头大、一头小,后者是指线路上各区间的断面客流为中间大、两头小,如图3-5所示。

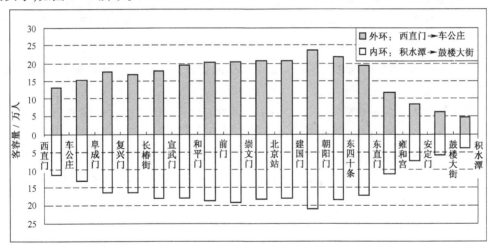

图3-5 北京地铁2号线的线路断面客流

反映轨道交通线路单向各个断面客流不均衡程度的系数可按下式计算:

$$\alpha_3 = \frac{P_{\max}}{\sum_{j=1}^{K} \frac{P_j}{K}} \tag{3-4}$$

式中 α_3——单向断面客流不均衡系数;

$P_{\max}$——单向最大断面客流量(人);

P_j——单向断面客流量(人);

K——单向线路断面数(个)。

在断面客流不均衡程度较大时,为了运营的经济性,可考虑采用特殊的列车交路方案。当断面客流分布为阶梯型时,可采用大客流区段和小客流区段分别开行不同列车数量的衔接交路方案,或在大客流区段加开区段列车的混合交路方案;当断面客流分布为凸字型时,可采用在大客流区段加开区段列车的混合交路方案。

在行车密度较大的情况下,加开列车会有一定难度,而且加开区段列车对运营组织和车站折返设备都会提出新的要求,此时线路通过能力和车站折返能力是否适应特殊的列车交路方案,必须进行验算。

4. 站间 OD 客流分布特征

为使轨道交通运营管理和运营调度能够更好地满足高峰、平峰需求特征,要对城市轨道交通客流出行 OD 进行分析。站间 OD 客流分析的重点是各个客流区段内和不同客流区段间的各站发、到客流分布特征。在轨道交通线路较长,并且各个客流区段的断面客流不均衡程度较大时,大客流区段通常位于市区段、小客流区段通常位于郊区段。站间 OD 客流分布特征可以用市区段内与郊区段内各站间发到客流分别占全线各站总发到客流的比例,以及在市区段与郊区段间各站发到客流占全线各站总发到客流的比例来反映。

5. 各个车站乘降客流分布特征

轨道交通各个车站的乘降人数一般不均衡,甚至相差非常悬殊。在某些线路上,全线各站乘降客流量大部分集中在少数几个车站上。此外,车站乘降客流是动态变化的,新的居民住宅区形成规模,新的轨道交通线路投入运营,既有线路延伸使一些车站由终点站变为中间站,列车共线运行等都会使车站乘降量发生较大的变化和加剧不均衡或带来新的不均衡。

车站乘降人数的不均衡决定了各个车站的客运工作量、设备容量或能力的配置、客运作业人员的配备及日常运营管理的重点。

6. 车站内客流分布特征

分析轨道交通车站内乘客流向及行程轨迹,车站内客流在空间上分布也存在不均衡现象,包括经由不同出入口的客流不均衡、通过不同收费区的客流不均衡、通过同一收费区不同检票机的客流不均衡和上下行方向的乘降客流不均衡等。

进一步分析可以发现,通过各台进站检票机客流按距离售票区域的远近而呈现明显的阶梯状态递减态势,而通过各台出站检票机客流则相对均匀,究其原因,进站客流是陆续到达,乘客为争取时间通常会选择最近的进站检票机;而出站客流是集中到达,乘客为避免排队通常会选择比较空闲的出站检票机。

掌握客流在站内的空间分布特征,对车站自动售检票等设备的合理配置与优化布局具有指导意义。

思 考 题

1. 什么叫客流?根据客流的时间和空间分布特征,轨道交通客流可分为哪几种?

2. 影响客流的因素有哪些?
3. 城市交通客流预测有哪几种模式?各有何特点?
4. 客流预测方法有哪几种?各有何特点?
5. 客流调查有哪几种?如何进行?
6. 简述客流的时间和空间分布特征。

第四章

城市轨道交通运输计划

我国目前大部分城市都处在快速发展时期,在不同的城市中,由于城市发展水平的不同,导致了轨道交通发展的不同,即使同一城市,但在不同时期,城市发展水平的差异也决定了不同时间有不同的轨道交通需求,这些都影响了轨道交通客流。因此,轨道交通管理部门需要根据客流的变化情况和交通需求的特点,制定出合理的运输计划,满足大多数乘客的出行需求。

运输计划是轨道交通系统日常运输组织的基础。从社会服务效益看,轨道交通系统应充分发挥运量大和服务有规律的特点,安全、迅速、正点和舒适地运送乘客;从企业经济效益看,轨道交通系统的运营应实现高效率和低成本。为了达到这些目标,轨道交通系统的运输组织必须以运输计划作为基础,即根据客流的特点,合理编制运输计划,组织列车运行,实现有计划的运输的。

轨道交通运输计划主要包括:客流计划、全日行车计划、车辆配备计划和列车交路计划等内容。

第一节 客流计划

客流计划是指运输计划期间轨道交通线路客流的规划,是全日行车计划、车辆配备计划和列车交路计划编制的基础。

客流计划的编制一般分为新运营线路和原有运营线路两种情况。对新投入运营的线路,客流计划根据客流预测资料进行编制;原有运营线路的客流计划,根据客流统计资料和客流调查资料进行编制。

客流计划的主要内容包括沿线各站发到客流量、各站分方向的上下车人数、全日分时段断面客流量分布、全日分时段最大断面客流图等。

客流计划以站间发、到客流量数据作为编制基础,最基本的站间客流资料可以用一个二维矩阵来表示,通常也称之为站间交换量 OD 矩阵。然后,分步骤计算出各站上下车人数及断面客流量数据,最终绘制断面客流图。

在客流计划编制过程中,高峰小时的断面客流量可以通过高峰小时站间发、到客流数据来计算,也可以通过全日站间发、到客流量数据来计算。在用全日站间发、到客流数据时,在求出全日断面客流量数据后,高峰小时的断面客流量按占全日断面客流量的一定比例来估算,比例系数的取值可通过客流调查来确定。全日分时最大断面客流量,可在求出高峰小时断面客流量的基础上,根据全日客流分布模拟图来确定。

一、站间发、到客流流量

编制以站间发、到客流量数据为原始资料的站间发、到客流斜线表,见表4-1。

表4-1 站间发、到客流斜线表

发/到	A	B	C	D	E	F	G	H	合计
A		7 019	6 098	7 554	4 878	9 313	12 736	23 798	71 396
B	6 942		1 725	4 620	3 962	6 848	7 811	16 538	48 446
C	5 661	1 572		560	842	2 285	2 879	4 762	18 561
D	7 725	4 128	597		458	1 987	2 822	4 914	22 631
E	4 668	3 759	966	473		429	1 279	3 121	14 695
F	9 302	7 012	1 988	2 074	487		840	5 685	27 388
G	12 573	9 327	2 450	2 868	1 345	1 148		2 133	31 844
H	22 680	14 753	4 707	5 184	2 902	5 258	2 015		57 499
合计	69 551	47 570	18 531	23 333	14 874	27 268	30 382	60 951	292 460

二、各车站上、下车人数

根据站间发、到客流量数据可以计算出各车站的上下车人数。由表4-1的数据统计各车站上、下车人数,即每行之和为上、车人数,每列之和为下、车人数。如果要分方向,还需要看车站的排列顺序,计算结果见表4-2。

表4-2 各车站上、下车人数

下行上客数	下行下客数	车站	上行上客数	上行下客数
71 396	0	A	0	69 551
41 504	7 019	B	6 942	40 551
11 328	7 823	C	7 233	10 708
10 181	12 734	D	12 450	10 599
4 829	10 140	E	9 866	4 734
6 525	20 862	F	20 863	6 406
2 133	28 367	G	29 711	2 015
0	60 951	H	57 499	0

三、各区间断面客流量

根据各车站的上、下车人数，按断面客流量公式可以计算出断面客流量。按表4-2的各车站上、下车人数计算，每一个断面的客流量等于上一断面流量加车站的上车人数减车站的下车人数，计算结果见表4-3。

表4-3　各区间断面客流量

下行	区间	上行
71 396	A－B	69 551
105 881	B－C	103 160
109 386	C－D	106 635
106 833	D－E	104 784
101 522	E－F	99 652
87 185	F－G	85 195
60 951	G－H	57 499

四、各区间断面客流图

根据各区间断面客流量数据，可以绘制断面客流图。按表4-3的断面客流量数据，绘制断面客流图（下行），如图4-1所示。

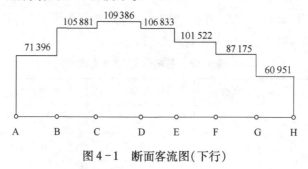

图4-1　断面客流图（下行）

第二节　全日行车计划

全日行车计划是运营时间内各个小时开行的列车对数计划，它规定了轨道交通线路的日常作业任务，是科学地组织运送乘客的办法，也是编制列车运行图、计算运行工作量和车辆配备数的基础资料，对列车运行图和车辆运用计划具有重要影响。

全日行车计划编制的基础是客流计划。全日行车计划根据营业时间内各个小时的最大断面客流量、列车定员人数、车辆满载率和希望达到的服务水平等因素综合考虑进行编制。

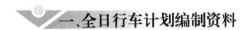 一、全日行车计划编制资料

1. 营业时间

城市轨道交通系统营业时间在世界各大城市之间存在着一定的差异,世界各大城市轨道交通系统营业时间如表4-4所示。营业时间的安排主要考虑两个因素:一是方便乘客,满足城市生活的需要,考虑到城市居民出行活动特点;二是满足轨道交通系统各项设备检修养护的需要。世界上大多数城市的轨道交通系统营业时间在 18~20 h 之间,个别城市是 24 h 运营,如美国的纽约和芝加哥。营业时间的适当延长,是城市轨道交通系统服务水平提升的体现。

表4-4 世界各大城市轨道交通系统营业时间

城市	营业时间/h	城市	营业时间/h
伦敦	20	莫斯科	19
纽约	24	华盛顿	18
芝加哥	24	香港	19
巴黎	20	北京	18
柏林	21	上海	18
东京	19.5	广州	17.5

2. 全日分时最大断面客流量

全日分时最大断面客流量通常可以根据全日客流分布模拟图来确定,如图图4-2。

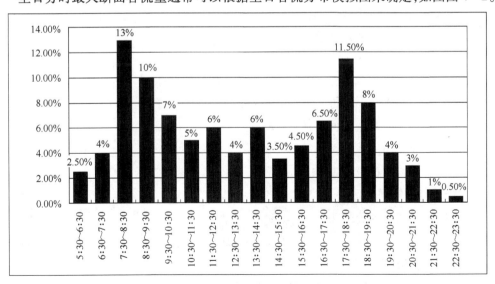

图4-2 全日客流分布模拟图

51

3. 列车定员数

列车定员数通过列车编组辆数和车辆定员数进行计算。例如：轨道交通常见的 A 型车的车辆定员数为 310 人，高运量情况下列车编组为 6 辆。关于列车定员数的详细介绍见"第六章城市轨道交通运输能力"。

4. 线路断面满载率

线路断面满载率是指在单位时间内、特定断面上的车辆载客能力利用率，是反映列车利用率、运营经济性和旅客舒适度的重要指标之一。

在实际工作中，线路断面满载率通常是指早高峰小时单向最大客流断面的车辆载客能力利用率。线路断面满载率既反映了高峰小时开行列车在最大客流断面的满载程度，也反映了乘客乘车的舒适程度。

为了提高车辆运行效率、降低运输成本和提高经济效益，在编制全日行车计划时，根据实际情况，也可采取列车在高峰小时适当超载的做法。

线路断面满载率计算公式如下：

$$\beta = \frac{p_{\max}}{c_{\max}} \times 100\% \tag{4-1}$$

式中　β——线路断面满载率，一般取 75%～90%；

　　　$p_{\max}$——单向最大断面客流量（人）；

　　　$c_{\max}$——高峰小时线路输送能力（人）。

二、全日行车计划编制程序

1. 计算全日分时最大断面客流量

根据全日客流量和全日客流分布模拟图计算全日分时最大断面客流量。

2. 计算全日分时开行列车数

全日分时开行列车数计算公式为：

$$n_i = \frac{p_{\max}}{p_{列} \times \beta} \tag{4-2}$$

式中　n_i——全日分时开行列车数（列或对）；

　　　$p_{\max}$——单向最大断面客流量（人）；

　　　$P_{列}$——列车定员数（人）；

　　　β——线路断面满载率。

3. 计算行车间隔时间

行车间隔时间计算公式为：

$$I_i = 3\,600/n_i \tag{4-3}$$

式中　I_i——行车间隔时间（s）；

　　　n_i——某小时内开行的列车数（列或对）。

4. 确定全日行车计划

编制轨道交通系统全日行车计划时,重点考虑的因素是提高服务水平和方便乘客。在计算得出的各小时应开行列车对数和行车间隔时间的基础上,应检查是否存在行车间隔过长的时段。

为了方便乘客、提高服务水平,在高峰时段各小时应开行的列车对数要大于计算中得到的所需列车对数;在非高峰时段,要从计算中得到的所需列车对数及保持一定的服务水平两方面来确定各小时应开行的列车对数,一般行车间隔实际不宜大于 10 min。

三、全日行车计划编制实例

1. 编制资料

(1) 运营时间为 5:30 ~ 23:30 h;
(2) 全日客流量分布模拟图,如图 4-2 所示;
(3) 全日客流量为 50 万人次,早高峰时段出现在 7:30 ~ 9:30 h;晚高峰出现在 17:30 ~ 19:30 h;全日最大高峰小时出现在 7:30 ~ 8:30 h 之间;
(4) 列车编组为 6 辆,车辆定员为 310 人;
(5) 线路断面满载率在高峰小时为 120%(适当超载),其他运营时间为 90%;
(6) 为保证线路服务水平,规定在 9:30 ~ 21:30 h 的非高峰时段内,行车间隔时间标准不大于 6 min;在 21:30 ~ 23:30 h 的非高峰时段内,行车间隔时间标准不大于 10 min。

2. 编制步骤

(1) 计算全日分时最大断面客流量

根据全日客流量和全日客流分布模拟图计算全日分时最大断面客流量,见表 4-5。

表 4-5 全日分时最大断面客流量(人)

运营时间(h)	最大断面客流量(人)	运营时间(h)	最大断面客流量(人)
5:30 - 6:30	12 500	14:30 - 15:30	17 500
6:30 - 7:30	20 000	15:30 - 16:30	22 500
7:30 - 8:30	65 000	16:30 - 17:30	32 500
8:30 - 9:30	50 000	17:30 - 18:30	57 500
9:30 - 10:30	35 000	18:30 - 19:30	40 000
10:30 - 11:30	25 000	19:30 - 20:30	20 000
11:30 - 12:30	30 000	20:30 - 21:30	15 000
12:30 - 13:30	20 000	21:30 - 22:30	5 000
13:30 - 14:30	30 000	22:30 - 23:30	2 500

(2) 计算全日分时开行列车数

根据全日分时最大断面客流量,利用式(4-2)计算各小时应开行的列车数,计算结果见表 4-6。

表 4-6 全日分时开行列车数

运营时间(h)	开行列车数	运营时间(h)	开行列车数
5:30 – 6:30	8	14:30 – 15:30	11
6:30 – 7:30	12	15:30 – 16:30	14
7:30 – 8:30	30	16:30 – 17:30	20
8:30 – 9:30	23	17:30 – 18:30	26
9:30 – 10:30	21	18:30 – 19:30	18
10:30 – 11:30	15	19:30 – 20:30	12
11:30 – 12:30	18	20:30 – 21:30	9
12:30 – 13:30	12	21:30 – 22:30	3
13:30 – 14:30	18	22:30 – 23:30	2

(3) 确定全日行车计划

根据全日分时开行列车数,利用式(4-3)计算出行车间隔时间,并根据线路所要求的服务水平进行调整。

在 20:30～21:30 h 内,按公式计算的行车间隔时间大于 6 min,需将开行列车数调整为 10 列,行车间隔时间为 6 min;在 21:30～23:30 h 时段内,按公式计算的行车间隔时间大于 10 min,需将开行列车数调整为 6 列,行车间隔时间为 10 min。调整后最终确定的全日行车计划见表 4-7。早高峰小时运输能力见表 4-8。

表 4-7 全日行车计划

营业时间(h)	开行列车数	行车间隔/min:s	营业时间(h)	开行列车数	行车间隔/min:s
5:30～6:30	8	7:30	14:30～15:30	11	5:25
6:30～7:30	12	5:00	15:30～16:30	14	4:15
7:30～8:30	30	2:00	16:30～17:30	20	3:00
8:30～9:30	23	2:35	17:30～18:30	26	2:15
9:30～10:30	21	2:50	18:30～19:30	18	3:20
10:30～11:30	15	4:00	19:30～20:30	12	5:00
11:30～12:30	18	3:20	20:30～21:30	10	6:00
12:30～13:30	12	5:00	21:30～22:30	6	10:00
13:30～14:30	18	3:20	22:30～23:30	6	10:00

表 4-8 早高峰小时运输能力

时段	7:30～8:30	线路断面满载率	120%
单向最大断面客流量	65 000 人	行车间隔时间	2 min
列车编组辆数	6 辆	开行列车对数	30 对
列车定员数	1 860 人	单向最大运输能力	66 960 人次

线路全天开行列车280列,其中早高峰小时开行列车30列,行车间隔时间为2 min;晚高峰小时开行列车26列,行车间隔2:15 min。全日客运量按早晚高峰小时全线各站乘车人数总和占全日客运量的一定比例估算,比例系数一般可取值为0.15~0.2,也可通过客流调查来确定。

第三节 车辆配备计划

为了完成乘客的运送任务,城市轨道交通系统必须保证有一定数量的车辆,因此,需要制定车辆配备计划。车辆配备计划是为完成全日行车计划而制定的车辆保证有数安排计划。

车辆配备计划主要计算运用车辆数、在修车辆数和备用车辆数三部分,确定在一定类型的设备和行车组织方法条件下,为完成一定的运输任务而必须保证有的车辆。列车保证数量根据线路远期客流预测数据,测算远期运行行车间隔,可得出所需运用列车数;备用列车数量按照运用列车数量的一定比例取得;检修列车数量需根据运用列车数量综合维修能力、修程修制取得。

一、车辆运用

城市轨道交通系统是一个复杂的、技术密集的公共交通系统,它具有高度集中、协调联动的特点。而车辆运用组织系统又是这个系统中最重要的组成部分之一,它在上级运营指挥部门的统一指挥下,按照运行图完成日常的车辆运用工作。

列车运转流程图指的是列车运用过程,主要包括四个环节,即列车出车、列车正线运行、列车回库收车和列车场内检修及装备作业。这些作业由车辆运用部门各个岗位协同配合共同来完成。

1. 列车出车

列车出车工作流程图分为制定发车计划、出乘作业及发车作业三部分,从制定发车计划开始到列车发出结束。其中制定发车计划可分为编制下达发车计划、检修交车确认计划两个环节。出乘作业可细分为驾驶员出勤、出车前检查、列车出库三个环节。列车出车工作流程如图4-3所示。

2. 列车正线运行

列车正线运行主要由乘务员(电动列车驾驶员)来完成。主要工作内容包括正线运行中的信息流转、正线交接班作业。

(1)正线运行中信息流转

① 正线列车或其他行车设备发生故障时,驾驶员应及时报告行车调度员故障车次、故障时间、故障现象及处理结果。

② 行车调度员将故障车次/车号、故障情况及其他相关信息通报维修部门。

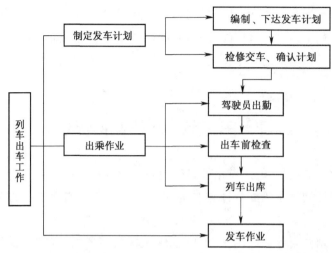

图 4-3 列车出车工作流程图

③ 驾驶员除汇报行车调度员有关故障信息外,还应将故障信息在报单上记录备案。

④ 对运营中列车因故障而导致下线,行车调度员应及时通知运转值班员。

(2) 正线交接班有关规定

① 驾驶员在正线交接班时应提前 20 min 到有关地点出勤,出勤方式按部门制定的相应规定执行。

② 驾驶员在途中交接班时必须向接班人说明列车的运行技术状况及有关列车注意事项,并填写在驾驶员报单上,内容包括制动性能、故障情况、线路情况、当前有效调度命令和执行情况以及其他必须交接的情况。

3. 列车回库收车工作

列车回库收车工作分为接车及回库作业,其中回库作业可细分为列车入库、回库检查及收车、驾驶员退勤等三个环节,工作流程如图 4-4 所示。

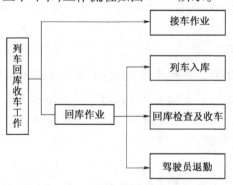

图 4-4 列车回库收车工作流程图

二、运用车配备计划

1. 运用车辆数

运用车辆数是为完成日常运输任务而必须配备的技术状态良好的车辆数,运用车辆

的需要量与高峰小时开行的列车对数、列车的旅行速度及在折返站的停留时间各项因素有关,一般可以按以下公式计算:

$$N = \frac{n_{高峰}\theta_{列} m}{60} \quad (4-4)$$

式中　N——运用车辆数(辆);

　　　$n_{高峰}$——高峰小时开行列车数(对);

　　　$\theta_{列}$——列车周转时间(min);

　　　m——列车编组辆数(辆)。

列车周转时间是指列车在线路上往返一次所消耗的全部时间。它包括列车在区间运行、列车在中间站停车供乘客乘降,以及列车在折返站作业的全过程。

$$\theta_{列} = \sum t_{运} + \sum t_{站} + \sum t_{折停} \quad (4-5)$$

式中　$\sum t_{运}$——列车在线路上往返一次各区间运行时间之和(min);

　　　$\sum t_{站}$——列车在线路上往返一次各中间站停站时间之和(min);

　　　$\sum t_{折停}$——列车在折返站停留时间之和(min)。

当列车在折返站的出发间隔时间大于高峰小时的行车间隔时间时,需在折返线上预置一列车进行周转,此时运用车辆数需相应增加。

2. 在修车辆数

在修车辆是指处于定期检修状态的那部分车辆。

车辆的定期检修是一项有计划的预防性维修制度。车辆检修概念包括车辆检修级别和车辆检修周期。车辆的检修级别和周期是根据车辆设计的技术性能、各部件在正常情况下的使用寿命及车辆运用的环境等因素进行确定的。

车辆的检修周期是关系在修车辆数计算和配属车辆数计算的基础数据之一,也是车辆段建设规模和车辆段作业组织的重要技术指标。轨道交通车辆的检修级别通常分为日检、双周检、双月检、定修、架修和大修6种,见表4-9。

表4-9　车辆检修级别、周期及停时

检修级别	运用时间	走行/km	检修停时/h 或 d
日检	1日	—	—
双周检	2周	4 000	4h
双月检	2月	20 000	48h
定修	1年	100 000	10d
架修	5年	500 000	25d
大修	10年	1 000 000	40d

通过对车辆的不同部件制定不同的技术标准、检修级别和检修周期,到期进行车辆的检修,使车辆在经过定期检修后,能在整个检修周期内保持良好的技术状态。通常在以时间间隔作为确定检修周期的情况下,根据每种检修级别的年检修工作量和每种检修

级别的检修,就可以推算在修车辆数。一般控制在运用车辆数的 10%~15%。

3. 备用车辆数

一般情况下,轨道交通系统为了适应客流变化,确保完成临时紧急的运输任务,以及预防运用车辆发生故障,必须把若干技术状态良好的车辆储备起来,这部分车辆称为备用车辆。

备用车辆的数量通常控制在运用车辆数的 10% 左右。备用车原则上停放在线路两端终点站或车辆段内。

4. 车辆运用计划

车辆运用计划是在列车运行图和车辆检修计划的基础上进行编制的。车辆运行计划包括以下四个方面。

(1) 排定车辆出入段顺序和时间

根据列车运行图关于列车在始发站出发时刻的规定确定出段时间,出段时间可以明确乘务员出勤时间、客车车底出库和出段时间。回段时间和折回方向同样也根据列车运行图进行确定。

(2) 铺画车辆周转图

列车正线运行通常采用循环交路。根据列车运行图和车辆出段顺序,车辆运用计划以车辆周转图的形式确定了全日对应各出段顺序的车辆在线路上往返运行的交路,确定了车辆在两端折返站到达和出发时间,以及车辆出入段时间和顺序。

(3) 确定对应各出段顺序的车辆

根据车辆的运用情况和技术状态,在每日傍晚具体确定次日车辆的出段顺序和担当交路。在具体确定车辆的运用时,应注意使各客车车底的走行里程能在一定时期内大体均衡。

(4) 配备乘务员

轨道交通系统的乘务制度通常采用轮乘制,其主要目的是为了提高车辆利用效率和劳动生产率。在安排乘务员的工作时,应注意乘务员的连续工作时间不要超劳。具体安排乘务员的出勤时间、地点和值乘列车车次等。

第四节 列车交路计划

目前我国城市轨道交通的列车开行方案大多仍采用单一交路、站站停车的方案。但随着城市轨道交通线路的不断延伸和轨道线网的形成,如何采用相适应的列车开行方案、实现乘客服务水平、线路通过能力和各项运营指标的优化,是列车运行组织面临的新挑战。

当城市轨道交通线路较长、客流分布不均衡时,通过合理、可行的交路组合来安排列车输送能力是一种充分利用有限资源、降低运输成本的常见方法,这种规定列车交路的方法与过程就是编制列车交路计划。

列车交路计划规定了列车的运行区段、折返站和按不同列车交路运行的列车对数。合理的列车交路既能提高列车和车辆运用效率、避免运能虚耗、降低运营成本,又能给予乘客较大的方便。因此,采用不同列车运行方式,能使列车组织做到经济合理高效。

一、列车折返方式

列车折返是指列车通过进路改变、道岔的转换,经过车站的调车进路由一条线路至另一条线路运营的方式。具有列车折返能力的车站称为折返站。由于大多数城市轨道交通系统的车站没有侧线,因此列车折返是设置列车交路需要考虑的一个重要任务。

一般列车折返方式可根据折返线位置布置情况分为站前折返和站后折返两种方式。

1. 站前折返

列车在中间站、终点站利用站前渡线进行折返作业。站前布置的折返线如图4-5所示。

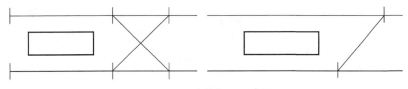

图4-5 站前折返示意图

站前折返方式由于渡线设置在站前,在一定程度上可以减少项目建设的投资,缩短列车走行距离。同时,站前折返时间较短,上下车乘客能同时上下车,可缩短停站时间,减少费用。

但是,列车折返会占用区间线路,从而造成后续列车闭塞,并且对行车安全保障要求较高。城市轨道交通行车组织中较少采用这种折返模式,特别是当行车密度高、列车运行间隔短的条件下,一般不会采用站前折返方式。

2. 站后折返

列车在中间站、终点站利用站后渡线进行折返作业。站后布置的折返线如图4-6所示。

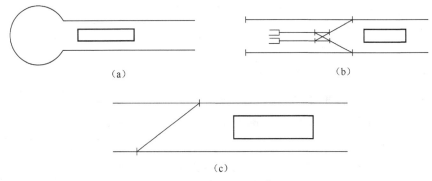

图4-6 站后折返示意图

站后折返方式车站接发车采用平行作业,不存在进路交叉,行车安全,站后列车进出站速度较高,有利于提高列车的运行速度,为国内外城市轨道交通通常采用的折返方式。站后渡线方法可为短交路提供方便,环形线折返设备可保证最大的通过能力,但施工量大,钢轨在曲线上的磨耗也大。站后折返的主要不足是列车折返时间较长。

图4-7给出了几种不同形式的折返线配置形式:一端单折返线、一端双折返线;两端环形折返线;中间站折返线。

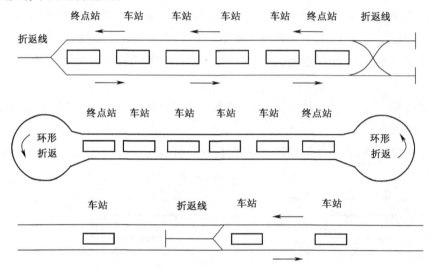

图4-7 折返线配置形式

二、列车交路分类

列车交路可分为长交路、短交路和长短交路三种。

1. 长交路

长交路如图4-8(a)所示,是指列车在线路上全线运行,为全线提供运输服务,列车到达折返线或站后折返,适用于各区段客流量比较均匀的情况。从行车组织的角度考虑,长交路列车运行组织简单,对中间站折返设备要求不高,但在各区段客流量不均衡程度较大的情况下,会产生部分区段运能的浪费。

2. 短交路

短交路如图4-8(b)所示,是指列车在线路的某一区段内运行,在指定的车站上折返,为辅助的列车交路计划,适用于各区段客流量相当不均匀的情况。

将长交路改为短交路,能适应不同客流区段的运输需求,运营也比较经济,但要求中间折返站具有

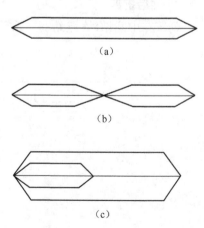

图4-8 列车交路形式

两个方向的折返能力及具有方便的换乘条件。从乘客的角度考虑,服务水平有所降低。短交路在城市轨道交通运营组织中除特殊情况外一般不采用。

3. 长短交路

长短交路如图4-8(c)所示,是指线路上两种交路并存的列车运行,适用于各区段客流量较不均匀的情况,或者在高峰时段各区段流量比较均匀而非高峰时段各区段流量不均匀的情况。

长短交路混跑既能满足运输需求,又可提高运营效益。因此,在线路各区段客流量不均衡程度较大的情况下,可以采用以长交路为主、短交路为辅的列车交路安排,组织列车在线路上按不同的密度行车。当高峰期间客流在空间分布上比较均匀,而低谷期间客流在空间上分布相差悬殊时,也可以在低谷时间采用长短交路列车运行方案,组织开行部分在中间站折返的短交路列车。

三、列车交路计划的确定

列车交路计划的确定应建立在对线路各区段客流量进行统计分析的基础上,充分考虑行车组织与客运组织的条件,进行可行性研究后加以确定。

首先,区段客流分析是列车交路计划确定的主要因素之一,也就是根据客流在时间上、空间上所表现出的不均衡性加以研究分析,作为列车交路计划确定的依据。

其次,行车条件决定了列车交路计划实现的可能性。城市轨道交通的线路设置由于其运营特点,不可能在每个车站设置具备调车作业功能的线路,交路的实现只能在两个设有调车或折返线路的车站之间进行,同时还必须注意列车交路是否会影响到行车组织的其他环节,例如,是否会影响行车间隔、后续列车的接车等。

第三,客运组织是列车交路确定的必要客观条件,由于列车交路计划的实现可能导致列车终到站的变化,相关车站的乘客乘降作业、列车清客、客运服务工作都会随之不断调查,对客运组织水平的要求比较高,如果客运组织不力将会直接影响到列车运行图的执行情况。因此,确定列车交路计划应该对客运组织的条件加以考虑。

四、列车停站设计

在传统的城市轨道交通列车停站设计中,一般规定列车站站停车。但为提高列车运行速度和节约乘客出行时间,根据具体线路的客流特点,还可采用其他不同的列车停站方案。

1. 分段停车列车运行方案

该方案在长短交路的基础上,规定长交路列车在短交路区段外进行站站停车作业,在短交路区段内不停车通过;而短交路运行列车则在短交路区段内各站停车;在短交路列车的中间折返车站作为换乘站,如图4-9所示。

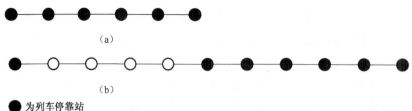

图 4-9 分段停车列车运行方案示意图

分段停车列车运行方案减少了长交路列车的停站次数,因而能压缩长途乘客在列车上的总旅行时间;列车运行速度的提高也有利于加快长交路运行车辆的周转。该方案的主要问题是:上下车不在同一交路区段的乘客需要换乘,增加了全程旅行消耗的时间。因此,采用分段停车列车运行方案的基础依据是乘客总节约时间大于增加的总消耗时间。

2. 跨站停车列车运行方案

该方案将全线车站分成 A、B、C 三类。A、B 两类车站按相邻分布原则确定,C 类车站按每隔若干个车站(图 4-10 中是每隔 4 个)选择一站原则确定。所有列车均应在 C 类车站停车作业,但在 A、B 二类车站则分别停车作业,如图 4-10 所示。

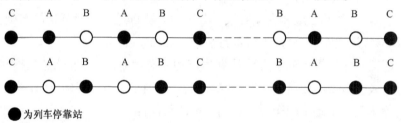

图 4-10 跨站停车列车运行方案停车示意图

跨站停车列车运行方案减少了列车停止次数,因而能压缩列车运行时间和乘客乘车时间、提高运行速度,还能够加速车辆周转,减少车辆使用,降低运营成本。该方案的问题是:由于 A、B 两类车站的列车到达间隔加大,乘客候车时间加大;此外,在 A、B 两类车站间乘车的乘客需在 C 类车站换乘,带来不便。因此,该方案比较适用于 C 类车站客流较大而 A、B 两类车站客流较小,并且乘客平均乘车距离较远的线路。

五、日常运输调整计划

由于途中运缓、作业延误或设备故障等原因,会造成列车晚点,城市轨道交通具有行车密度高、间隔小、对安全要求高的特点,需要根据列车运行的实际情况,按照恢复正点和行车安全兼顾的原则,对运输计划进行调整。

列车运行是运输生产活动的重要环节,在日常运输活动中,为了保证列车运行安全和按图行车,需要设置专门人员,调整运输计划。

日常运输计划调整的主要方法有:

(1)始发站提前或推迟发出列车;

(2)根据车辆的技术状态、线路允许速度,组织列车提高速度,恢复正点;

(3) 组织车站快速作业,压缩停站时间;

(4) 组织列车放站运行;

(5) 变更列车运行交路,具备条件时在中间站折返;

(6) 停运部分车次的列车。

表 4-10 给出了深圳地铁运营的部分数据。

表 4-10　深圳地铁主要运营指标(2009 年)

线路长度(2 条线)	25.3 km
运营车站	22 座
运营时间	17.5 h
配属列车数	26 列
年客运量	13 823 万人次
年运营收入	3.79 亿元
年运营里程	1 544.3 万车·km
运行图兑现率	99.95%
列车运行正点率	99.85%
列车编组和运行间隔	6 辆编组,4.5 min 间隔
平均票价	2.78 元
车公里盈利/亏损	0.65 元/车·公里

思 考 题

1. 简述城市轨道交通运输计划的主要内容。
2. 简述车辆配备计划的重要内容。
3. 什么是列车交路? 一般有哪几种形式? 各自特点是什么?
4. 什么是线路断面满载率? 调查并计算某一城市轨道交通线路的线路满载率。
5. 根据城市轨道交通各站点的全日 OD 数据(如表 4-11 所示),计算最大断面客流量,并确定全日行车计划。

表 4-11　站间发、到客流斜线表

发/到	A	B	C	D	E	F	G	H	合计
A		5830	5200	6200	3505	8604	9620	17658	56617
B	6890		1420	4575	3694	5640	6452	14566	43237
C	4580	1212		423	724	2100	2430	3511	14980
D	6520	2454	523		423	1247	1434	3569	16170
E	3586	1860	866	513		356	1211	2456	10848
F	7625	6320	1724	2413	385		750	4857	24074
G	9654	8214	2130	4547	1234	960		1463	28202
H	15607	12500	4324	5234	2567	5427	2401		48060
合计	54462	38390	16187	23905	12532	24334	24298	48080	242188

第五章

城市轨道交通列车运行图

列车运行图是利用坐标原理来表示列车运行时空关系的图解形式,体现了列车运行的时间与空间关系,是表示列车在各区间运行及在各车站停车或通过状态的二维线条图,又称为时距图(Distance‑Time Diagram)。在轨道交通系统中,列车运行图规定了列车占用区间的次序,列车在每一个车站出发、到达或通过的时间,区间运行时分,车站停车时分,在折返站的折返作业时间,以及列车交路和列车出入车辆段时刻等,能直观地显示出各次列车在时间上和空间上的相互位置和对应关系,它是列车运行的综合计划,因此列车运行图也就规定了线路、站场、车辆和通信信号等设备的运用和与行车有关各部门的工作。所以,列车运行图是各项运输工作的综合计划、行车组织的基础,是协调城市轨道交通系统各个部门、单位按一定程序进行生产活动的重要文件。

第一节 列车运行图基本概念

一、列车运行图的意义

列车的高效、安全运行要求各个部门、各工种、各项作业之间相互协调配合:车站按列车运行图安排接发列车、组织客运工作;行车调度部门按列车运行图指挥列车运行;车辆段根据列车运行图确定每天需要的车组数和运行时刻,制定车组的检修和乘务司机的值乘制度;供电、通信信号、机电、工务等部门根据列车运行图的规定时刻安排施工计划和检修计划。在组织旅客运输过程中,要求各个部门、各个工种、各项作业之间相互配合、协调动作、时间准确的工作,使各次列车按规定的时刻运行,以免在时间上互相牵制或抵触。所以,列车运行图既是运营企业内部使用的重要文件,也是运营企业组织运营的综合经营计划,对运营企业的生产效率和经济效益有着直接、决定性的影响。

列车运行图对乘客同样具有重要的意义。提供给乘客使用的列车运行图以列车时刻表的形式对外公布,它规定了向乘客提供的运输服务规格与质量,是乘客安排个人出行计划的依据。服务质量欠佳的列车运行图,会引起乘客的抱怨,严重时还会引起客流的下降。

列车运行图对城市轨道交通系统的运行具有重要作用。在运营生产过程中,列车运行是一个极其复杂的环节,它不但需要运用各种技术设备,而且要求各个部门、工种和各项作业之间互相协调配合。列车运行图作为列车运行组织的基础,在这方面起着极为重要的作用。同时,列车运行图既规定了线路、车站、车辆等技术设备的运用,也规定了与列车运行有关各业务部门的工作要求。

综上所述,编制一张经济合理的列车运行图,既要考虑城市轨道交通系统能提供的运营设备能力,又要在符合各时期、各时段客流量规律的前提下,使运能与运量达到最佳的组合,既方便乘客出行,又使企业获得最佳经济效益。

二、列车运行图图解原理

用列车运行图表示列车运行时空过程的图解形式一般有两种:第一种是以横坐标表示时间,纵坐标表示距离,运行图上的水平线表示车站的中心线,垂直线表示时间;水平线间的间隔表示车站间的距离,垂直线间的间隔表示时间的单位。第二种是以横坐标表示距离,纵坐标表示时间,运行图上的水平线表示时间,垂直线表示车站的中心线;水平线间的间隔表示时间的单位,垂直线间的间隔表示车站间的距离。

我国目前列车运行图解方式采用第一种方式。

列车运行图上有横线、竖线和斜线三种线条,分别代表不同的含义。

横坐标:即表示时间变量,按要求用一定的比例进行时间划分,一般城市轨道交通列车运行图采用 1 分格或 2 分格,每一等分表示 1 分钟或 2 分钟。

纵坐标:即表示距离分割,根据区间实际里程,采用规定的比例,以车站中心线所在位置进行距离定点。

垂直线:是一组平行的等分线,表示时间等分段。

水平线:是一组平行的不等分线,表示各个车站中心线所在的位置。

斜线:列车运行轨迹(径路)线,一般以上斜线表示上行列车,下斜线表示下行列车。

在列车运行图上,列车运行线与车站的交点即表示该列车到达、出发或通过的时刻;每个列车均有不同的车号与车次;横线一般表示车站中心线的位置,一般以细线表示中间站,以较粗的线表示换乘站或者有折返作业的车站。

通常有两种方法可以确定车站中心线。

1. 按区间实际里程的比率确定

按照整个区段内各车站间实际里程的比例来确定车站横线位置。运行图上的站间距离完全反映了实际情况,能明显地表示出站间距离的大小。但由于各区间线路平面和纵断面互不一样,列车运行速度有所不同,列车在整个区段的运行线往往是一条斜折线,既不整齐,也不易发现因人工疏漏而造成列车区间运行时分上的差错。因此,在实际运行图的编制过程中,一般不采用这种方法来确定车站横线。

2. 按区间运行时分的比率确定

按照整个区段内各车站间列车运行时分的比例来确定横线位置。可以使列车在整个区段的运行线基本上是一条斜直线,既整齐、美观,又易于发现因人工疏漏而造成列车区间运行时分上的差错,因此,一般采用这种方法来确定车站横线。

例如:假设某城市轨道交通线路下行列车全程运行时间为 170 min,首先在运行图上确定该线路下行方向是始发站 A 和终到站 B 的位置,在代表终到站 B 的横线上向右截取等于 170 min 的线段,得分割点 E,连接 A、E 两点,然后自始发站开始,根据各区间下行列车的纯运行时分,在表示终到站 B 的横线上向右依次截取相应的线段,得到相应的各分割点;接着以各分割点作为基点做横轴的垂直线,得到垂直线与斜直线的各交点;最后通过各交点做横轴的平行线,得到该线路 AB 间 a、b、c、d 各站的车站中心线,如图 5-1 所示。

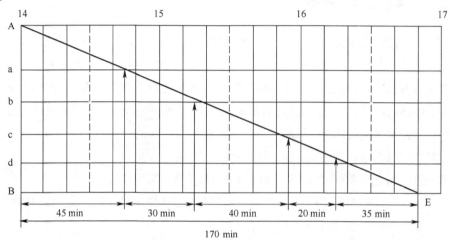

图 5-1　区间运行时分比率确定车站中心线位置示意图

列车运行图上的列车运行线与车站中心线的交点,即为列车到、发或通过车站的时刻。根据列车运行图格式的不同,有不同的表示方法。所有这些表示时刻的数字或符号,都填写在列车运行线与横线相交的钝角处,下行列车填在横线的下方,上行列车填在横线的上方。

第二节　列车运行图的分类

列车运行图根据时间轴的刻度、区间正线数目、列车运行速度、上下行方向列车数目和同方向列车运行方式等条件,可以分为各种不同类型。

一、按时间轴的刻度划分

根据列车运行图等分横轴的时间单位不同,列车运行图有四种格式。

1. 一分格运行图

列车运行图的横轴以 1 min 为单位进行等分,10 min 格和 1 h 格用较粗的竖线表示。主要适用于行车间隔较小的城市轨道交通系统,如图 5-2 所示。

2. 二分格运行图

列车运行图的横轴以 2 min 为单位进行等分,适用于行车间隔稍大的城市轨道交通系统,如图 5-3 所示。

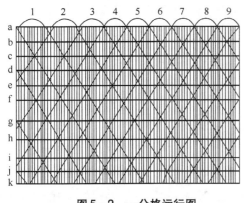

图 5-2 一分格运行图

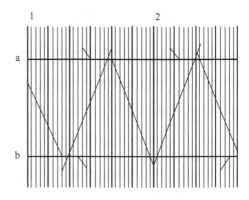

图 5-3 二分格运行图

3. 十分格运行图

列车运行图的横轴以 10 min 为单位进行等分,0.5 h 格用虚线表示,h 格用较粗的竖线表示。主要适用于市郊铁路和城际铁路等,如图 5-4 所示。

4. 小时格运行图

列车运行图的横轴以 1 h 为单位进行等分。主要在编制列车方案图和车底周转时间时使用,如图 5-5 所示。

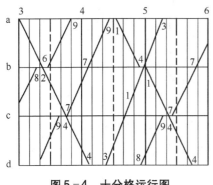

图 5-4 十分格运行图

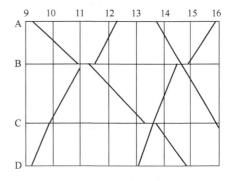

图 5-5 小时格运行图

我国目前地铁、轻轨系统采用的列车运行图格式是一分格运行图;市郊铁路编制新图时的列车运行图格式是二分格运行图。

二、按区间正线数目划分

1. 单线运行图

在单线区段,上下行方向列车都在同一正线上运行。单线运行图使用较少,只在非正常情况下的列车运行调整期间使用,或在运量不大的市郊铁路开行区段上使用,如图 5-6 所示。

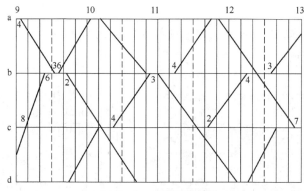

图 5-6 单线运行图

2. 双线运行图

在双线区段,上下行方向列车都在各自的正线上运行,上下行方向列车的运行互不干扰,可以在区间内或车站上交会。城市轨道交通系统一般都设有双线,采用双线运行图,如图 5-7 所示。

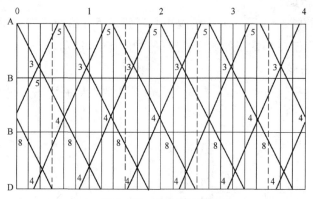

图 5-7 双线运行图

3. 单双线运行图

在有部分双线的区段,单线区间和双线区间各按单线运行图和双线运行图的特点铺画运行线。城市轨道交通线网中只在非正常情况下的列车运行调整期间使用,如图 5-8 所示。

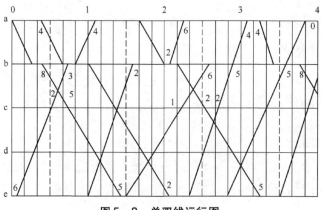

图 5-8 单双线运行图

三、按列车运行速度划分

1. 平行运行图

在同一区间内,同一方向列车的运行速度相同,且列车在区间两端站的到、发或通过的运行方式也相同,因而列车运行线相互平行,如图 5-9 所示。

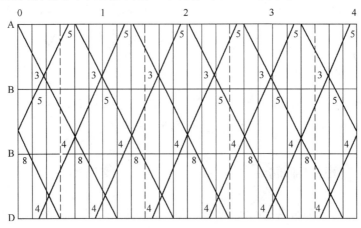

图 5-9 平行运行图

2. 非平行运行图

在运行图上铺有各种不同速度的列车,且列车在区间两端站的到、发或通过的运行方式不同,因而列车运行线不相平行。

四、按上下行方向列车数目划分

1. 成对运行图

上下行列车数相等的列车运行图。

2. 不成对运行图

上下行列车数不相等的列车运行图。

五、按同方向列车运行方式划分

1. 连发运行图

同方向列车的运行以站间区间为间隔,单线区段采取这种运行图时,在连发的一组列车之间不能铺画对向列车。

2. 追踪运行图

同方向列车的运行以闭塞分区为间隔,在装有自动闭塞的单线或双线区段上采用,如图 5-10 所示。

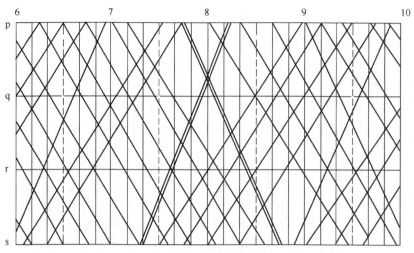

图 5-10 追踪运行图

六、按使用范围划分

按使用范围可分为日常运行图、节假日运行图、其他特殊运行图等。在节假日、双休日、工作日使用的运行图反应了不同的客流特点。

上述分类都是针对列车运行图的某一特点对列车运行图加以区别的。在实际中,每张列车运行图都具有多方面的特点。城市轨道交通列车运行图通常是采用双线、平行、成对和追踪运行图的类型。

第三节 列车运行图的要素

城市轨道交通列车运行图组成要素分为三类:时间要素、数量要素、其他相关要素。这是编制列车运行图的基础和前提。

一、时间要素

城市轨道交通列车运行图的时间要素有:列车区间运行时间、追踪列车间隔时间、车站间隔时间、列车停站时间、列车折返作业时间、列车出入车辆段时间。

1. 列车区间运行时间

列车区间运行时间是指列车在两个相邻车站之间的运行时间标准。一般通过牵引计算和列车试运行相结合的方法进行确定。

$$T_{运} = t_{纯运} + t_{起} + t_{停} \tag{5-1}$$

式中 $T_{运}$——列车区间运行时间(min);

$t_{纯运}$——列车不停车通过两个相邻车站所需的区间运行时间(min);

$t_起$——起车附加时间(min);

$t_停$——停车附加时间(min)。

计算确定列车区间运行时间的基本参数是区间距离、运行速度、加、减速度和线路的平面、纵断面条件等。计算列车区间运行时间的区间距离通常按车站中心线的距离确定。由于上下行方向线路的平面和纵断面条件及列车运行速度的不同,区间运行时间应按上下行方向和各种列车分别确定。此外,列车区间运行时分还应根据列车在每一区间两个车站上不停车通过和停车两种情况分别查定。如图 5-11 所示,列车到站停车的停车附加时分和停站后出发的起动附加时分,应根据车辆类型、列车编组辆数及进出站线路平纵断面条件查定。

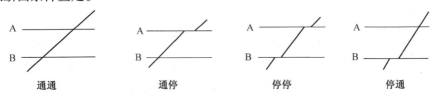

图 5-11 列车的不同区间运行方式

2. 追踪列车间隔时间

追踪运行是指在自动闭塞线路的同一区间内,同方向运行两列车以闭塞分区为间隔运行。追踪列车间隔时间是指追踪运行的两列车在运行过程中相互不受干扰的最小间隔时间。

地铁、轻轨车站一般不设置配线,列车通常需在每一个车站停车,并在车站正线上办理客运作业,因此,追踪列车间隔时间应根据追踪运行的两列车先后经过车站的条件进行计算确定。此外,续行列车的运行位置及速度取决与前行列车的运行位置,可以计算追踪列车间隔时间的最小列车间隔距离。

在自动闭塞区段,一个站间区间内同方向可有两列及以上列车,以固定或非固定的闭塞分区间隔运行,称为追踪运行。追踪运行列车之间的最小间隔时间,称为追踪列车间隔时间。追踪列车间隔时间,决定于同方向列车间隔距离、列车运行速度及信联闭设备类型。

(1) 固定闭塞追踪列车间隔时间

固定闭塞将线路划分为固定的区段,列车运行的空间间隔是若干个物理闭塞分区,闭塞分区数依划分的速度级别而定。前、后列车的位置间距都是用固定的地面设备来检测的。列车定位是以固定区段的长度为单位的,如闭塞分区长度较长,且一个分区只能被一列车占用,则不利于缩短列车运行间隔。追踪列车间隔时间也可以按照前后列车间隔两个闭塞分区的条件来确定。

(2) 准移动闭塞追踪列车间隔时间

准移动闭塞是预先设定列车的安全追踪间隔距离,根据前方目标状态设定列车的可行车距离和运行速度,是介于固定闭塞和移动闭塞之间的一种闭塞方式。准移动闭塞对前行列车的定位仍采用固定闭塞的方式,而后续列车的定位则采用连续的或移动方式。

(3) 移动闭塞区段追踪列车间隔时间

移动闭塞是在确保行车安全前提下,以车站控制装置和列车控制装置为中心的使追踪列车间的间隔最小的闭塞控制系统。在这一系统中,列车准确定位是关键性技术。区间内运行的每一列车均与前方站的中心控制装置周期性地保持高可靠度的通讯联系;车站中心控制装置接到列车信息后,根据列车牵引特性曲线及区间相关参数,计算出每一追踪列车的允许最大运行速度发送给列车,而对于接近进站的列车。则根据调度命令发出允许该列车进站及进入股道等信号。采用移动自动闭塞系统可以有效的压缩追踪列车间隔时间,提高区间通过的能力。

3. 车站间隔时间

车站间隔时间是指在车站上办理两列车的到达、出发或通过作业所需要的最小间隔时间。当车站存在列车运行的敌对进路时,两列车的接或发必须依次进行,因此需要计算确定车站间隔时间。在计算确定车站间隔时间时,应遵守相关规章的规定和车站技术作业时间标准,以保证行车安全和有效利用区间通过能力。

常用的车站间隔时间包括不同时到达间隔时间、会车间隔时间、同方向列车连发间隔时间、同方向列车不同时发到间隔时间和不同时到发间隔时间等几种。车站间隔时间在市郊铁路、城际铁路等轨道交通系统使用。在地铁、轻轨等系统中,只在运行调整或者线路或者信号设备不完善的情况下使用。其值大小与车站信号、道岔操纵方法,车站邻接区间的行车闭塞方法,以及车子类型、接近车站线路的平、纵断面情况,牵引动力、列车类型,列车编成辆数和长度等因素有关。

(1) 不同时到达间隔时间

在单线区段,来自相对方向的两列车在车站交会时,从某一方向列车到达车站时起,至相对方向列车到达或通过该站时止的最小间隔时间,称为不同时到达间隔时间,如图5-12所示。为了提高列车的旅行速度,除上、下行列车在同一车站上都有作业需要停站外,原则上应使交会的两列车中的一列通过车站,因此在运行图上较常用的是一列停车、一列通过的不同时到达间隔时间。

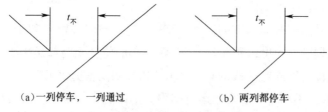

图 5-12 不同时到达间隔图解

(a) 一列停车,一列通过 (b) 两列都停车

不同时到达间隔时间由两个部分组成:第一部分为第一列车到达车站后,车站办理必要作业所需要的时间;第二部分为对向列车通过进站距离所需要的时间。每一车站必须上下行方向的列车分别查定其不同时到达间隔时间。车站办理必要作业所需时间,根据各站信联闭设备条件及作业内容查定。

(2) 会车间隔时间

在单线区段,自列车到达或通过车站时起,至该站向同一区间发出另一对列车时止的最小间隔时间,称为会车间隔时间,如图5-13所示。

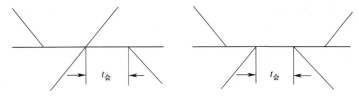

图 5-13 会车间隔图解

会车间隔时间由车站值班员监督列车到达或通过时起计算,到向同一区间发出另一列车所需办理必要作业的作业时止的时间,可根据各站信联闭设备条件及其作业内容查定。

4. 列车停站时间

列车停站时间指列车减、加速,开、关车门等停站作业所需的时间,以及乘客上、下车所需时间的总和。

乘客乘降的列车停站车时间受车站乘客乘降量、平均上、下一个乘客所需的时间、开关车门时间、车门和车站屏蔽门同步时间、确认车门关闭状态良好时间等因素的影响。

列车停站时间的计算公式为:

$$t_{站} = \frac{(P_{上} + P_{下})\psi \cdot t_{上(下)}}{nmd} + t_{开关} + t_{确认} \tag{5-2}$$

式中 $t_{站}$——列车停站时间(s);

$p_{上}, p_{下}$——高峰小时车站上车或下车人数(人);

$t_{上(下)}$——平均每上或下车乘客所需时间(s),一般为1.2 s;

n——高峰小时开行列车数(列);

m——列车编成辆数(辆);

d——每车每侧车门数(扇);

$t_{开关}$——开关车门时间(s),开门可取1 s,关门可取5 s;

ψ——车内乘客和站台候车乘客分布不均匀造成的影响系数,可取1.7;

$t_{确认}$——确认车门关闭状态良好及出站信号显示时间(s),一般取3 s。

在满足作业需要的情况下,应最大限度地缩短列车停站时间,以提高线路通过能力和运输效率。

5. 列车折返作业时间

列车折返时间是指列车到达终点站或在区间站进行折返作业的时间总和。

折返作业时间包括确认信号时间、出入折返线时间、司机换岗时间等。折返作业时间受折返线折返方式、列车长度、列车制动能力、信号设备水平、司机操作水平等多种因素的影响。

列车在折返站办理的作业包括:列车在站线上进行到达客运作业、列车在折返线走行、列车在折返线上作业(包括更换列车操纵台等)、列车出折返线走行、列车在站线上进行出发客运作业。各项作业时间可根据分析计算和查标相结合的方法确定。综合各项作业所需时间,便可计算出列车折返作业时间。

6. 列车出入车辆段时间

列车出入车辆段作业时间是指列车在车辆段与正线防护信号机间的列车运行时分,列车在正线防护信号机与列车始发站间的运行时分,以及列车在进入区间正线前等待信号开放和确认信号的时间。

前两项时间可通过牵引计算和列车试运行相结合的方法进行计算确定,后一项时间可根据实际观测进行计算确定。

二、数量要素

1. 全线分时段客流分布

全线分时段客流可根据客流的时间分布进行预测、调查分析,确定高峰、低谷时段客流量。根据不同时段的客流分布特点,工作人员可对列车编组数或列车运行列数等相关因素进行合理安排,并作为开行不同形式列车的主要依据。轨道交通的运能、线路走向所处交通走廊特点、车站所处区位的用地性质,都是轨道交通车站客流在全天不同时间上分布的主要影响因素。纵观不同类型的车站,大致有5种车站客流日分布曲线类型,如图5-14所示。

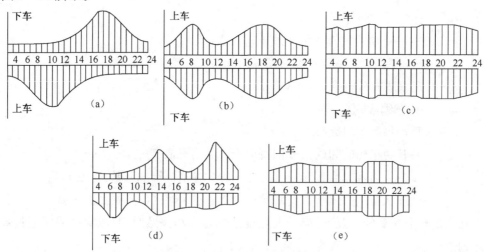

图5-14 车站客流日分布曲线类型

(a)单向峰型:上、下车客流高峰分别出现在早晚高峰时段,呈明显的潮汐现象。通常,该种类型的轨道交通线路所处的交通走廊具有明显的潮汐特征或轨道车站周边地块的用地功能性质单一时,车站客流分布集中,有早、晚错开的一个上车高峰和一个下车高峰。

(b)双向峰型:上、下车客流高峰同时出现在早晚高峰时段。该种类型的轨道车站通常位于综合功能用地区块时,客流分布与其他交通方式的客流分布一致,有两个配对的早、晚上下车高峰。

(c) 全峰型:运营时间内上、下车客流量始终较大。该种类型的轨道交通线路多位于用地已高度开发的交通走廊或轨道车站位于公共建筑和公共设施高度集中的地区时,客流分布无明显的低谷,双向上下车客流全天都很大。

(d) 突峰型:上、下车的高峰客流量上升和回落均较快,客流高峰的出现无明显规律。该种类型的轨道车站多位于体育场、影剧院的等大型公用设施附近,演出或体育比赛结束时有一个持续时间较短的突变的上车高峰。一段时间后,其他部分车站可能有一个突变的下车高峰。

(e) 无峰型:运营时间内上、下车客流量始终较小。通常该种类型的轨道交通线路本身的运能较小或轨道车站位于用地还没有完全开发的地区时,客流无明显的上下车高峰,双向上下车客流全天都较小。

2. 线路断面满载率

编制列车运行图时,既要保证一定的线路断面满载率,又要留有一定余地,兼顾某些不可预测因素带来的客流量波动,并兼顾乘客的舒适水平。线路断面满载率在第四章第二节已详细介绍。

3. 列车最大载客量

列车最大载客量即列车根据定员载客量和线路满载率计算的允许运送的最大乘客数。

$$P_{max} = P_{列} \times \beta \qquad (5-3)$$

式中 P_{max}——列车最大载客量(人);

$P_{列}$——列车定员数(人);

β——线路断面满载率。

4. 出入库能力

每单位时段通过出入库线进入运营线的最大列车数,即出入库能力。由于车辆基地与线路车站之间的出入库线有限,加之出入库列车进入正线时还会受到正线通过能力的影响。因此出入库能力是编制列车运行图的重要考虑因素。

三、其他要素

1. 与其他交通方式的衔接

这包括其他交通设施的衔接如铁路车站、港口、机场、公路交通枢纽等;不同城市交通方式线路之间的布置与匹配,如公交线路与城市轨道交通线路;静态交通设施的设计,如自行车停放、小汽车等其他车辆停放等。

2. 与其他城市设施的衔接

需要考虑的重点设施包括大型体育场所、娱乐、商业中心。这些场所会有突发性的客流对城市轨道交通系统的正常运营带来冲击,造成一时运力和人力安排的困难。

3. 列车检修作业

为保证列车状态完好,需均衡安排列车运行时间与检修时间,既保证每列车都有日常维护保养时间,又使各列车日走行里程较为接近。

4. 列车试车作业

检修作业完毕的列车应在车辆基地的试验线进行试车作业,测试合格后才能投入运营。某些车辆段没有试车线,或者试车线不能满足试车要求时,可安排在正线上试车。

5. 驾驶员作息时间

根据驾驶员作息制度、交接班地点与方式、途中用餐等因素,均衡安排列车的运行时间和列车交路。

6. 车站的存车能力

在城市轨道交通系统中,在终点站、少数车站设有停车线,因此在线路上可存放一定数量列车,在日常运行时可用来停放备车,在夜间可存放列车以减少空驶里程,均衡早上运营发车秩序。

第四节 列车运行图的编制方法

一、列车运行图的编制原则

1. 在保证安全可靠的条件下,提高列车的运行速度,缩小列车的运行时间

城市轨道交通系统的主要优势是列车的高速运行。在安全得到保证的前提下,通过提高列车运行速度、压缩折返时间、减少出入库作业时间等方式,提高系统的运行效率和服务水平。

2. 尽量方便乘客

城市公共交通的重要组成部分之一是城市轨道交通系统。列车运行图的编制主要考虑列车发车间隔在满足运行技术前提下尽量选择最小值,从而减少乘客的候车时间,在安排低谷运行时,最大的列车运行图间隔不宜过大。从节省运能和减少乘客候车时间的角度考虑,可以采用改变列车编组,保持较小列车间隔等方法。

3. 充分利用线路的能力和车辆的能力

折返站的折返能力通常是限制全线能力的关键所在。必须对折返作业时间进行精确的计算,尽可能安排平行作业。当车辆周转达不到运营要求时,要合理安排车辆解决高峰客流组织。

4. 在保证运量需求的条件下,运营车数达到最少

在保证运量需求的条件下,综合考虑高峰时段列车运行速度、折返时间、列车开行方式等要素,使运营列车数量达到最少,从而降低系统的车辆保有量与运营成本。

二、列车运行图的编图资料采集

列车运行图的编制和详细的列车运行方案的确定都需要收集相应的编图资料。相关编图资料包括：全日分时最大断面客流量、列车运行方案、线路通过能力、终点站折返能力、换乘站设备能力、运用客车车底保有量、列车编组辆数、追踪列车间隔时间、车站间隔时间、列车区间运行时分、列车停站时间标准、列车在折返站停留时间标准、列车出入车辆段作业时间标准、现行列车运行图完成情况的分析。

三、列车运行图的编制步骤

城市轨道交通列车包括载客列车、空驶列车、工程列车和调试列车。其中，载客列车只在车站进行乘客上下车的客运作业，行车密度较高。空驶列车在乘客全部下车后，驶往车辆段或线路上的某停车地点，通常出现在运营开始或结束时段，或行车密度发生变化的时段。调试列车一般指新车或车辆维修作业完毕的车辆在非营业时段或低谷时段进行试运营，通常载有必要的仪器设备和技术工作人员。

一般在城市轨道交通新线开通或线路客流量、技术设备和行车组织方式发生变化时都需编制列车运行图，其编制步骤如图5-15所示，具体如下：

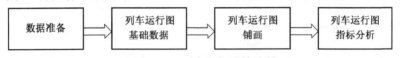

图5-15 列车运行图的编制

(1) 按要求和编制目标确定编图的注意事项；
(2) 收集编图资料，对有关问题组织调查研究和试验；
(3) 对于修改运行图应总结分析现行列车运行图的完成情况和存在问题，提出修改意见；
(4) 确定全日行车计划；
(5) 计算所需运用列车数量；
(6) 计算所需运用列车与草图；
(7) 征求调度部门、行车和客运部门、车辆部门的意见，对行车运行方案进行调整；
(8) 根据列车运行方案铺画详细的列车运行图、列车运行时刻表和编制说明；
(9) 对列车运行图的编制质量进行全面的检查，并计算列车运行图的指标；
(10) 将编制完毕的列车运行图、时刻表和编制说明报有关部门审核批准执行。

四、列车运行图的编制说明

1. 计算上、下行列车单程旅行时间

列车单程旅行时间等于单程各区间列车运行时分加沿途各车站停站时间之总和。由于上、下行单程旅行时间不一定相同，须根据上、下行分别计算，以此作为在列车运行

图上铺画上、下行列车运行线的依据。

2. 计算列车运行图的运行周期

列车运行图的运行周期就是列车在区段往返运行一个运行交路所需的时间,它等于上、下行列车旅行时间及折返时间之和。

3. 计算平均列车运行间隔时间

根据投入正线运营的电动列车数和列车运行图周期,就可算出平均列车运行间隔。

4. 列车运行线的图示铺画

列车运行图上的列车运行线按其列车运行方向的规定可分为上行列车运行线和下行列车运行线。上行列车运行线是由左下角向右上角铺画的斜直线,而下行列车运行线是由左上角向右下角铺画的斜直线。

5. 列车车次的编号

列车车次的编号原则上分两大类。第一类是调度监督下的列车运行,其车次号为四位数,一般第一位代表线路编号,当城市轨道交通线路超过10条时,车次号规定应作相应的改变;第二、三、四位代表列车识别符,末位数上行列车位双数、下行列车位单数。第二类是实施调度监控的列车运行,其车次号码由五位数组成,前三位位列车识别符,后两位为目的地符,目的地符代表列车运行的终到站。

6. 列车运行交路

列车到达终点站后,在满足图定列车折返作业时间标准的基础上,应画出该列车就近折返的列车运行线(含车次号),将列车终到和始发时间与折返列车运行线间用线段相连接,图5-16是列车运行交路的图解表示。

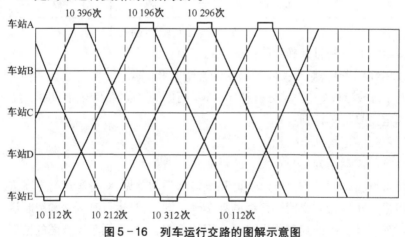

图5-16 列车运行交路的图解示意图

第五节　列车运行图的检查与指标计算

一、列车运行图检查内容

列车运行图编完后,必须对运行图的编制质量进行全面的检查。检查的主要内容有：

(1)上、下行首、末端载客列车在始发站的开车时间是否符合运营时间的规定；

(2)列车运行图上铺划的列车数和折返列车数是否符合要求；

(3)各时段列车运行间隔是否符合高峰、一般及低谷客流时段的运能要求；

(4)列车运行线的铺画是否符合规定的各项作业时间标准；

(5)同一时刻停在折返线的列车数是否超过该站现有的折返线数；

(6)列车乘务员的工作和休息时间是否符合规定的时间标准；

(7)换乘站的列车到、发密度是否均衡。

二、列车运行图指标计算

编制并实施新的列车运行图后，需要对新运行图的质量和效率进行评价，可以通过计算其各项指标来实现。

1. 全日总开行列车数

列车在运营线路上行驶了一个单程，无论是长交路还是短交路折返，均计入全日总开行列车数。

$$全日总开行列车数 = 载客列车数 + 空驶列车数 \quad (列) \quad (5-4)$$

2. 旅客输送能力

$$输送能力 = 载客列车数 \times 列车定员 \quad (人) \quad (5-5)$$

3. 全日列车总走行公里

$$全日列车总走行公里 = \sum (旅客列车数 \times 列车编组车辆数 \times 列车运行距离) \quad (km) \quad (5-6)$$

4. 列车日均走行公里

$$列车日均走行公里 = \frac{全日车辆总走行公里}{全日车辆运用数} \quad (km) \quad (5-7)$$

5. 技术速度

主要是指不包括停站时间在内的列车在站间平均运行速度。包括列车在各区间运行时间，以及列车启动加速、在区间纯运行、慢行及制动停车的时间，但不包括列车在运营线路上停站时间和列车在线路两端的折返停留时间。

$$V_{技} = \frac{L}{t_{运} - t_{站}} \quad (km/h) \quad (5-8)$$

式中 $V_{技}$——技术速度；

L——运营线路长度；

$t_{运}$——列车单程行驶时间；

$t_{站}$——列车停站时间。

6. 旅行速度

主要是指列车从始发站出发到达折返站时的平均运行速度。可根据列车在营业时间内所消耗的列车小时及走行列车里程来计算。

$$V_{旅} = \frac{\sum nL}{\sum nT} \quad (km/h) \qquad (5-9)$$

式中 $V_{旅}$——旅行速度；

$\sum nL$——在营业时间内完成的列车里程；

$\sum nT$——上线列车在营业时间内消耗的列车小时数（包括运行时间、加减速附加时间及停站时间）。

7. 高峰小时运用列车数

高峰小时运用列车数按早高峰和晚高峰分别计算。

$$N = \frac{n_{高峰}\theta_{列}m}{60} \quad (辆) \qquad (5-10)$$

8. 满载率

满载率等于客运周转量与客位里程之比，表示车辆客位的利用程度。

$$满载率 = \frac{客运周转量}{客位里程} \times 100\% \qquad (5-11)$$

此外，相关指标还包括：全线运行所需要的列车数（可根据运行周转来统计）及列车全周转时间。

三、新图使用前的准备工作

为了进一步评价新运行图的质量，除计算新运行图的各项指标外，还应与现行运行图进行比较，分析各项指标提高或降低的主要原因。列车运行图经最后批准后，为了保证新图能够正确和顺利地实行，必须在实行新图之前做好下列准备工作：

(1) 发布实行新图的命令；
(2) 印刷并分发列车时刻表；
(3) 拟定保证实现新图的技术组织措施；
(4) 组织学习，使工作人员了解、熟悉新图的要求；
(5) 根据新图的规定，组织各站、车场修订现有工作流程；
(6) 做好车辆和司乘人员的调配工作。

四、编制列车时刻表

在铺画好列车运行图后，应立即编制列车时刻表。时刻表的编制依据就是列车运行图，各区间上、下行列车运行时间和沿途各车站列车停站时间标准。时刻表按照不同的使用范围可分为对内使用和对外公布两种。简易列车时刻表可人工编制，实施自动监控的列车运行图其列车时刻表可使用计算机编制，并用作生成列车运行图。列车时刻表的编制可分载客列车和出入场空驶列车两大部分,先编制载客列车:上、下行载客列车时刻表编在一起,然后再编制出入场的空驶列车时刻表,若有早、晚通勤列车,其时刻表也与空驶列车编在一起。

由于城市轨道交通系统的开行密度较高,时刻表包括主要的开行时段,开行密度,以及首、末班列车时刻表即可。表5-1为上海轨道交通1号线对外公布时刻表。表5-2为伦敦轨道交通的时刻表。

表5-1 上海轨道交通1号线时刻表

名称	时段 Time	周一~周五 列车间隔		
		往莘庄	往上海火车站	往共富新村
早高峰	7:00~9:30	约3 min	约3 min	约9 min
晚高峰	16:30~19:30	4~5 min	4~5 min	11 min
一般时段	9:30~16:30	5~8 min	5~8 min	约10 min
	19:30~22:00			
其他时段	首班车~7:00	6~9 min	6~9 min	15 min
	22:00~末班车			

表5-2 伦敦轨道交通时刻表(2012年奥运专线)

	Southbound from Amersham/Chesham on Mondays to Fridays								
Amersham	W ...	LP 0523	LP ...	LP 0547	★ 0556	LP ...	LP 0617	★ 0626	...	L 0637
Chesham	0514	...	...	...	0555	...	...	0628	...
Chalfont&Latimer	0523	0527	...	0551	0606	0621	0630	0637	0641
Chorleywood	0527	0531	...	0555	0610	0625	0633	0641	0645
Rickmansworth	0532	0536	0545	0600	0615	0630	...	0645	0650
Moor Park	...	0540	0549	0604	0619	0634	...	0650	0654
Harrow-on-the-Hill	...	0555	0604	0619	0618	0634	0649	0648	0700	0711
Wembley Park	...	0602	0611	0626	...	0641	0656	...	...
Finchley Road	...	0609	0618	0634	...	0648	0703	...	0712	0722
Baker Street	...	0618	0625	0643	...	0658	0713	...	0719	0731
Marylebone	...	...	...	...	0630	...	...	0704	...	...
Great Portland Street	...	0620	...	0645	...	0700	0715	...	0721	0733
Euston Square	...	0622	...	0647	...	0702	0717	...	0722	0735
King's Cross St. Pancras	...	0622	...	0649	...	0704	0719	...	0725	0738

续表

Southbound from Amersham/Chesham on Mondays to Fridays											
Amersham	W	LP	LP	LP	★	LP	LP	★		L
	...	0523	...	0547	0556	...	0617	0626	...	0637
Farringdon	...	0627	...	0652	...	0707	0722	...	0728	0742
Barbican	...	0629	...	0654	...	0709	0724	...	0730	0743
Moorgate	...	0630	...	0655	...	0711	0726	...	0732	0745
Liverpool Street	...	0632	...	0657	...	0713	0728	...	0734	0747
Aldgate	...	0635	...	0700	...	0716	0730	...	0736	0750

L—Also calls at Northwood 3 mins, Northwood Hills 6 mins. Pinner 8 mins and North Harrow 11 mins after Moor Park.

P—Also calls at Northwick Park 2 mins and Preston Road 4 mins after Harrow-on-the-Hill.

W— Continues to Watford via Croxley.

★—Chiltern Railways service from Aylesbury.

国外许多城市的时刻表可以免费从网上获得。

思 考 题

1. 简述城市轨道交通系统列车运行图的主要类型及特点。

2. 列车运行图的要素有哪些？如何确定？

3. 列车运行图的主要指标有哪些？

4. 从追踪列车间隔时间计算原理分析，各种列车追踪运行方式间主要的区别是什么？

5. 某轻轨线路 A-H 区间的分布及计算资料如下：

（下行方向）A 站→H 站 [单位：分(min)，(′)；秒(s)，(″)]

（1）各站停站时间

	A	B	C	D	E	F	G	H
停站时间	1′	30″	30″	30″	30″	30″	30″	1′

（2）各区间运行时分

	A-B	B-C	C-D	D-E	E-F	F-G
纯运行时间	2′30″	2′00″	3′00″	3′10″	2′30″	2′30″

列车的折返时间为 4 min，上午运营时间为 6:00~12:00 h，其中 7:00~9:00 h 为高峰时段，发车间隔为 5 min，平时的发车间隔为 8 min。

请根据已知条件画出 6:00~12:00 h 的列车运行图，并请在图上注明列车交路。

第六章 城市轨道交通运输能力

为了实现运输生产过程,完成客运任务,轨道交通系统必须具备一定的运输能力。相对其他城市交通方式而言,城市轨道交通具有较强的运输能力。然而,如何计算系统能力,如何发挥城市轨道交通系统的综合效率,都需要进行仔细的研究。目前,城市轨道交通系统运输能力的概念理论还不够成熟和系统。不同教材中阐述的概念理论有两种基础理论来源:铁路运输组织系统和城市道路交通系统,而两者并没有达成高度的一致,还没有从生产实际需要及运输组织优化的角度提出深入系统的研究成果。

第一节 运输能力基本概念

运输能力是城市轨道交通系统最重要的参数。运输能力计算涉及系统设计、扩展、改建、舒适性设计及系统在不同时期内的发展。概括地说,包括以下方面的内容:新建及扩展项目的规划与运营分析;运输线路的评价;环境影响研究;新的信号与控制技术的评估;系统能力与运营随时间变化的估计;交通系统期望显著改善条件下,土地开发对能力的影响评估。

城市轨道交通系统的运输能力主要是指某线路上、某一方向、一小时内所能输送的总旅客数。运输能力是通过能力和输送能力的总称。运输能力的大小主要取决于固定设备、移动设备、技术设备的运用、行车组织方法和行车作业人员的数量、技能水平。

一、通过能力

1. 通过能力的概念

通过能力是指在采用一定的车辆类型和一定的行车组织方法条件下,轨道交通线路的各项固定设备在单位时间内(通常是高峰小时)所能通过的最大列车数。研究影响通过能力的因素、通过能力的计算和提高通过能力的途径、措施等问题,对于新线设计和既有线的日常运能安排、扩能技术改造,都具有重要的理论和实践意义。

在实际工作中,通常还把通过能力分为设计通过能力、现有通过能力和需要通过能力三个不同的概念。设计通过能力是指新建线路或技术改造后的既有线路所能达到的通过能力;现有通过能力是指在现有固定设备、现有行车组织方法条件下,线路能够达到的通过能力;需要通过能力是指为了适应未来规划期间的运输需求,线路所应具备的包括后备能力在内的通过能力。

通过能力的正确计算和合理确定,在轨道交通系统的新线规划设计、日常运输能力安排及既有线路改造过程中都是一个重要的问题。

2. 通过能力的限制因素

(1)地铁、轻轨的通过能力主要按照固定设备进行计算

线路:其通过能力主要决定于信号系统的构成、列车运行控制方式、车辆的技术性能、进出站线路的平面和纵断面情况、列车停站时间标准和行车组织方法等。

列车折返设备:其通过能力主要决定于车站折返线的布置方式、信号和联锁设备的种类、列车在折返站停站时间标准,以及列车在折返站内运行速度。

车辆段设备:其通过能力主要决定于车辆的检修台位、停车线等设备的数量和容量等。

牵引供电设备:其通过能力主要决定于牵引变电所的座数、容量等。

(2)市郊铁路的通过能力主要按照固定设备进行计算

区间:其通过能力主要决定于区间正线数、区间长度、线路的平面和纵断面情况、信号系统的构成和机车类别等。

车站:其通过能力主要决定于车站到发线数、咽喉道岔的布置等。

机务段设备和整备设备:其通过能力主要决定于电力和内燃机车的定修台位、段内整备线等设备的数量和容量。

牵引供电设备:其通过能力主要决定于牵引变电所和接触网等。

根据以上各项固定设备计算出来的通过能力,一般是各不相同的,其中通过能力最小的设备限制了整个线路的通过能力,因此,该项设备的通过能力即为线路的最终通过能力。由此可见,通过能力实质上取决于固定技术设备的综合能力,所以各项固定设备的能力力求相互匹配,避免造成某些设备的能力闲置。

在影响城市轨道交通线路通过能力的诸多因素中,权重最大的是列车运行控制方式和列车停站时间。列车运行控制方式是指列车运行间隔、速度的控制方式和行车调度指挥的方式,取决于采用的列车运行控制设备类型,表6-1是三种列车运行控制方式下的城市轨道交通线路通过能力比较。

表6-1 列车运行控制方式与线路通过能力

序号	闭塞设备	列车间隔控制	列车速度控制	行车指挥	通过能力
1	自动闭塞	追踪运行+列车自动防护	连续速度控制	行车指挥自动化	高
2	自动闭塞	追踪运行	点式速度控制	调度集中	中
3	双区间闭塞	非追踪运行	点式速度控制	调度集中	低

由于城市轨道交通车站一般不设置配线,列车只能在车站正线停车办理客运作业,

致使列车追踪运行经过车站时的间隔时间远大于列车在区间追踪运行时的间隔时间。因此,列车停站时间是限制城市轨道交通线路通过能力的又一主要因素。

二、输送能力

输送能力是指在一定的车辆类型、固定设备和行车组织方法的条件下,按照现有移动设备的数量、容量和乘务人员的数量,轨道交通线路在单位时间内(通常是高峰小时)所能运送的乘客人数。

输送能力是衡量轨道交通技术水平与服务水平的重要指标。

三、通过能力与输送能力的关系

通过能力从固定设备的角度确定线路所能开行的列车数,输送能力则是从移动设备与行车作业人员配备的角度确定线路所能运送的乘客人数。

输送能力以通过能力为基础,输送能力是运输能力的最终体现。在通过能力一定的条件下,线路最终输送能力还与车站设备(如站台、售检票设备、楼梯、通道和出入口等)的设计容量或能力存在密切关系。

第二节 运输能力的影响因素

一、线路能力

线路能力是指在采用一定的车辆类型、信号设备和行车主旨方法条件下,城市轨道交通系统线路的各项固定设备在单位时间内(通常是高峰小时)所能通过的列车数。线路能力主要取决于最小列车间隔和车站停留时间。在设计能力中,最小列车间隔与闭塞分区长度、信号系统参数、列车长度、交叉口和折返影响有关,而列车在车站的停留时间则与站台高度、车门数量与宽度、验票方式及车站能力限制有关。

1. 最小列车间隔

一般情况下,城市轨道交通线路上的列车通常是采用追踪运行方式。所谓追踪运行方式,是指在线路的同一个方向上、同一个区间中,可以有两列及以上的列车运行,彼此之间以闭塞分区作为间隔。追踪运行的两列车在运行过程中互相不受干扰的最小列车间隔时间称为追踪列车间隔时间。

(1) 列车控制系统和闭塞区间长度的影响

列车控制系统运输能力主要涉及到线路采用的列车运行控制系统及其相应的闭塞区间长度。目前,国内大部分城市轨道线路采用 ATC 系统。ATC 系统通过车载设备、轨旁设备、车站和控制中心组成的控制系统完成对列车运行的控制。通过调节列车运行间隔和运行时分,实现列车运行的安全高效和指挥管理有序。按闭塞制式,城市轨道交通 ATC 可分为:固定闭塞 ATC 系统、准移动闭塞 ATC 系统和移动闭塞 ATC 系统。

① 固定闭塞 ATC 系统。固定闭塞将线路划分为固定的闭塞分区,不论是前、后列车的位置还是前、后列车的间距,都是用轨道电路等来检测和表示的,线路条件和列车参数等均需在闭塞设计过程中加以考虑,并体现在地面固定区段的划分中。固定闭塞的闭塞分区长度是按最长列车、满负载、最高速度、最不利制动率等不利条件设计的,分区较长,且一个分区只能被一列车占用,不利于缩短列车运行间隔。

此外,由于列车定位是以固定不变的分区为单位的,系统只识别列车在哪个闭塞分区中。因轨道电路传输的信息量有限,难以实现对列车运行速度的实时连续控制,所以固定闭塞的速度控制是分级的,即速度划分为若干等级。因此,固定闭塞 ATC 系统下列车运行间隔较长。北京地铁 1 号线、13 号线和上海地铁 1 号线均采用固定闭塞 ATC 系统。

② 准移动闭塞 ATC 系统。准移动闭塞在控制列车的安全间隔上比固定闭塞更加进步。它通过采用报文式轨道电路辅之环线或应答器来判断分区占用并传输信息,信息量大;可以告知后续列车继续前行的距离,后续列车可根据这一距离合理地采取减速或制动,列车制动的起点可延伸至保证其安全制动的地点,从而可改善列车速度控制,缩小列车安全间隔,提高线路利用效率。但准移动闭塞中后续列车的最大目标制动点仍必须在先行列车占用分区的外方,因此它并没有完全突破轨道电路的限制。

基于 ATC 系统的准移动闭塞的列车追踪间隔和列车控制精度除取决于线路特性、停站时分、车辆参数外,还与 ATP/ATO 系统及轨道电路的特性密切相关,如闭塞分区的长度、地—车传输信息量的多少、轨道电路分界点(或计轴点)的位置等。准移动闭塞的列车控制系统的最小追踪间隔一般可达到 90 s。与固定闭塞相比,列车运行间隔缩短。广州地铁 1 号和 2 号线、南京地铁 1 号线、上海地铁 2 号和 3 号线等都采用的是准移动闭塞 ATC 系统。

③ 移动闭塞 ATC 系统。移动闭塞可借助感应环线或无线通信的方式实现。早期的移动闭塞系统大部分采用基于感应环线的技术,即通过在轨间布置感应环线来定位列车和实现车载计算机(VOBC)与车辆控制中心(VCC)之间的连续通信。而今,大多数先进的移动闭塞系统已采用无线通信系统实现各子系统间的通信,构成基于无线通信技术的移动闭塞。

基于通信的列车控制(Communications Based Train Control,CBTC)实现了车—地之间双向、大容量的信息传输,达到连续通信的目的,在真正意义上实现了列车运行的闭环控制。当列车和车站一开始通信,车站就能得知所有列车的位置,能够提供连续的列车安全间隔保证和超速防护,在列车控制中具有更好的精确性和更大的灵活性,并能更快地检测到故障点。而且,移动闭塞可以根据列车的实际速度和相对速度来调整闭塞分区的长度,尽可能缩小列车运行间隔,提高行车密度进而提高运输能力。

通过车载设备和轨旁设备的实时交互通信,根据列车目标距离的变化、实时派生列车运行速度控制曲线,可做到实时的目标距离连续速度曲线控制,实现列车的"高密度、高效率、高可靠性"运行。由于列车运行间隔较小,线路得到充分利用,列车运行平稳舒适。采用移动闭塞 ATC 系统的有上海地铁 8 号线、北京地铁 10 号线、广州地铁 4 号和 5 号线等。

(2) 折返站的折返能力分析

折返站的折返能力是地铁线路能力的关键环节,中间站、终端站折返能力的大小直接影响整个系统的运输能力和效率。折返站折返形式根据完成折返作业的位置,可以分为两种:站前折返和站后折返。

站前折返指列车在中间站或者终点站利用站前渡线进行折返作业。列车折返的过程中会占用区间线路,从而影响后续列车的闭塞,并且对行车安全保障要求较高。城市轨道交通行车组织中较少采用这种折返模式,特别是当行车密度高、列车运行间隔短的条件下,一般不会采用站前折返方式。站前折返的优点在于渡线设置在站前,可以在一定程度上减少项目建设的投资,缩短列车走行的距离。

国内、外的城市轨道交通通常采用站后折返的方式,即列车在中间站、终点利用站后渡线进行折返作业。这种方式站间接发车采用平行作业,不存在进路交叉,行车安全,有利于提高列车的旅行速度。

站前折返一般设一个岛式站台。为防止上、下车人流拥挤,设计两岛一侧站台形式。中间大岛站台为乘客上车站台,两侧的站台为下车站台,小岛站台的另一侧还固定作为故障列车、火灾列车和存车之用,以便使事故列车对其他列车的影响减到最小程度。

站后折返站台形式,可采用侧式站台或岛式站台,两正线间可采用 5 m 线间距,对压缩车站主体结构宽度有利。车客流各在岛式站台一侧,当采用岛式站台时,上、下车站台上也不存在客流交叉问题,楼、扶梯系统,减少设备投资和用电、维修、运营费用;岛式站台仅设一套,宽度相对较宽,空间较开阔,乘客不易产生压抑感。一条与出发正线连接最近的折返线折返,另一条折返线可作备用。站后折返不像站前折返受列车到站或出发的干扰,折返能力较大,较规范规定的远期最大通过能力每小时不少于 30 对列车,能力有较多储备。

2. 车站停留时间

在满足服务安全性的前提下,列车在站点停留时间越短越好,如果平均站点停留时间过长就会影响到下一趟列车,产生连级效应。城市轨道交通线路通常是采用双线,列车在区间实行追踪运行,并在每一个车站停车供乘客乘降。而为了降低车站的造价,城市轨道交通线路又一般不设置车站配线,列车是在车站正线上办理客运作业。根据行车及客运作业和车站线路设备的这种特点,列车停站时间变为影响线路能力的主要因素之一。

列车在车站的停留时间一般包括客流上、下车时间,开、关门时间,车门关闭后的等待开车时间。

车站停留时间的确定一般需要考虑以下因素:

(1)列车牵引力与车门联锁系统,主要包括列车停站前的延误和车门关闭后的延误。

(2)车门运行,指实际开关门时间加上警告时间及其他施加于车门的约束。

(3)客流量,指上、下车的平均旅客数量。在无约束条件下,某一方向上、下旅客的速率约为 0.5 m/s(每单人宽度)。

(4)车门的数量、宽度和间隔。

(5)站台周转情况。若站台过窄或出口通道较窄,站台上的拥挤会造成列车上、下乘客的延误。上、下混行时速率会进一步下降。

(6)单、双向上、下车,列车上运用某一侧的车门是正常的,不过,具有站台条件的繁忙车站可以运用两侧车门。

(7)站台的高度。

车站停留时间在许多情况下是决定最小列车间隔的主导因素,而确定列车间隔的另一个因素是各种运营裕量。在某些场合下这类裕量可以附加到停站时间内,形成一个可控制的停站时间。例如,在纽约的格兰德中心站,平均停站时间是 64 s,大约为列车实际平均间隔时间 165 s 的 39%,该位置的列车最小列车间隔时间是 55 s,实际列车平均间隔减车站停留时间和最小列车间隔时间后的值为 46 s,这一结果可以被认为是一种运营裕量。

现实的列车间隔还必须考虑各单个列车间的间隔因素,主要包括以下几个方面:

(1)驾驶员行为。驾驶员对系统有明显影响,直接受影响的变量包括:始发站发车延误(即使是由自动发车系统的信号控制也如此)、加减速度(后者对于手动条件下控制列车进站时尤其重要)、列车间隔(期望信号、纯手动条件下的跟踪距离)、最大速度(在采用超速自动加载的紧急制动系统时尤其如此)。

(2)车辆性能。主要指牵引力大小,牵引力小的列车在全线的约束条件较多。

(3)外部干扰。共享环境(如街道、平面交叉、升降桥等)时会产生延误,从而影响间隔。

(4)时刻表恢复问题。在最小间隔下运行的系统一般没有为延误提供恢复余地。较小的间隔其实就意味着较大的运输量,如果系统没有裕量,延误就会持续到高峰期结束。

(5)车站停留时间的确定。车站停留时间影响着全部周转时间和系统的平均生产率。中间站的停留时间还影响着旅行速度和服务的吸引力。更重要的是个别最小运营间隔或瓶颈处的车站停留时间还影响着系统能力。

二、列车能力分析

列车能力是每辆车载客数量与每列车编组辆数的积。通过发散系数,可以将多辆列车中负荷不均匀的情况考虑后换算为实用能力,如左(6-1)所示:

$$列车能力 = 每辆车定员 \times 编组辆数 \times 发散系数 \quad (人/列) \quad (6-1)$$

其中,每辆车的定员受多个因素的影响,它是能力计算中需要重点研究的问题。车辆能力一般要从拥挤水平来评价。北美拥挤水平一般按 6 人/m^2 计算,这是在扣除座位面积、设备面积后的指标。实际上,北美地区的最大容量在 5 人/m^2 左右,高峰期实际平均载荷仅为 2 人/m^2。

评价能力唯一真实的办法是考察旅客不再上车而等待下一列车时的车辆载荷,即出现留乘时的情况。避免留乘是所有公交系统设计的目标,它可以得到评价体系可用能力的可靠数据。

评价列车能力有两个重要指标:一是设计能力;二是可用能力。

1. 设计能力

如果选择了某一类车辆,能力的计算就相对简单,它涉及以下因素:

(1)座位数,假定所有座位满载。

(2)站立面积,即可用面积,要扣除座位旅客的腿部所占的面积。

(3)站立密度,一般地,高峰期短时间可承受的平均站立密度为 6 人/m^2,距离长时应相应减少;有时,服务策略、地区条件也是调整的因子。

(4)站立效益,是用来增加或减少期望站立密度的一个直接因素,它需要兼顾站立空间的特性。

(5)轮椅调整系数,很多城市轨道交通系统是可兼容轮椅的,这一问题要在计算时加以考虑。一般地,一个轮椅所占面积可按 1.2~1.5 m^2 计算,大致相当于 2~6 名旅客。

(6)行李调整系数,当旅客携带一些大的物体时,需要调整能力。一般情况下它可以忽略,但对一些通往机场或娱乐区域的线路来说不能忽略。

2. 可用能力

当没有为系统选定车辆时,可以参照某种通用的车辆参数来计算能力,它避免了采用既有系统中某类车辆可能导致的偏差。例如,波特兰(Portland)轻轨采用座位相对宽大的车辆,而纽约地铁则采用以站立为主的车辆,它代表了两类极端情况。

影响车辆能力的主要参数包括:

(1)车辆长度,可参照按车钩中点计算列车全长的车辆名义长度。

(2)车辆宽度,座椅后背高度处车辆的宽度,主要考虑到人的肩部比脚部宽。该处一般比地板高出 800mm,它比站台水平上的车辆宽度宽 100~150 mm,车辆宽度采用外部尺寸,再转换为内部尺寸。一般可假定车体一侧的墙厚为 50~100 mm。

(3)无旅客空间,主要兼顾驾驶室、设备及端墙等,包括车钩末端的 300 mm 距离。

(4)座位密度,一般为 1.5~2.0 人/m^2,低限适合通勤或长距离市郊快速铁路,高限适合某些重轨快速线路。

(5)座位利用率,与座位密度类似,旅客就座率也是一个特定场合的设计参数,受政策决策影响。

(6)标准密度,没有被座位占用或为轮椅、行李甚至自行车设计占用的车辆地板的空间,一般为 4 人/m^2。在北美,该值可在 1.5~7 人/m^2 范围内选取。

在某些大城市里较早建立的系统,如纽约、费城、芝加哥、多伦多等,采用了较高的载荷水平,因为人们已经习惯,而且可选方式也有限。这些城市采用了较高水平的拥挤率、较长的开车时间和较高的停车费。最新建立的系统提供的空间要大一些,其吸引力和竞争能力也相对强一些。

车辆能力的计算涉及三个方面:座位密度、座位率、站立密度。在某种意义上,它们是一些政策问题。对服务水平和车辆内部的设计决策可以使上述三个因素变成一种差异,即车辆能力的差异,即使两种车辆具有同样的长度和最小间隔。

当车辆外形尺寸一定时,车辆的能力取决于容许密度的设计。国外资料建议,对于有乘客站立的情况,车辆的内部高度应不小于 2 m,所有乘客均有座位时也应不小于 1.5 m。麻省理工学院研究指出:座位的尺寸应为宽 560 mm、长 870 mm。而皇家飞行器集团(Royal Aircraft Establishment,RAE)的研究结果是宽 700 mm、长 400 mm。麻省理工学院的标准接近目前城市公共交通的实用标准,例如,巴黎地铁座位宽度为 480 mm,德国则为 540 mm,长度则为 740~880 mm,过道宽度一般设计为 440 mm。图 6-1 为一个座位的设计尺寸示意图。

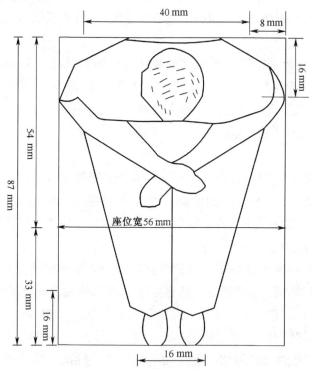

图 6-1 座位设计尺寸示意图

目前发达国家的城市轨道交通车站站立密度标准均较小。伦敦地铁为站立旅客设计的占地空间为 0.30 m²,当车厢站立区较大时,旅客的站立空间在短时间内可低到 0.14 m²。这一标准可被认为是最慷慨的。巴黎地铁一般条件下设计的人均站立空间为 0.17 m²,高峰时仅为 0.10 m²。长期以来我国城市轨道交通建设一直采用 6 人/m²,甚至 9 人/m² 的标准,实际情况中考虑到乘客随身物品、性别差异等,车辆的站立密度仅能达到 5 人/m²。随着生活水平的提高和社会文明的进步,乘客必然对出行舒适度提出更高的要求,舒适度的发展预留站立空间是必要的。

3. 列车能力

设计列车能力是车辆能力与每列车车辆数量的简单积,其中后者在很大程度上受某些具体因素的影响,如:

(1)站台长度,尤其是既有系统;

(2)街道约束,指在街道上行驶的车辆。

实用能力受列车载荷变量的影响,主要是列车载荷发散系数,它影响到车站的设计。当车站的大多数入口都能按站台长度有效地分布旅客时,该值大致可取1.0,其他一些分布不均之处可考虑一些差别。高峰时,旅客会自动分散,但不一定会很满意,某些车辆仍会发生留乘及过渡拥挤的情况。

三、车站对能力的约束

某些情况下,车站能力约束限制了客流抵达站台及列车的效率,从而减少了可用能力。这方面的研究主要是交通供给者的任务,它需要考虑以下因素:

(1)车站能力,包括占有率的限制;

(2)站台客流限制,主要是由于出、入口的数量及宽度限制引起的;

(3)车站停留空间不足;

(4)收费系统的能力限制。收费口的设计一般应与需求匹配,包括一些特别的高峰期间采取手工售验票的方法。不过,在极特殊的场合,车站能力仍会受售票系统能力的影响。例如,轻轨系统是在旅客上车后再售票,这将影响能力。通勤轨道运输系统中的在车售验票一般被认为是一个运营问题,而非售检票问题。

四、其他能力影响分析

可用能力是设计(最大)能力和一系列现实因素的产物,这些现实因素反映了人的感觉和行为,包括特定场合下的差异(期望、文化背景、运输方法等)。在能力计算中还有许多现实因素未考虑到,例如:

(1)站立密度不是绝对的5人$/m^2$,在拥挤条件下,人们可以挤得更紧;

(2)一般不可能设想多单元列车上所有车辆均同样拥挤;

(3)一些其他因素会减少列车能力,如牵引力大小、车门问题、操作者的差异。它们不仅会导致列车间隔的增大,还会增加间隔的变化幅度;

(4)最小间隔在概念上没有给运行图留出间隙,以作为恢复晚点延误的空当,它使得系统不能适应服务的变化;

(5)旅客需求在高峰期内一般也不是平均分布的,存在一些需求"波",它们与特定的工作开始和结束时间有关;

(6) 日常需求还存在一些随星期、季节、假期、天气而发生的波动，如周一与周五不同等，这增加了需求的不可预测性；

(7) 客运需求是有一定弹性的，有时可以有一些拥挤和延误。它们决定了一个重要的安全阀值。

第三节　运输能力的计算

运输能力是通过能力和输送能力的总称。城市轨道交通运输能力的计算主要是通过能力和输送能力的计算。

一、通过能力

通过能力反映的是线路、列车折返设备、车辆段设备和牵引供电设备等各项固定设备的综合能力。

1. 线路通过能力计算

(1) 自动闭塞行车时的线路通过能力计算公式为：

$$n_{线路} = \frac{3\,600}{t_{间}} \tag{6-2}$$

式中　$n_{线路}$——1 h 内线路能够通过的最大列车数（列）；

$t_{间}$——追踪列车最小间隔时间（s）。

(2) 双区间闭塞是指列车连发间隔按同一时间、两个区间内只准有一个列车占用进行控制。线路通过能力计算公式为：

$$n_{线路} = \frac{3\,600}{\sum t_{运}^{i} + t_{站} + \tau_{连}} \tag{6-3}$$

式中　$t_{运}^{i}$——i 区间运行时分（s）；

$\tau_{连}$——连发间隔时间（s）。

双线双区闭塞列车运行图周期如图 6-2 所示。

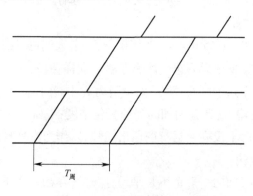

图 6-2　双区间闭塞运行图周期

2. 列车折返设备通过能力计算

列车折返设备通过计算公式为：

$$n_{折返} = \frac{3600}{t_{折}} \quad (6-4)$$

式中　$n_{折返}$——1 h 内列车折返设备能够通过的最大列车数(列)；

　　　$t_{折}$——列车折返出发间隔时间(s)。

列车折返方式主要有站后折返和站前折返两种。站后折返通常是列车利用站后尽端折返线进行折返，站前折返则是列车经过站前渡线进行折返。折返方式不同，$t_{折}$ 的计算方法也不同。

(1) 站后折返：当折返列车 2 在折返线规定的停留时间结束后即能进入下行车站正线，此时折返列车 1 与 2 之间有最小的折返出发间隔时间 $t_{折}$，即：

$$t_{折} = t_{离去} + t_{作业} + t_{确认} + t_{出段} + t_{站} \quad (6-5)$$

式中　$t_{离去}$——出发列车驶离车站闭塞分区的时间(s)；

　　　$t_{作业}$——车站为折返线停留列车办理调车进路的时间(s)，包括道岔区段进路解锁延误、排列进路和开放调车信号等各项时间；

　　　$t_{确认}$——司机确认信号时间(s)；

　　　$t_{出段}$——列车从折返线到车站出发正线的走行时间(s)；

　　　$t_{站}$——列车停站时间(s)。

站后折返时的列车折返出发间隔时间如图 6-3 所示。

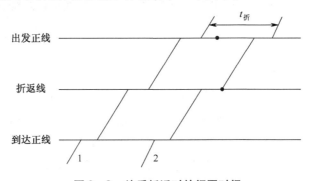

图 6-3　站后折返时的间隔时间

(2) 站前折返：列车经由站前双渡线折返时，可以有侧向到达、直向出发和直向到达、侧向出发两种模式。当进站列车 2 位于进站渡线道岔处方确认信号距离处时，即能进入车站正线，此时折返列车 1 与 2 之间有最小的折返出发间隔时间 $t_{折}$，即：

$$t_{折} = t_{离去} + t_{作业} + t_{确认} + t_{进站} + t_{站} \quad (6-6)$$

式中　$t_{作业}$——车站为进站列车办理接车进路的时间(s)，包括道岔区段进路解锁延误和排列进路等各项时间；

　　　$t_{进站}$——车辆进站时间(s)。

站前折返时的列车折返出发间隔时间如图 6-4 所示。

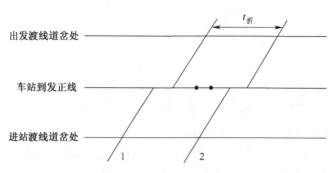

图 6-4 站前折返时的间隔时间

3. 最终通过能力和使用通过能力

（1）最终通过能力：城市轨道交通的最终通过能力通常受限于线路或列车折返设备的通过能力，最终通过能力计算公式为：

$$n_{max} = \min\{n_{线路}, n_{折返}\} \tag{6-7}$$

式中 n_{max}——城市轨道交通在 1 h 内最终能够通过的最大列车数量（列）。

（2）使用通过能力：在日常行车组织中，因为列车运行时分偏离、设备故障、行车事故和外界影响等带来的通过能力损失是不可避免的，实际可使用的通过能力通常达不到理想作业状态下的理论计算能力。使用通过能力的计算公式为：

$$n_{使用} = \frac{3\,600}{\max\{t_{间}, t_{折}\} + t_{损失}} \tag{6-8}$$

式中 $n_{使用}$——扣除能力损失后，城市轨道交通在 1 h 内能够通过的最大列车数量（列）；

$t_{损失}$——平均每列车分摊到的损失时间（s），可根据列车运行统计资料计算确定。

二、输送能力

通过能力反映的是线路所能开行的列车数，它是输送能力的基础。输送能力是运输能力的最终体现，它反映了在开行列车数一定的前提下，线路所能运送的乘客人数。在通过能力一定的条件下，线路的最终输送能力还与车站设备的设计容量有密切关系。这些设备包括站台、楼梯、自动扶梯、通道和出入口等。轨道交通线路在单位时间内所能运送的乘客人数，在线路通过能力一定的条件下，主要决定于列车编组辆数和车辆定员人数，即：

$$p = n_{max} m p_{车} \tag{6-9}$$

式中 p——线路每小时最大输送能力（人）；

m——每列车编组辆数；

$p_{车}$——车辆定员数（人）。

1. 列车编组辆数

列车编组辆数确定的主要依据是预测的规划年度早高峰小时最大断面客流量，计算公式为：

$$m = \frac{p}{n_{\max} p_{车}} \qquad (6-10)$$

此外,在确定列车编组辆数时还应考虑如下制约因素:

(1)站台长度限制。站台长度通常在设计阶段就已经确定,后期难以改变。

(2)对线路通过能力的影响。当列车长度接近站台长度时,要求列车准确停车,通常要增加停车附加时间。并且由追踪列车间隔时间的分析计算可知,列车长度也是个影响变量。

③ 经济合理性。采用长编组列车,车辆满载率在非运营高峰时间内一般较低。

2. 车辆定员人数

车辆定员人数由车辆的座位人数和站位人数组成。站位面积为车厢面积减去座位面积,显然,轨道交通线路车辆的尺寸大小、座席布置方式、单位站位面积内的站立人数是决定车辆定员人数多少的主要因素。表6-2是部分城市轨道交通系统的车辆尺寸和车辆定员人数情况。

表6-2中所列的美国洛杉矶地铁采用大型车辆,但车辆定员人数相对较少,其原因是为了提高乘客的乘车舒适程度,以吸引私人小汽车方面的客流。其他几个城市地铁的资料基本上反映了车辆尺寸和车辆定员人数的关系。20世纪80年代前后修建的新加坡、香港和上海地铁大多采用大容量地铁车辆,车体宽度在3.0~3.2 m之间。莫斯科等城市修建地铁时,尽管各个城市客流量差别较大,但均采用统一的小型车辆。在运输组织方面,通过调整行车密度和列车编组辆数及改变车辆内的座位数和站位密度等措施,都可以实现不同的输送能力水平。

表6-2 部分城市地铁车辆尺寸和定员情况

	洛杉矶	新加坡	香港	上海	莫斯科
车宽/m	3.08	3.2	3.11	3.00	2.71
车长/m	22.78	23.65	22.85	24.14	19.21
座位/人	68	62	48	62	47
站位/人	164	258	279	248	187
定员/人	232	320	327	310	234
制造国	意大利	日本	英国	德国	前苏联

三、运输能力储备

交通运输系统的特点之一,是不能像其他生产部门那样储备产品或半成品来增加生产经营系统的可靠性,只能靠储备生产能力来适应运输波动。所谓运输储备能力,是指在一定的时期内给定的运量条件下,充分考虑运量波动、维修作业、技术改造和系统发展等因素后,运输系统具备的完成一定日常运输任务必须的最小的使用能力以外的附加能力。

上述储备能力中，有一类是考虑运量波动和车辆运行波动的储备能力，考虑运输突发性的故障、中断、调度指挥失误等的储备能力，考虑大、中修施工所预留的储备能力，考虑抢险、救灾等不可预测任务的储备能力，这类储备能力体现了为应对由于日常运输变动的应急和应变能力。另一类是运输系统运营初期过余的储备能力，为适应系统以后的发展阶段在技术改造时期施工预留的储备能力，考虑社会经济长远发展规划的储备能力。运输储备能力是保证系统运营可靠性的重要指标，也是实现系统运输安全指标、质量指标和效益指标的重要条件。

按照性质，储备能力可分为通过能力储备和输送能力储备。通过能力储备是固定设备的能力储备，主要是运输线路上的通过能力储备，如在列车追踪间隔时间中预留一定的缓冲时间。输送能力储备是活动设备的能力储备，如保有一定的备用车辆，以备急需。由于活动设备可以调拨，因此，固定设备的通过能力储备就显得更为重要。能力储备一般都是指通过能力的储备。

能力储备实质上是利用设备冗余或时间冗余提高运输系统可靠性，使运输系统的发展能够适应不断增长的运输需求。规定设备的能力储备，实际上也就是界定运输设备的合理负荷水平。

第四节　加强运输能力的措施

在一定时期内，城市轨道交通系统的运输能力通常是相对固定的。但随着城市经济的不断发展和市民出行需求的不断增加，客流则往往是呈逐年增长的态势，这样运输能力不足的问题就会逐渐凸现出来。对于特定的轨道交通线路，运能不足时可以通过增加列车缩小发车间隔。如已达到最小行车间隔时，必须采用设备改造等措施提高运输能力。因此，为了适应客流的增长，轨道交通系统应及时和有计划地采取加强运输能力的措施，提高运输能力。

一、运能—运量适应分析

在研究解决运输能力不足时，是否需要采取和何时采取提高运输能力的措施，应通过运能—运量适应分析来确定，即根据轨道交通线路的高峰小时现有运输能力能否适应规划年度高峰小时需要运输能力来确定。高峰小时需要运输能力，可根据预测的规划年度高峰小时最大断面客流量进行计算确定，计算公式如下：

$$p_{需} = p_{规划}(1 + \gamma_{备}) \quad (6-11)$$

式中　$p_{需}$——规划年度高峰小时线路应具有的运输能力（人）；

$p_{规划}$——规划年度高峰小时线路单向最大断面客流量（人）；

$\gamma_{备}$——考虑客流波动的能力后备系数，一般可取 0.1。

图 6-5 是根据现有运输能力和需要运输能力资料绘制的运量适应图。图中需要运

输能力假设在运营初始年为 25 000 人/h,以后平均每年增加 2 500 人。现有运输能力和采用各种运输能力措施所实现的运输能力按表 6-3 数据绘制。从运量适应图上可以清楚地看出运能—运量适应分析的结果,确定现有运输能力能否满足需要运输能力的逐年增长,了解采用某种提高运输能力措施形成能力的最后期限及适应的运营年限,运量适应图还可以比较采用不同提高运输能力措施的运能—运量适应情况等。

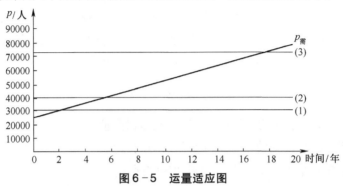

图 6-5 运量适应图

表 6-3 运输能力情况

序号	运能状况变化	t/s	$m/$辆	$p_车/$人	$p/$人
1	现有运能(1)	180	6	250	30 000
2	扩能措施(2)	180	8	250	40 000
3	扩能措施(3)	120	8	300	72 000

二、影响运输能力的变量

城市轨道交通系统运营过程中,影响运输能力的因素较多,主要有以下六个方面:

(1)线路:包括正线数目、路权是否专用、交通控制方式等;

(2)车辆:包括车辆定员数、最高运行速度门数及车门宽度和座椅布置方式等;

(3)车站:包括站间距、站台高度和宽度、下车区域是否分开等;

(4)发列车运行控制:包括信联闭类型和列车自动控制系统组成等;

(5)运输组织:包括追踪列车间隔时间、列车编组辆数、列车在折返站停留时间、列车正点率、客流的时间和空间分布特征;

(6)其他交通:在路权混用和平面交叉时,其他交通的量及特点等;

影响因素中最重要的是正线的数目、追踪列车的间隔时间、列车的编组辆数和车辆的定员数等。

三、加强运输能力的途径

加强运输能力主要有修建新线、增加行车密度和增加列车定员三个途径。

1. 修建新线

新线路的建成运营能使单线成为双线或双线成为多线,能使轨道交通网逐步形成,这样无疑能使运输能力有较大的提高,满足城市公共客运的需求,提高轨道交通系统的服务水平。

2. 增加行车密度

由于修建新线会遇到资金、土地及环保等一系列的困难或限制,并且修建新线也不是在任何客流条件下都是经济合理的。因此,增加既有线行车密度是提高既有线运输能力的基本途径。增加行车密度的通过能力提高值可由下式表示:

$$\Delta n_{max} = 3\,600\left(\frac{1}{I''} - \frac{1}{I'}\right) \qquad (6-12)$$

式中 Δn_{max} ——增加行车密度后的小时通过能力提高值(列或对);
  I'——增加行车密度前的追踪列车间隔时间(s);
  I''——增加行车密度后的追踪列车间隔时间(s)。

3. 增加列车定员

通过增加列车编组辆数、采用大型车辆或优化车辆内部布置来增加列车定员,是提高既有线输送能力的又一途径。但扩大编组数往往受到站台长度的限制;而轻轨列车的编组辆数较多,在路权混用时,会在平交道口对其他交通产生一定影响。增加列车定员的输送能力提高值可由下式表示:

$$\Delta p = n_{max}(p''_{列} - p'_{列}) \qquad (6-13)$$

式中 Δp——增加列车定员后的小时输送能力提高值(人);
  $p'_{列}$——增加列车定员前的列车定员数(人);
  $p''_{列}$——增加列车定员后的列车定员数(人)。

根据世界各大城市轨道交通的运营实践,加强既有线路运输能力通常是增加行车密度和增加列车定员两者并举,并以增加行车密度为主。

四、加强运输能力的措施

运输能力是通过能力与输送能力的统称。在地铁、轻轨等线路上,通过能力主要是由线路通过能力和列车折返能力两者中的能力较小者所决定;在市郊铁路上,通过能力主要是由区间通过能力所决定。提高运输能力的措施多种多样,各种提高运输能力的措施解决问题的内涵也不一样,但尽管如此,提高运输能力的措施大体上还是可以分为运输组织措施和设备改造措施两大类。

运输组织措施是指无需大量投资,运用比较完善的运输组织方法,更有效地使用既有技术设备,就能使运输能力达到需要水平的提高能力措施。如优化列车运行图、合理规定列车停站时间、合理组织列车折返作业、改善列车乘务制度等措施。

设备改造措施是指需要一定投资来加强技术设备的措施。随着科学技术的进步,不断地以先进的技术设备来装备轨道交通系统,以加强轨道交通运输的物质技术基础,提高运输能力。这些措施包括新建线路、改造既有线路与车辆段、采用先进的信号和列车运行控制系统及购置新型车辆等。

根据各国轨道交通的运营实践,在扩能的措施方面,提高既有线运输能力,通常运输组织措施和设备改造措施两者并用,如增加行车密度和增加列车定员来提高既有线运输能力,并以增加行车密度为主。但在线路行车密度已经很大的情况下,要较大幅度地提高运输能力,往往需要采用设备改造措施来实现。

1. 提高线路通过能力的措施

决定线路通过能力,是追踪列车间隔时间,可通过压缩列车的进站时间、加减速附加时间和停站作业时间来提高线路通过能力。

(1) 修建双线或四线

在既有单线或双线基础上建成双线或四线、平行双线能大幅度提高线路通过能力,在市郊铁路的繁忙地段可修建平行双线。

(2) 改造线路平、纵断面

采用该措施能提高行车速度,进而提高线路通过能力。但改造线路的平面和纵断面会受到诸如工程经济性、施工困难和影响日常行车等因素的制约。因此该措施通常在旧式有轨电车线路改造为轻轨线路时采用;而在既有轻轨或地铁线路上,则更倾向于采取用新型车辆来适应线路条件的做法。

(3) 在客流较大的中间站修建侧线

采用该措施是将侧式站台变成岛式站台,单向运行列车能在站台两侧轮流停靠,这样可以缩短构成追踪列车间隔时间的列车停站时间部分,较大幅度地提高线路通过能力。该措施一般适用于郊区地面线路情况。

(4) 在客流较大的中间站增建站台

该措施通常在岛式站台情况下采用,使停站列车的两侧均有站台,乘客能从两侧上、下车或上、下车分开,缩短列车停站时间,提高线路通过能力。此外,在增建站台时也可根据客流需求同步修建侧线,该措施一般也适用于郊区地面线路情况。

(5) 使用新型车辆

新型车辆的涵义包括车辆运行性能改善和安装车载控制设备等。车辆运行性能主要包括车辆构造速度、车辆起动加速度和制动减速度等运行参数,车载控制设备主要有车载制动自动控制和车载道岔自动转换设备等,车辆运行性能改善和安装车载控制设备能提高列车运行速度,缩短追踪列车间隔时间。

(6) 改进车辆设计

车辆上的新设计通常是针对缩短列车停站时间、增加车辆定员和提高乘车舒适度等进行的。如可设计制造每侧 6 个车门的车辆,以缩短乘客上、下车的总时间。

(7) 采用先进的列车运行控制系统

采用先进列车运行系统能较大幅度调高线路通过能力。列车自动控制系统(ATC)

由列车自动防护(ATP)、列车自动驾驶(ATO)和列车自动监控(ATS)三个子系统组成,在实践中,也有单独采用基于计算机控制的 ATP 子系统的情况,它的主要功能是列车的调速制动实现连续化、自动化,以达到提高列车运行速度及缩短追踪列车间隔时间的目的。

(8) 改用移动闭塞

在列车追踪运行过程中,移动闭塞能使后行列车与前行列车始终保持一个自动控制程序规定的最小安全间隔距离,而不是原先固定闭塞时规定必须间隔若干个闭塞分区形成的安全间隔距离。因此,用移动闭塞取代固定闭塞,能缩短追踪列车间隔时间。

(9) 分割车站区域轨道电路

图 6-6 是采用该措施后缩短追踪列车间隔时间的一个图解。通过分割车站区域轨道电路,增加了一个前行列车离去速度监督等级,图中当前列车出清轨道电路段 cd 达到被监督速度,续行列车恰好运行至进站线路的 a 处,如图 6-6(a)所示;当前行列车出清整个车站轨道电路区域时,续行列车已运行到进站线路的 b 处,如图 6-6(b)所示。

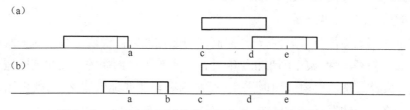

图 6-6 分割车站区域轨道交通电路时列车追踪运行图解

(10) 采用跨站停车的列车运行组织方式

该措施将全线车站分成 A、B、C 三类,线路上 A、B 类车站按间隔分布确定,C 类车站按每隔 4~5 个车站选择一站,所有追踪运行列车均应在 C 类车站停车作业,但在 A、B 两类车站分别停车作业。该措施减少了列车停站次数,能提高线路通过能力,同时也压缩了旅行时间。但由于去 A 或 B 类车站的乘客需在 C 站换乘,乘客会感到不太方便。

(11) 加强站台客运组织

乘客为了减少走行距离,同时避免时间延误,往往在靠近自动扶梯或楼梯的位置候车,进而导致列车内乘客分布不均匀,最终造成列车在车站的停站时间延长。采用该措施就是通过站台乘车的组织,使列车内的乘客尽可能分布均匀,以减少列车停站时间。

2. 提高列车折返能力的措施

在行车密度比较高的情况下,线路终点站的列车折返能力会成为限制通过能力的薄弱环节。影响列车折返能力的主要因素包括:在站后折返情况下,有出发列车驶离车站闭塞分区时间、车站为折返线列车办理调车进路时间、列车从折返线至出发站线的走行时间和图定终点站列车停站时间等;在站前折返情况下,有出发列车驶离车站闭塞分区时间、车站为进站列车办理接车进路时间、列车从进站信号机至到达站线的走行时间和图定终点站列车停站时间等。针对上述各种影响因素,折返站提高列车折返能力的措施有:

(1) 修建环形折返线

图 6-7 是地面轨道交通线路修建环形折返线的图解。折返站的这种站场配置能缩

短乘客上下车总时间、消除列车在折返线等待前行列车出清站线的时间,提高终点站的列车折返能力。

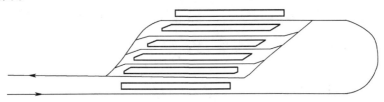

图6-7 连接各站台线的环形折返线

但环形线因受平面曲线最小半径限制,环绕距离偏长,工程巨大,需要适合的地形条件。但目前从建设和运营成本投入和运营效果来看,单独设置环形折返线,经济合理性差。

(2)增建站台

采用该措施形成岛式与侧式站台的组合形式,可以缩短乘客上下车总时间,加速列车折返作业过程。该措施一般适用于地面线路情况,由于土建工程量较大,是否采用应在与提高运输能力方案进行技术经济比较后确定。

(3)优化道岔与轨道电路设计

如将渡线道岔按两个单动道岔进行设计和将站内轨道电路进行分割等,采用这些措施后能减少列车等待进路空闲情况,缩短列车的折返时间。

(4)采用自动信号设备

采用该措施后,道岔转换、排列进路、信号开放及进路解锁等能根据列车折返运行情况自动进行。这样,列车在折返作业过程中,能减少办理调车或接车进路时间,从而达到加速列车折返的目的。

(5)在折返线上预置一列车周转

在前行列车已经腾空出发线,而续行列车还未进入折返线或在折返线停留过程中,采用该措施能提高列车折返能力。

(6)改变折返方式

通过采用不同的折返方式来缩短折返列车在终点站的出发间隔时间。有两条折返进路的车站可分别使用两条折返进路进行交替折返。下面以站前折返为例说明交替折返模式。图6-8为采用站前折返的折返站站型示意图。

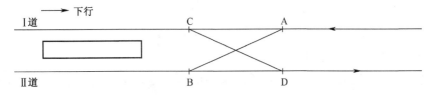

图6-8 站前折返站站型示意图

采用交替折返时,列车侧向进站、直向出发与直向进站、侧向出发交替进行。作业时间示意图见表6-4:①表示列车经道岔A、C直向进Ⅰ道停车;②表示列车经道岔A、B侧向进Ⅱ道停车;③表示Ⅰ道停站列车经道岔C、D侧向发车;④表示Ⅱ道停站列车经道岔

B、D 侧向发车。此时的最小折返列车出发间隔计算如下：

$$I_发^1 = t_{离去}^{侧向} + t_{作业} + t_{进站}^{直向} + t_{作业} + t_{确认} = t_{离去}^{侧向} + t_{进站}^{直向} + 2t_{作业} + t_{确认} \quad (6-14)$$

$$I_发^2 = t_{离去}^{直向} + t_{作业} + t_{进站}^{侧向} + t_{作业} + t_{确认} = t_{离去}^{直向} + t_{进站}^{侧向} + 2t_{作业} + t_{确认} \quad (6-15)$$

$$n_{折返}^{交替} = 2 \times \frac{3\,600}{I_发^1 + I_发^2}$$

若不采用交替折返，则 $I_发 = t_{确认} + t_{进站} + t_{站} + t_{离去} + t_{作业}$，$n_{折返} = \dfrac{3\,600}{I_发}$。

由于 $t_{作业} < t_{站}$，所以 $I_发^1 < I_发$，$I_发^2 < I_发$，则 $I_发^1 + I_发^2 < 2I_发$，$2 \times \dfrac{3\,600}{I_发^1 + I_发^2} > 2 \times \dfrac{3\,600}{2I_发}$

即 $n_{折返}^{交替} > n_{折返}$，所以当采用交替折返模式时，可提高车站的折返能力。

表 6-4　交替折返作业时间示意图

	作业项目	时　　间
1	车站办理接车进路	②　　①　　②
2	列车进站到达	$t_{进站}^{侧向}$　$t_{进站}^{直向}$　$t_{进站}^{侧向}$
3	列车停站上下旅客	
4	车站办理发车进路	③　　④　　③
5	驾驶室转换	
6	司机确认信号	
7	列车发车出站	$t_{离去}^{侧向}$　$t_{离去}^{直向}$　$t_{离去}^{侧向}$
8	折返列车最小出发间隔	$I_发^1$　　$I_发^2$

从实际的运营和维护角度上看，不采用交替折返时，仅仅使用了两条折返进路中的一条，另一条仅作为存车线或停车线用，其结果会造成部分线路的偏磨，不利于线路的维护和实际效益的发挥。但是采用交替折返模式时，将会出现不均衡的发车间隔和接车间隔，这种情况将给全线的行车组织和运营管理增加一定难度。

3. 提高输送能力的措施

在通过能力一定的条件下，决定输送能力的因素是列车编组辆数和车辆载客人数。因此，提高输送能力的措施主要有以下几种。

（1）增加列车编组辆数

采用该措施能较大幅度提高输送能力，但列车扩大编组受到站台长度、运营经济性等因素的制约。

(2) 采用大型车辆

由于大型车辆定员多,是目前新建轨道交通系统,尤其是地铁等大容量城市轨道交通系统的首选车型。

(3) 优化车辆内部布置

该措施的基本出发点是在车辆尺寸一定的条件下,通过将双座椅改为单座椅或将纵向布置的固定座椅改为折叠座椅,来增加车辆载客人数。改为折叠座椅后,在高峰运输期间可翻起座椅,增加车内站立人数,同时也能提高乘客舒适程度。

第五节 提高运行效率的措施

提高城市轨道交通系统运行效率主要体现在提高旅客乘坐城市轨道交通的出行速度上。出行速度指的是乘客在城市中出行,按"门到门"出行距离和出行时间计算的平均速度。出行速度的计算公式如下:

$$v_{出行} = \frac{s_{全}}{t_{站外} + t_{乘车} + t_{站内}} \tag{6-16}$$

式中 $v_{出行}$——乘客"门到门"出行速度(m/s);

$s_{全}$——乘客出行全程距离(m);

$t_{站外}$——从出行起点至进站口与从出站口至出行终点的时间和(s);

$t_{乘车}$——乘坐城市轨道交通列车时间(s);

$t_{站内}$——从进站口至上车、从下车至出站口及在站内换乘的时间(s)。

在乘客出行全程距离一定的情况下,乘客出行速度主要取决于乘客"门到门"出行时间,主要包括:乘客从出行始、终点至车站的时间和乘坐城市轨道交通的时间,以及站内走行时间、候车时间、换乘时间等。

一、提高城市轨道交通运行速度的措施

提高城市轨道交通运行速度,有减少加减速时间、减少列车运行时间和减少列车停站时间三个途径。

1. 减少加减速时间

减少加减速时间是指减少列车在加速距离或制动距离内的运行时间,但有时也指减少列车起停车附加时间。两者虽然含义不同,但在此并没有实质性区别。减少加减速时间的措施主要有:

(1) 改善车辆的加速与制动性能。改善车辆的加速与制动性能可减少加减速时间,但提高起动加速度与制动减速度既有车辆动力学的极限,也有乘客的生理承受和安全方面的限制。过高的起动加速度与制动减速度会使站立乘客失去稳定性,导致乘车舒适度下降和不安全因素。

(2)合理设计地下车站线路段的纵断面。在车辆起动加速度与制动减速度一定的条件下,地下车站线路段采用凸形纵断面设计与采用平道或凹形纵断面比较,能减少加减速时间。

2. 减少列车运行时间

减少列车运行时间的关键是提高列车运行速度,而列车运行速度本身又是车辆构造速度、列车运行控制方式和站间距等多因素综合作用的结果。减少列车运行时间的措施主要有:

(1)提高车辆构造速度。车辆构造速度是限制列车运行速度的因素之一。因此,要提高列车运行速度就必须提高车辆构造速度。

(2)采用列车运行自动控制系统。列车运行自动控制系统能连续、自动地对列车运行进行控制,由于提高了列车的制动限速,列车能在安全的情况下以较高速度运行。

(3)提高列车的制动能力。列车运行速度必须和列车的制动能力匹配,否则就不能保证安全。因此,在制动能力较大的情况下,允许的列车运行速度也越高。

(4)适当延长站间距。随着站间距的延长,列车稳定运行距离也相应延长,列车运行速度可较高。但当站间距增加到一定的程度后,列车运行速度的提高会趋于平缓。

3. 减少列车停站时间

对于一次列车停站,列车停站时间取决于高峰小时车站的上、下车乘客数和平均上、下一位乘客所需时间等。但对于一次单程列车运行,列车停站时间还与站间距和列车运行方案等因素有关。减少列车停站时间的措施主要有:

(1)增加车辆的车门数及车门宽度。采用该措施能使平均上、下一位乘客所需时间减少,从而减少列车停站时间。

(2)采用高站台或低地板车辆。在轻轨线路上,采用高站台或低地板车辆能减少列车停站时间。

(3)组织乘客均匀分布候车。组织乘客在站台上均匀分布候车,可使乘客在列车内也均匀分布,缩短上、下车时间。

(4)适当延长站间距。在列车单程运行距离一定的情况下,适当延长站间距能减少列车停站总次数及停站总时间。

(5)采用跨站停车和分段停车等列车运行方案。在站间距和列车单程运行距离均一定的情况下,采用跨站停车和分段停车等列车运行方案也能减少列车停站总次数,从而减少列车停站总时间。

二、提高出行速度的途径与措施

提高出行速度有三个途径:减少乘客从出行始、终点至车站的时间,减少乘坐城市轨道交通列车时间,减少乘客进、出车站及候车、换乘的时间。

1. 减少乘客从出行始、终点至车站的时间

从空间和时间的角度,可提出下列减少乘客从出行始、终点至车站时间的措施。

（1）增加城市轨道交通网的密度。逐步修建城市轨道交通线路，增加城市轨道交通网的密度能缩短乘客步行至轨道交通车站的距离或乘坐接运交通工具的距离。不过，增加城市轨道交通网的密度除需要大量的建设资金外，还要经历一个较长的发展过程。

（2）合理规划车站周边地区的土地使用。在城市土地用途规划中，周围地区的土地用途应尽可能规定为出行生成和吸引量大的住宅和非住宅类型，以缩短乘客步行至城市轨道交通车站的距离或乘坐接运交通工具的距离。

（3）优化接运交通的设计。开辟衔接城市轨道交通车站的快、中速接运交通线路，组织接运交通与城市轨道交通的紧凑换乘，以减少乘客从出行始、终点至车站的时间。

2. 减少乘坐城市对轨道交通列车的时间

减少乘坐城市轨道交通列车时间的有关措施前面已做过介绍，参见相关内容。

3. 减少乘客进、出车站及候车、换乘的时间

乘客在城市轨道交通车站内消耗时间的长短与车站设计的合理性和行车密度等因素有关。减少乘客进、出车站及候车、换乘时间的措施有以下几种。

（1）尽可能采用浅埋车站或地面车站。与深埋车站相比，浅埋车站或地面车站可缩短乘客进、出站时间。但在决定车站埋深时，除考虑乘客出行速度因素外，还要考虑城市轨道交通沿线的地质、水文和地形条件，以及现有地面建筑状况、工程造价和运营费用等多方面因素。

（2）保证通道、升降设备和售检票设备等设施的通过能力。在车站出、入口至站台的水平和垂直距离一定的情况下，乘客进、出站时间取决于乘客在站内的通行速度。为保证乘客的无阻通行，车站有关设备的能力应按超高峰期客流确定。

（3）适当增加行车密度。适当增加行车密度是减少乘客候车时间的有效措施。但如客流较小，高密度行车也存在运输成本较高的问题。为兼顾乘客和运输企业的利益，可考虑采取小编组、高密度的行车组织方式，而高峰小时的客流运送可通过开行部分大编组列车的办法解决。

（4）优化换乘站的设计。乘客换乘时间主要是由于乘客在不同线路站台间的换乘行走引起，而不同线路站台的组合又有多种形式。从站台组合布局紧凑、换乘走行距离较短的角度，应优先考虑采用站台组合为平行形和十字形的换乘站设计方案。

思 考 题

1. 什么是通过能力和运输能力？二者之间的关系如何？
2. 影响运输能力的因素包括哪些？对运输能力有什么样的影响？
3. 试述提高城市轨道交通系统运输能力的措施。
4. 试比较站前折返与站后折返的列车折返出发间隔时间有何不同？
5. 试评价采用交替折返模式的优缺点。
6. 提高城市轨道交通系统运行效率的措施有哪些？

第七章 城市轨道交通客运管理

轨道交通作为城市公共交通中的骨干,为市民的工作、生活提供了一定的服务保障。市民出行的目的多种多样,包括以工作、学习、生活为目的的出行和文化娱乐活动的出行。市民的这种工作、生活出行带有很强的目的性、规律性。

城市轨道交通为城市提供了一种容量大、运送速度较快的交通工具,其根本任务是运送乘客,与其他公共交通相比较,具有客流量大、以车站为集散地、线路固定的特点。正常情况下,城市轨道交通车站是供乘客乘降、换乘和候车的场所,因此车站也是乘客直接感受城市轨道交通客运服务质量的重要场所。

为给乘客提供安全、迅速、便捷、舒适的客运服务,城市轨道交通必须设置便捷的导乘系统、良好的通风系统、车站照明系统、售检票系统、防火报警系统等各类服务设备设施,才能为客运组织的实现提供可靠的设备设施保证。而为保证乘客的安全、准点、便捷出行所采取的组织和措施,就是城市轨道交通客运管理。

本章将主要介绍轨道交通客运有关的车站设备设施,客流组织,客运服务和票务管理等轨道交通客运服务工作的主要内容。

第一节 车站设备设施

车站是轨道交通运输生产的基层生产单位。城市轨道交通车站除了承担轨道交通运营企业内部大量列车的到发、通过和折返等行车技术作业外,还承担了大量的乘客售检票、乘降、换乘等客运作业。为了确保乘客能安全、迅速、便捷地进出车站,城市轨道交通车站必须设置便捷的导乘系统、良好的通风系统、车站照明系统、必要的卫生设施、防火报警系统等设备设施,以及为乘客提供服务的各类设施,才能为客运组织的实现提供可靠的设备设施保证。随着城市轨道交通网络规模的扩大,车站工作业务种类多、工作强度大、操作环节复杂、服务质量要求高。因此,车站不仅是轨道交通的重要节点,而且还是城市的重点区域,车站的客运组织也不仅是轨道交通运营的重要内容,而且成为影响城市区域安全通畅的重要课题。

一、城市轨道交通车站的类型

城市轨道交通系统的车站按不同的标准有不同的类型,下面主要按其客流量大小、所处位置、运营性质、站台形式、乘客换乘方式和埋深距离等进行分类。

1. 按车站客流量大小分类

按车站客流量大小,可分为大车站、中等车站和小车站。

(1)大车站:高峰每小时客流量达3万人次以上。

(2)中等车站:高峰每小时客流量在2万~3万人次。

(3)小车站:高峰每小时客流量在2万人次以下。

2. 按车站的设置位置分类

按车站的设置位置,可分为地下车站、地面车站和高架车站。

(1)地下车站:位于地面以下的车站。

(2)地面车站:和地面连接的车站。

(3)高架车站:位于地面以上的车站。

3. 按车站的运营性质分类

按车站的运营性质,可分为中间站、区域站、换乘站、枢纽站、联运站、终点站。

(1)中间站(即一般站)。中间站仅供列车停靠和乘客上、下车之用,功能单一,是城市轨道交通网络中数量最多的车站。

(2)区域站(即折返站)。区域站是设在两种不同行车密度交界处的车站,设有折返线和折返设备,区域站兼有中间站的功能。

(3)换乘站。换乘站是位于两条及两条以上城市轨道交通线路交叉点上的车站。它除了具有中间站的功能外,更主要的是它还可以从一条线路上的车站通过换乘设施转换到另一条线路上。

(4)枢纽站。枢纽站位于城市轨道交通线路分岔的地方,可以接发两条线路上的列车。

(5)联运站。联运站是指车站内设有两种不同性质列车线路进行联运及客流换乘,它具有中间站和换乘站的双重功能。

(6)终点站。终点站是设在线路两端的车站,就列车上、下行而言,终点站也是起点站(或称始发站),设有可供列车全部折返的折返线和设备,也可供列车临时停留检修。当线路远期延长后,则此终点即变为中间站。

各种车站分类如图7-1所示。

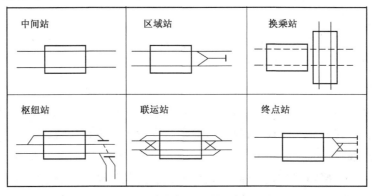

图7-1 车站分类示意图

4. 按车站站台形式分类

按车站站台形式,可分为岛式车站、侧式车站和岛、侧混合式车站。

(1) 岛式车站

站台位于上、下行行车线路中间,这种站台布置形式称为岛式站台,具有岛式站台的车站称为岛式站台车站(简称岛式车站)。岛式车站是常用的一种车站形式,具有站台面积利用率高、能调剂客流、乘客中途改变乘车方向方便、车站管理集中、站台空间宽阔等优点,因此,一般用于客流量较大的车站。

(2) 侧式车站

站台位于上、下行行车线路的两侧,这种站台布置形式称为侧式站台,具有侧式站台的车站称为侧式站台车站(简称侧式车站)。侧式车站站台上、下行乘客可避免相互干扰、正线和站线间不设喇叭口、造价低、改建容易,但是,站台面积利用率低,不可调剂客流,中途改变方向须经过地道或天桥,车站管理分散,站台空间不及岛式宽阔。因此,侧式站台多用于两个方向客流较均匀(或流量不大)的车站及高架车站。

(3) 岛、侧混合式车站

将岛式站台及侧式站台同设在一个车站内,具有这种站台形式的车站称为岛、侧混合式站台车站(简称岛、侧混合式车站)。岛、侧混合式车站主要用于两侧站台换乘或列车折返,可布置成一岛一侧式或一岛两侧式。

车站站台形式如图 7-2 所示。

图 7-2 车站站台形式分类示意图

5. 按乘客换乘方式分类

按乘客换乘法,可分为站台直接换乘、站厅换乘通道换乘。

(1) 站台直接换乘

乘客在站台通过楼梯、自动扶梯等换乘到另一车站的站台。这种换乘方式线路短,换乘高度小,换乘时间短,换乘方便。

(2) 站厅换乘

乘客由某车站站台经过楼梯、自动扶梯到达另一车站站厅付费区,再经过楼梯、自动扶梯到达站台。这种换乘方式线路较长,换乘高度较大,换乘时间较长。

(3) 通道换乘

两个车站不直接相交,相互之间可采用单独设置的换乘通道进行换乘。这种换乘方式线路较长,又费时,对老弱孕残幼多有不便,且通道长,投资大,如图 7-3 所示。

图 7-3 上海地铁 1 号、9 号线徐家汇站换乘通道

6. 按车站埋深分类

按车站埋深可分为浅埋车站(轨顶至地面距离小于 15m)、中埋车站(轨顶至地表距离为 15m~25m)和深埋车站(轨顶至地表距离大于 25m)。

二、城市轨道交通车站的组成

城市轨道交通车站是供乘客上下车和换乘、候车的场所,车站功能复杂、涉及面广、设备及辅助设施多、专业性强。一般由车站主体(站台、站厅、各类用房)、出入口及通道、通风道及地面通风亭、其他附属建筑等几部分组成,如图 7-4 所示。

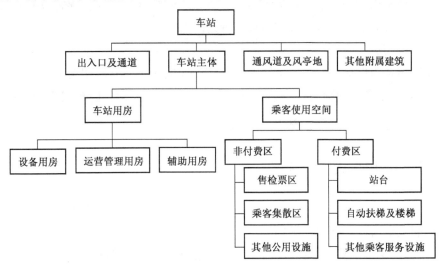

图 7-4 地铁车站建筑(设施)的基本构成

出入口及通道是供乘客进、出车站的口部建筑设施。通风道及地面通风亭的作用是保证地下车站具有一个舒适的地下环境。车站主体是列车在线路上的停车点,其作用是供乘客集散、候车、换乘及上下车,它又是地铁运营设备设置的中心和办理运营业务的地方。对于地下车站,以上三部分必须具备。

车站主体部分的功能空间由下列使用部分组成:乘客使用空间、运营管理用房、设备用房与辅助用房。

（1）乘客使用空间

乘客使用空间是直接为乘客服务的场所，分为付费区和非付费区。非付费区是乘客购票并正式进入车站前的活动区域，一般应有较宽敞的空间，根据需要可在这里设售检票设施、问讯、银行、公用电话、小卖部等设施。付费区包括站台、楼梯、自动扶梯、导向标志等。乘客使用空间在车站建筑组成中占有很重要的位置，它是车站中的主体部分。乘客使用空间的布设位置对车站类型、总平面布局、车站平面、结构横断面形式、功能是否合理、面积利用率、人流路线组织等的设计有较大的影响。

（2）运营管理用房

运营管理用房是为保证车站具有正常运营条件和营业秩序而设置的办公用房。由进行日常工作和管理的部门及人员使用，是直接或间接为列车运行和乘客服务的。主要包括站长室、行车值班室、业务室、广播室、会议室、保卫室、清扫员室等。运营管理用房与乘客关系密切，一般布设在邻近乘客使用空间的地方。

（3）设备用房

设备用房是为保证列车正常运行、保证车站内具有良好环境条件及在事故灾害情况下能够及时排除灾情的不可缺少的设备用房。它是直接或间接为列车运行和乘客服务的，主要包括环控室、综合控制室、防灾中心、通信机械室、信号机械室、自动售检票室、变电所、泵房、冷冻站、机房、配电及上述设备用房所属的值班室、工区用房、附属用房及设施等。技术设备用房是整个车站运营的心脏所在。由于这些用房与乘客没有直接联系，关系不太密切，因此，一般可布设在离乘客较远的地方。

（4）辅助用房

辅助用房是为保证车站内部工作人员正常工作生活所设置的用房，是直接供站内工作人员使用的，主要包括厕所、更衣室、休息室、茶水间、盥洗室、储藏室等。这些用房均设在站内工作人员使用的区域内。

三、车站服务设备设施

城市轨道交通车站，作为供乘客乘降的场所，也是主要为乘客提供服务的场所，其服务于乘客的设备、设施主要有：导向系统、广播系统、售检票系统、照明系统、火灾防护系统、车站站台屏蔽门系统、车站通风与噪声控制系统、车站空调系统。

1．导向系统

导向系统包括各类导向标志、禁令标志和其他设备、设施标志。

（1）导向标志

导向标志是引导乘客乘坐列车或向乘客指示服务设施所设置的各类标志。主要有示意出入口、公交站点的标志、自动或人工售票的标志、进出计费区的标志、乘客方向及站点分布的标志、紧急出口标志、公用电话标志和车站周边示意图等。

(2) 禁令标志

禁令标志是指限制乘客某些行为的标志。主要有禁止吸烟标志、禁止携带易燃易爆物品标志、严禁跳下站台、禁止进入隧道的标志等。图7-5是禁止跳下、请勿乱扔废弃物和请勿倚靠的禁令标志,图7-6是请勿超越黄色安全线和屏蔽门门灯红闪时勿上下车的禁令标志。

图7-5 禁止跳下、请勿乱扔废弃物和请勿倚靠的禁令标志

图7-6 请勿超越黄色安全线和屏蔽门门灯红闪时勿上下车的禁令标志

(3) 其他设备、设施标志

其他设备、设施标志还包括服务于普通乘客的自动扶梯标志,以及为盲人提供方便的盲道及供残疾人专用的无障碍通道与垂直电梯的标志、公用电话、厕所等设施的标志。

① 安全指引标志:在楼梯及站台、展厅上设置荧光导向箭头,在停电时指引乘客如何出站,如图7-7所示。另外,乘客在乘车过程中如遇到紧急情况或突发事件时,可以使用轨道交通提供的紧急设施,帮助自己脱离危险。

② 紧急停车按钮(站台上):在车站站台的立柱或墙壁上,安装了列车紧急停车按钮,如图7-8所示。一旦有人跌落站台,或发现火灾等紧急情况,乘客可以打碎上面的玻璃,按下按钮,使列车制动。

图 7-7　荧光导向箭头　　　　　图 7-8　紧急停车按钮箱

2. 广播系统

车站出入口及通道、站厅、站台、车站用房一般均设置广播,主要用于向乘客提示列车运行有关信息、乘车有关提示及发生非常情况后有关信息的发布和组织、引导乘客。

3. 售检票系统

售检票系统是指为乘客提供售票和检票服务的一系列相关设备。目前国内采用的售检票设备有人工售检票和自动售检票两种系统。详细内容请见本章第四节中"售检票系统"的相关内容。

4. 照明系统

照明系统包括正常照明和应急照明。

由于轨道交通车站大部分为地下车站,且运营时间较长,因此,地下车站和地面车站夜间照明均由车站正常照明提供照明。应急照明是为了车站正常照明发生故障时,为疏散乘客提供必要的照明,通常由蓄电池提供,当正常照明失电的同时,应急照明立即启用,一般可维持半小时左右。

5. 火灾防护系统

城市轨道交通车站火灾防护系统由火灾监控系统、火灾自动报警系统(Fire Alarm System,FAS)和灭火系统组成。

火灾监控系统由灵敏的光感、温感、烟感、红外线反应的传感器和自动巡检及显示元件组成。它以预防火灾为主,主要是在第一时间内将探测器检测到的火灾情况及时传输给报警系统和自动灭火系统。

地铁火灾自动报警系统(FAS)在所有子系统中处于特殊地位。一方面,它是地铁运营防灾、救灾体系最关键的一环;另一方面,此系统的构建必须遵从国家和地方的消防规范,对FAS子系统的系统集成必须受到这些规范的强力制约。它是火灾发生时以声、光、语音等形式给人以警示的一种消防设备,常用的有警铃、警笛、声报警器、光报警器、声光报警器、语音报警器等。

地铁火灾自动报警系统(FAS)主要由设置在各地铁车站、区间隧道、控制中心大楼、车辆段、停车场、主变电站等与地铁运营有关建筑与设施的火灾报警系统设备,以及相关的网络设备和通信接口组成。

自动灭火系统包括联动相关的消防设备和设置固定式灭火装置。

6. 车站站台屏蔽门

车站站台屏蔽门是设在站台边缘,把站台区域与列车运行区域相互隔开的设备。当隧道无车及列车进站时处于关闭状态。列车停稳后,由司机一人全程操作开启列车门及屏蔽门。乘客上下车结束后,车门与屏蔽门同时关闭。

地铁屏蔽门分为封闭式、开式和半高式,其中开式和半高式通常被叫作"安全门",只起到安全和美观的作用。封闭式的通常被称为"屏蔽门",也是最常用的一种,如图7-9所示。地铁屏蔽门系统使空调设备的冷负荷减少35%以上,环控机房的建筑面积减少50%,空调电耗降低了30%,有明显的节能效果。

图7-9 全封闭型屏蔽门

7. 电梯与自动扶梯

电梯与自动扶梯是城市轨道交通站台、站厅、地面间运送客流的主要设备,对及时疏散客流起着至关重要的作用。此外,车站内还设置残疾人液压梯、楼梯升降机以满足残疾人等人士的需要,图7-10是可供轮椅进站的升降平台。

图7-10 可供轮椅进站的升降平台

8. 环境控制系统

城市轨道交通环境控制就是对地铁内的温度、湿度和空气流速等加以控制,送入必要的室外新风,排出有害气体及热量。在紧急情况下(火灾时)保证乘客及工作人员的安全。

地铁环控系统主要由以下几个部分组成:区间隧道活塞通风及机械通风系统(兼排烟),车站区间排热系统(屏蔽门方式),简称为隧道通风系统;车站空调通风系统,其中车站的站厅、站台公共区空调通风系统,简称为车站空调通风大系统;车站管理用房和设备用房空调通风系统(兼排烟),以及主变、牵引变通风与空调系统简称车站空调通风小系统,对于地面车站和高架地面车站,公共区域由于散热散湿条件好,因此无空调通风系统,只具有小系统。其他还有空调制冷循环水系统、隧道洞口空气幕系统、折返线通风系统等。

第二节 客流组织

客流组织是为实现乘客运送任务,组织乘客按预先设定的路线有序流动所采取的措施。

城市轨道交通主要通过合理的客流组织来完成大容量的客运任务。随着城市轨道交通网络化的形成,城市轨道交通已日渐成为市民外出的首选公共交通工具。客流的迅猛增加势必造成已建车站有效空间的不可变与单位时间内因客流猛增造成车站可用空间不足的矛盾,解决这一矛盾的有效手段就是合理的客流组织。

一、车站客流组织原则

城市轨道交通客运工作的特点决定了客流组织必须保证客流运送的安全、保持客流运送过程的畅通、尽量减少乘客路途耗时、防止过分拥挤,便于发生大客流时的及时疏散。

1. 车站客流组织应掌握的原则

(1) 防止客流对流

根据乘客在车站的流动方向,车站客流可分为进站客流和出站客流两种,这是两股移动方向完全相反的人流。如果这两股移动人群在行走路线上发生交叉,就会造成乘客群的冲撞,这在客流组织上就称为"客流对流",是车站客流组织的大忌,会引起车站秩序的混乱,甚至可能造成乘客人身伤害,在车站客流较大时尤甚。因此对发生"客流对流"的车站,必须重新设计乘客流动的线路。

(2) 合理设置导向

车站导向标志,是引导乘客按照预先设计的移动线路流动的告知标志的集合。应贯彻"标准、简洁、明确、醒目"的设计、设置原则。

(3) 贯彻"右行原则"

"右行原则"是我国人行的习惯,是指在无干扰的自然条件下,人群会自觉或习惯性地靠右侧行走。

(4) 理解"就近习惯"

"就近习惯"是人类的心理行为之一。虽然临时性、强制性的干预,可以暂时对客流进行干预,但是在无干扰的自然情况下,"以最小的付出获取最大的效果"依然是人类的天性之一。"抄近路"就是这种心理行为的典型表现。

(5) 拓宽乘客通道

乘客在车站的流动空间称为通道,通道断面的最窄处称为"瓶颈"。通道内"瓶颈"的流通量往往就是该通道的最大流通量,因此必须消除"瓶颈"才能实现拓宽通道的目的。车站在设备布置时,应避免人为地造成一些本可避免的"瓶颈",形成人为的通道拥堵。所以必须分析、计算通道流通量,合理组织客流,防止出现通道"瓶颈"。

(6) 贯彻"出站优先"

建成投运的车站,其可以容纳乘客的有效空间是有限的,为避免车站乘客大量滞留,造成人身危险,在车站客流组织过程中,必须实行"出站优先"原则。为贯彻"出站优先"原则,当通道中只有一台自动扶梯时,自动扶梯的运行方向,原则上应与出站方向保持一致。

2. 枢纽站客流组织原则

(1)线路指示明确、简捷,尽量缩短换乘时间。

(2)疏导客流,提高换乘效率;换乘通道长度过长或高差过大时,应设置自动步行道或自动扶梯,加快换乘速度。

(3)换乘客流与进出站客流分开,避免相互交叉干扰,做到客流有序。

(4)换乘设施的设置应满足最大客流的需要,并确保售、检票设施前留有足够等候区域,避免排队时拥挤或干扰其他客流。

(5)根据社会通道、换乘通道、出入口、楼梯的位置,周密考虑换乘方式和乘客行走动向,并以此制定相关应急疏散预案。

二、车站客流组织

1. 车站站内客流流向

乘客在车站的移动应当是按照预先设计的线路进行的。同理,车站设备也应按照预设的乘客流动路线进行布置,因此在设计客流移动路线时,应考虑客流大小、车站空间、设备性能等因素,进行车站设备的合理布置,才能合理设计车站客流线路。

城市轨道交通中,乘客在车站逗留时间较短、且没有行李积存与货物运输等业务,在中间站上,客流只有往返两个方向,因而乘客在站内活动形成的客流线及车站服务设施都比较简单。车站总体布局应按乘客进出车站的活动顺序,合理布置进出站的流线。

流线宜简捷、顺畅,尽可能使流线不相互干扰,为乘客创造便捷的乘降环境。乘客进、出站活动流线如图7-11所示。

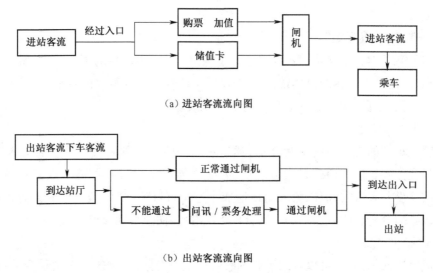

(a) 进站客流流向图

(b) 出站客流流向图

图 7-11 站内客流流向图

2. 客流组织的内容

轨道交通主要通过合理的客流组织来完成其大容量的客运任务。客流组织是通过合理布置客运有关设备、设施及对客流采取有效的分流或引导措施来组织客流运送的过程。

客流组织的主要内容包括:车站售检票位置的设置、车站导向的设置、车站自动扶梯的设置、隔离栏杆等设施的设置,以及车站广播的导向、售检票数量的配置、工作人员的配备、应急措施等。轨道交通客运工作的特点决定客流组织应以保证客流运送的安全、保持客流运送过程的畅通、尽量减少乘客出行的时间、避免拥挤、便于大客流发生时的及时疏散为目的。影响客流组织的因素很多,不同类型的车站其客流组织的内容有着较大的区别,中小车站的客流组织比较简单,而大车站、换乘站因客流较大、客流方向比较复杂,其客流组织也比较复杂。侧式站台的车站相对于岛式站台的车站,侧式站台的车站容易将不同方向的客流分开,但不利于乘客的换乘,售、检票设置分散,不利于车站管理。

3. 车站设置与客流组织的关系

城市轨道交通车站的设置,一方面要考虑客流的吸引,站距不能过长。另一方面要考虑保持一定的列车行驶速度,实现"快速运送乘客"的目标,因此站距又不能过短。一般的规划原则是:市区的站距小一些,市郊可以相对大一些。

车站的大小在很大程度上取决于站台的长度,而站台设计又应满足远期客流预测的要求;站台宽度应满足高峰时段的客流量的需求。

轨道交通车站的选址、布置、规模等对其运营效果具有决定性的意义。优良的车站建筑既为乘客提供安全、便捷、舒适的乘降条件,又能吸引更多的客流,获得更好的运营效益。同时可以美化城市景观,取得经济、社会和环境的综合效益。

在布置时一般要以符合运营时最大客流量、保持客流的畅通为原则,具体要求如下:

(1)自动售、检票机设置位置与出入口、楼梯之间,应保持一定距离,避免等候售票或检票的人流与需要通行的人流发生冲突,以保证出入口和楼梯的畅通。

(2)自动售、检票机前的通道应宽敞,防止自动售、检票机前等待的客流和流动的客流发生冲突;在布置自动售、检票机时,机器之间也应保持适当距离,避免排队的客流相互拥挤。

(3)自动售、检票机一般应设置于车站的出、入口位置。其数量应与客流相对应,过多地设置自动售、检票机,会造成设备使用的不平衡,降低设备使用效率,也不利于管理。

(4)应尽量避免客流的对流。进站购票、检票进站、验票出站的三类人流,应当合理组织,分别指定各自的行动路线,避免发生对流。

4. 车站大客流的组织

大客流往往是在节假日旅游高峰期,举办重大活动(大型体育赛事、音乐会等),风、雨、雪恶劣天气等情况下发生,大客流虽然持续时间不长,但在大客流冲击情况下,往往对客流组织形成较大甚至很大的压力,城市轨道交通运营公司必须在保证疏散客流安全的前提下,尽快地疏散客流,大客流组织的主要措施包括以下几种:

(1)增加列车运能。运营组织者根据大客流的方向,在大客流发生时,利用就近的折返线、存车线组织列车运行方案,增开临时列车,增加列车运能,从而保证大客流的疏散。列车运能的增加是大客流组织的关键。

(2)增加售检票能力。售检票能力是大客流疏散的主要障碍,车站在设置售检票位置时应考虑提供疏散大客流的通道。在大客流疏散时,可事先准备足够的车票,或在地面、通道、站厅增加设置售票点,以及增设临时检票位置来疏散大客流。

(3)采取临时疏导措施。在大客流组织中,临时合理的疏导对客流方向进行限制是一项很重要的组织措施。主要包括出入口、站厅的疏导,站厅、站台扶梯及站台的疏导。出入口、站厅的疏导主要是根据临时售检票位置的设置,限制客流的方向,来保持通道的畅通和出入口、站厅客流的秩序。站厅、站台扶梯及站台疏导主要是为了尽量保证客流均匀上下扶梯和尽快上下列车,保证站台候车的安全。疏导措施主要有设置临时导向、设置警戒绳或隔离栅栏、采用人工引导及通过广播宣传引导等。

(4)关闭出入口或进行进出分流。大客流往往是难以预测的,因此为了保证大客流发生时疏散客流的安全,在难以采用有效措施及时疏散客流时,可采用关闭出入口或对某部分出入口限制乘客进入车站的措施来组织一部分客流或延长大客流疏散的时间。

三、网络化运营的客流组织

1. 轨道交通网络运营特点

由多条能独立运营的轨道交通线路组成,通过换乘车站乘客可以实现不同线路间的乘坐的一个大容量、分布面广、换乘方便的快速客运体系所形成的轨道交通、客运网络,能使网络内各线路之间实现互联、互通、互动、资源共享,满足城市公共交通和乘客出行的需求。

(1)网络规模效应使得客流快速增长。轨道交通网络形成后,乘客在网络覆盖的地域内均可快速抵达,越来越多的乘客被吸引,其规模效应逐渐显现出来,客流总量也呈现总体快速上升趋势。

(2)环网效应增加线路间相互影响增大。网络化运营时客流出行特征将不再是简单的单向流动,而是多方向的流动;线路间客流也不再具有单线运营时的相对独立性,而是由组成网络的众多线路间的客流构成的相互影响、相互作用的庞大客流系统。一旦某单线列车发生列车故障,将通过换乘车站影响邻线的正常运营,造成严重的客流阻塞,甚至波及整个运营网络的正常运营。

(3)线间换乘的多样性使客流组成更趋复杂。城市轨道交通网络多条线路的聚合点自然形成了客运枢纽,枢纽线路的敷设方式不同,站厅与站台布置方式不同,形成了线路和线路之间客流换乘方式的多样化。如站台换乘(同站台换乘、不同站台换乘)、站厅换乘、通道换乘、混合换乘等多种形式。

轨道交通车站客流主要由进站客流和出站客流组成,由于某些车站具有社会通道功能,还会形成通道客流。有特色或设有商铺的车站,也会存在参观或购物客流。在换乘车站,则有大量的换乘客流存在,根据换乘区域设立的位置,换乘客流还可细分为收费区内或收费区外换乘客流,因此,在大型换乘枢纽车站,不仅客流量大,而且客流组成复杂。

2. 网络化客运组织的新要求

(1)运营计划须全盘考虑,统筹兼顾、实际应对。网络运营条件下的列车运行计划编制,须重点考虑换乘车站、尤其是大型换乘枢纽的运营计划:各条独立运营线路的运营计划不能独立制定,应根据不同线路的客流量(尤其是高峰时段客流量)来制定换乘枢纽车站各方向列车的到发点,尽量做到各条线路到发客流与其列车运能的匹配。在制定枢纽的运营计划时,还应考虑不同线路之间的列车运行间隔时间,最大限度地减少乘客在站台上的停留时间。

(2)充分利用网络的通达性,客流组织变"疏"为"导"。轨道交通网络形成后,各条线路因换乘枢纽车站而联结成网,任何两车站之间的路径可有多种不同的选择。一旦某条线路发生了列车故障,为减少单点故障对乘客的影响,运营单位除了积极采取应急措施外,可以充分利用四通八达的网络,避开故障点,尽可能减少故障影响,还应及时加强对全网客流的引导,组织、导引乘客通过其他路径迂回,避开故障区段。

(3)重视客运枢纽站的客流组织。大型换乘枢纽站,不仅客流量大,而且客流组成复杂,为应对客流出行特征的变化、满足未来乘客出行的需求,要求换乘站所涉及的多条线路实行统一的运营管理。实现换乘枢纽车站管理的统一性、完整性。统一的线路管理将有利于为乘客提供完整的信息服务支持和优质、统一、标准的客运服务。

(4)车站售检票系统的布局要顺应客流的走向。自动售检票设备的合理布局是保证客流快速流动的重要条件,网络化运营条件下的客流组织更不能忽视。轨道交通换乘车站具有出入口多、车站规模大的特点,车站设备的布置更要考虑客流的走向,使各种形式的客流尽量减少相互间的交叉干扰。在换乘车站,特别是站厅换乘的车站,由于受到车站可利用空间的限制,就不能草率、盲目、简单地进行收费区设置,应充分考虑乘客售检票、换乘、进出站等不同的流动目的,进行车站整体布置。因为车站自动售检票等服务设备的布局,将直接决定客流的移动线路。

(5)导向系统布局要强化线间换乘的引导作用。客流的顺畅流动离不开车站的导向设施,根据客流流动的需要,在车站的出入口、售检票系统处、客运服务中心、楼梯、转角、通道、站台等乘客流动需要经过主要区域,应设置乘客乘车、出入口、进出站的信息发布。换乘车站对涉及换乘的导向识别系统和信息发布系统更要充分考虑换乘客流的需求,合理确定导向的位置,准确明晰地制定导向的内容。在导向信息的分布中,首先要强调主要信息,如换乘方向、线路的分布等,其次也应发布一些乘客可能需要了解的信息,如出入口的周边信息、首末班车时刻等。

第三节　客运服务

城市轨道交通工具作为一种现代化的交通工具,虽然是一个庞大和复杂的系统,但直接面向广大乘客提供服务,直接反映了轨道交通系统运营管理的水平,也是城市文明程度的一个窗口。

一、客运服务范畴

城市轨道交通客运服务是指为满足乘客需要,企业与乘客接触的活动,以及企业内部围绕运营所开展的一切活动所产生的结果。

1. 运输服务的基本特征

利用运输工具,为实现人和物的移动所提供的服务称为运输服务。交通运输业的生产活动,既具有企业性质,又具有鲜明的服务性质,生产的最终结果——位移,就称为运输的产品。

运输服务具有以下基本特征:

(1)公共性

无论人的出行,还是物资的移动,都是在整个社会范围内普遍发生的运输需要,因而运输服务对整个社会的经济发展和人民生活水平的提高,均有着广泛的影响,从而表现出运输服务的公共性特征。

(2)无形性

运输生产没有给人或物,以及质量或形态的变化,只是使它们在保持原样的情况下,进行空间场所的移动,使之具有移动价值。运输生产为社会提供的效用,不是实物形态的产品,而是一种劳务活动,故其产品——位移具有无形性特征。

（3）即时性

运输服务的即时性是指运输产品的生产过程和消费过程同时进行的特性。

运输生产活动,就是将运输服务提供给有运输需要的用户,运输生产必须在用户需要时才能进行即时生产,而且必须在运输产生的同时,用户也在进行即时消费,因此,运输产品的生产与消费过程是不可分割的,它们在时间和空间上相重合。

（4）不可贮存性

运输作为产品,只能在生产与消费过程中即时存在,不能脱离生产过程而独立存在。运输产品不同于一般有形产品的生产,它不能贮存,不能调拨,更不能像有形产品那样,由于质量不合格而进行退还或修复性再加工,这就要求运输生产过程必须保证质量,保证运输对象移动迅速和完整无损,更重要的是必须保证运送的安全和一次成功。

（5）公益性

运输产品不能完全由企业经营效果来确定价格,还需由社会公共事业部门通过费用补贴等方式对价格进行调整。这样才能既保证人民生活最低水平的合理负担,也保证了运输企业及其劳动者的基本利益,这就是运输服务的公益服务特性。

2. 轨道交通客运服务特点

城市轨道交通客运服务除了具有运输服务行业的共性外,还有着城市轨道交通服务的特性。

（1）服务对象的广泛性。城市轨道交通服务的服务对象,是所有乘坐城市轨道交通的乘客,是为广大市民的生活、工作出行提供服务。一般不办理行李、包裹、托运业务。

随着社会的发展,城市轨道交通逐步成为市民出行的首选交通工具。随着建设的加快,城市轨道交通的运营网络将覆盖城市的各个区域,由此城市轨道交通车站和车厢也将成为人们聚集和交往的场所之一。

（2）客流组成的复杂性。城市轨道交通车站存在的进出站客流、社会通道客流、参观或购物客流、收费区内外存在的换乘客流使车站客流组成复杂,在服务方面的要求也不尽相同。需要管理部门随时掌握各类客流的不同需求,分别提供不同的服务。

（3）服务设施的高科技性。现代化服务是需要由设施、设备和人员共同完成的,缺一不可。随着科技的发展,性能优良和人性化设计的服务设施、设备已成为为乘客提供高质量服务的首要条件。

城市轨道交通装备着大量高科技含量的各种设备,如消防报警系统、自动售检票系统、列车自动运行系统、屏蔽门系统等。城市轨道交通正是依靠这些先进的、科技含量高的设施、设备,才能为乘客提供高质量、现代化的服务。

（4）服务时间分布的波动性。城市轨道交通的主要服务对象是城市中需要出行的人群,其中不同城市的乘客,因其所处城市的习俗不同而又会有不同的特性,这些特性与人们的生活规律息息相关,所以从时间段来统计,客流量是不均衡的,有明显的高峰与低谷特征。

城市轨道交通的服务时间,必须要兼顾乘客出行需求与运营设施设备维护保养需求,此外还要符合绝大多数人们的生活休息规律,这样才能有利于满足乘客的出行需求,才能真正解决市民出行难的问题,在乘客心目中留下良好的形象。

3. 城市轨道交通客运服务的内容

城市轨道交通客运服务包括以下10个方面的内容:

(1)运输效率——包括平价乘车距离、服务范围、发车频率、运输能力、乘坐适合性(如对儿童和老人等)与可靠性。

(2)换乘服务——包括步行、自行车、小汽车、道路公交等交通方式与轨道交通之间的换乘、轨道交通内部的换乘等。

(3)信息服务——及时向乘客提供有效、可靠的信息,包括运行时间、线路图、时刻表、动态提示信息、客流信息、安全信息等一般信息;事故、故障、事件等非正常状态信息;投诉、建议及其处理意见等城市轨道交通互动信息,等等。

(4)时间效率——包括运行时间、列车正点率、平均行车时间、平均换乘时间等。

(5)服务设施完好——包括服务设施的舒适性及补充服务设施(如卫生间、通讯设备、食物亭、商业和娱乐设施)是否到位等。

(6)治安与安全——包括治安设备、事故预防、紧急情况预案和应急响应等。

(7)运营环境——包括通风、减振、降噪、除尘、清扫垃圾、防止电磁辐射与电磁干扰,以及使乘客的味觉、视觉感觉良好等。

(8)乘客关怀——包括向乘客提供适宜或舒适的候车和乘车环境;提供为残疾人、儿童、老人、体能障碍者使用的设施设备;提供询问、投诉、赔偿服务;保证乘客有乘车、购票等的选择权,充分考虑和关心不同乘客的需要(如对带自行车乘车的乘客进行规定);服务人员保持良好的精神状态,掌握服务技能,并具有一定的服务灵活性。

(9)企业服务承诺——城市轨道交通服务机构应就其服务向乘客做出承诺,并通过多种方式向乘客和社会公布;在出现意外情况或因某种需要引起服务内容、服务质量变化时,要采用服务声明的方式向乘客公示或向社会公布。

(10)乘客权益保护——乘客作为城市轨道交通客运服务产品消费者,保护其权益是国际通行做法。《城市轨道交通客运服务标准》应对乘客相应的权益进行规定,包括乘客的人身财产安全、接受服务时的知情权(如乘客有权了解所乘车辆的维修情况和使用年限)、接受服务时的自主选择权(如可自主选择线路和车次)、赔偿权、监督权、建议权等。

二、客运服务流程

服务可定义为具有无形特征的一种或一系列活动,通常发生在顾客同服务提供者及其有形的资源、商品或系统相互作用的过程中,以便解决消费者的有关问题。而城市轨道交通服务是将乘客从其出发站输送到目的站,为他们提供安全、迅速、准确、舒适、便利、经济的乘车、候车环境。对一位乘客来说,要从车站外进入站台上车,一般遵循如下的流程:到进站口→到站厅层→购票→通过检票机→通过楼梯上站台(侧式站台地面站一侧乘客可直接进入站台)→乘车。针对以上流程,运营企业必须在每一个环节均为乘客提供优良的服务,使每一位乘客在从购票乘车到下车出站的全过程中都感到满意。

1. 引导乘客进站

车站是唯一能满足乘客乘坐轨道交通的场所,有需求的乘客首先需要寻找车站,在这一阶段,引导乘客进站就是乘客需求和对乘客服务的要求。

在地铁各出入口设立明显的导向标志,方便乘客识别并根据导向指示进站乘车。在一些城市轨道交通比较发达的城市,几乎每隔500m即有一个明显的导向标志,便于乘客选择各出入口进站。

2. 问讯服务

车站的问讯服务可分为有人式服务和无人式服务,车站的工作人员应向问讯的乘客提供服务,但随着时代的发展,车站的问讯服务向岛助式服务方向发展,车站设置咨询台,可供乘客对出行线路、票价及各类票卡的金额等进行查询。在一些城市,已经采用了自动售票机,实现售票和部分问讯功能一体化。

3. 售检票服务

目前,世界各国城市提供售票服务的主要形式是人工发售或自动为主、人工为辅的方式,而且后者已经成为城市轨道交通售票服务的主流形式。采用自动售检票系统替代人工,可以提供更为准确的售票服务,提高服务效率和水平,从长远发展角度来看,也可以提高企业的经济效益。

4. 组织乘降

站台应设有明显的候车安全线,提示乘客在列车未进站停稳、车门未完全打开之前,不要越过安全线,以防发生意外事件。目前,许多城市已经采用屏蔽门技术,既可以为乘客提供一个舒适的候车环境,又能保障乘客的候车安全。另外,车站还提供广播,为乘客预报下次进站列车的方向,已经有两种新的方法投入运用:一种是自动广播系统,当后续列车驶入接近区段时,广播系统自动工作;另一种为在站台设置同位显示器,向乘客预告列车运行情况及还需几分钟到站。

5. 出站验票

乘客到达目的站后,持票卡验票出站,车站应有各类导向标志,引导乘客从出入口出站。对所购票卡票款不足的乘客,车站应提供补票服务。如使用自动售检票系统,车站还须提供票卡分析服务。

三、服务质量监控

轨道交通是一个技术密集型的大联动体,整个系统工作状态的好坏,直接表现在是否能安全、舒适、快捷地运送乘客,客运服务工作是反映轨道交通运营管理企业管理水平的重要标志,而且,服务质量对于一项服务产品的设计相当重要,服务质量是判断一家服务企业公司好坏的最主要的依据。因此,服务质量的监控对于提高轨道交通运营管理企业的服务及管理水平有着重要的意义。

1. 客运服务质量控制

城市轨道交通客运服务质量的控制主要包括服务质量控制和服务质量监督两部分。

（1）服务质量控制

首先，要对客运服务制定目标和各种规章制度及各岗位的工作标准，这个目标的确定直接影响着客运服务的质量，决定了客运服务质量的水准。其次，要对客运服务进行现场管理，这是客运服务质量管理的实施、落实的有效手段。

服务质量的现场管理，是以满足乘客的出行需求和精神需求为目的的，也就是要尽可能满足乘客对功能性、经济性、安全性、时间性、舒适性和文明性的要求。为了满足这些要求，就要对人、设备、环境等因素进行控制。可以从以下几个方面来开展服务现场的质量管理工作。

① 安全管理：对于任何一个行业来说，安全总是最根本的。离开这个前提来谈服务质量就毫无意义。因此，我们必须把安全管理纳入服务质量管理的范畴当中。

② 操作管理：车站的服务主要是通过服务人员在现场的操作来体现的。服务人员的操作水平直接反映了服务质量，所以操作管理就显得格外重要。

③ 设备管理：我们在强调服务质量的同时，相对忽视了处于静态的设施状况，这样的服务质量，肯定不会是高水平的服务质量。设备管理的好坏与服务质量的高低密切相关。

④ 卫生管理：卫生水平对车站来说确实是十分重要的。卫生管理的好坏直接影响到企业的形象。

最后，还要对客运服务质量进行跟踪检查，这是对车站客运服务质量的有效保障手段。虽然现场管理可以从一个局部来保证服务的质量，但从客运服务的整体流程来看，还需要建立一种有效机制，全面考察服务质量的整体状况。

（2）服务质量监督

服务质量监督主要分内部监督和外部监督等。

① 内部监督：建立明确的服务质量监督检查制度。加强内部的检查、监督，形成自查、互查、他查相结合的检查制度，发现问题及时纠正、改进。

② 外部监督：接受社会各界监督，改进服务质量。针对不同时期服务特点、问题，采取定期、不定期发放调查问卷的方式征求乘客意见；设立乘客投诉处理机构，接受乘客监督，设立监督电话并对外公布监督电话号码；聘请服务质量监督员，定期收集监督员意见。

③ 服务质量评价：客运服务以乘客为中心，应当及时掌握和了解乘客对运营服务的评价和满意程度。

④ 制定制度：将服务质量评价纳入日常工作的评价和考核体系中，形成制度。

⑤ 服务质量评价指标：一般分为自我测评指标和委托第三方测评指标两种。较常用的有乘客投诉率、乘客投诉回复率、乘客满意度指数。

a. 乘客投诉率:指一定时期内,乘客投诉的发生数与客流量之比,即

乘客投诉率=(乘客投诉发生数/客流量)×100%

b. 乘客投诉回复率:指在受理乘客投诉后三个工作日内处理完毕并回复乘客的执行率,即

乘客投诉回复率=(受理后三个工作日内乘客投诉回复数/乘客投诉受理数)×100%

c. 乘客满意度指数:是运用计量经济学的理论处理多变量的复杂总体,全面、综合地度量乘客满意程度的一种指标。通过委托第三方机构进行满意度指数测评,能够比较客观、全面地了解服务情况。

定期对服务质量评价指标予以评测和分析,结合工作实际,制定阶段目标,持续改进。

2. 乘客投诉处理

城市轨道交通业是一个服务性的行业,及其公共交通的特点,投诉处理是不可避免的,妥善接待、处理投诉,是良好的企业形象和企业管理水平的体现。

(1) 妥善处理乘客投诉

① 总则

a. 处理投诉的有关人员必须牢固树立"乘客至上,服务为本"的指导思想;

b. 处理投诉的有关人员应具有一定的城市轨道交通运营管理的专业知识和经验,熟知有关的规章制度;

b. 在受理投诉的时候,应做到态度亲切,语言得体,依章解释,及时处理,按时回复。

② 妥善处理投诉的六大要点

a. 态度真诚地接待乘客;

b. 对乘客表示同情和歉意;

c. 同意乘客合理要求,并决定采取措施;

d. 感激乘客的批评指教;

e. 快速采取行为,补偿乘客投诉损失;

f. 落实、监督、检查补偿乘客投诉的具体措施。

(2) 投诉的分类

① 按投诉的影响范围和程度分类,分为一般投诉、重大投诉二类。

一般投诉是指乘客对城市轨道交通运营服务质量、服务设施、服务环境进行的投诉,经查实为运营方的人为责任事件。

重大投诉是指乘客对城市轨道交通运营服务质量、服务设施、服务环境进行的投诉,经查实为运营方的人为责任,并造成严重后果的事件,或被媒体曝光,造成较大社会影响,经了解情况属实的事件。

② 按投诉的性质分类,分为有责、无责两种。

作为管理部门应认真区分和对待乘客的两类不同性质的投诉,妥善进行处理。

(3) 投诉的受理部门

① 设立城市轨道交通投诉热线、监督热线及各运营企业的服务热线负责受理乘客投

诉的日常工作；

② 各线路管理单位的职能部门作为投诉受理部门,应设专人负责；

③ 各车站由站长或值班站长负责受理接待乘客投诉；

(4) 投诉处理的期限及有关规定

① 对一般投诉,原则上在 3 天内处理完毕；

② 对较大、重大投诉原则上在 5 天内处理完毕；

③ 对所有投诉都要答复投诉人,严格执行"来信必复,来电必答"的工作原则。

第四节 票务管理

城市轨道交通运营收入主要是票款收入,做好票务管理工作有利于城市轨道交通发展进入良性循环的轨道。票务管理工作的核心是票制、票价和售检票管理。城市轨道交通的票制有单一票价制、分段计程制票价制和综合票价制。票价制定要根据城市轨道交通运营成本、其他交通方式票价水平、城市经济发展和市民生活水平等因素综合考虑。售检票方式主要有人工售检票方式和自动售检票方式。人工售检票方式设备投资少,但需要较多人员。随着经济和技术的发展,越来越多的城市轨道交通采用了自动售检票系统,它不仅客运方便乘客、减少运营人员和运营成本,而且对客流组织、收入审核、决策分析起着重要作用,它已成为现代化城市轨道交通的一个标志。

一、票制

票制,是票价制式的简称,主要采用的票制方式有以下几种。

(1) 单一票价制

一条路线按统一票价核收。

(2) 计程票价制

按乘客乘坐列车距离远近,划分不同的票价等级。计程票价制又分为按区间分段计价和按里程计价两种。

① 按区间分段计价是指按乘客乘坐的车站区间数量实行多级票价,根据设定的基本起步价、起价区间、每个计价段所包含的区间数、每一计价段价格等进行票价的计算。

② 按里程分段计价是指按乘客乘坐的运营里程长短实行多级票价,根据设定的基本起步价、起价里程、每个计价段所包含的里程数、每一计价段价格等进行票价的计算。

(3) 综合票价制

综合考虑乘客运距、乘客占用收费区(如地下站台层,一般以检票口为界,检票口内即为收费区)时间、乘坐时间段(如节假日与工作日、高峰与低谷等)等因素核算票价。

采用单一票价制时,全程只发售一种车票,优点是售票简单,效率高,进站检票,出站不检票,可减少车站管理人员。缺点是乘客支付的车费不够合理,无论路途远近,都支付同样的车费,且给票价的制定带来了困难,既要为乘客的切实利益着想,又要保证地铁或轻轨的运营效益。计程票价制和综合票价制可以克服上述缺点,但车票的种类多,进、出站均需检票,售检票手续繁琐,需要的检票人员多,必要时需配置自动或半自动的售检票设备。其中单一票价制与计程票价制的优缺点比较见表7-1。

表7-1 单一票价制与计程票价制优缺点比较

	单一票价制	计程票价制	
		按区间分段计价	按里程分段计价
优点	票制单一,易于管理和操作,服务人员相对较少	考虑了长、短途客流的需求,票价相对合理,乘客可根据乘坐的区间数计算票价	充分考虑长、短途客流的不同需求,按乘坐里程与票价的关系制定合理的票价,适用于站间距有较大差异的线网
缺点	长、短途客流费用支出不合理,无法充分体现企业的经济效益	不适用于站间距有较大差异的线网	管理难度较大,对自动售检票系统提出更高要求

一般在运营里程较短或乘客平均运距较长的线路上采用单一票价制,而在运营里程较长、乘客平均运距偏短的线路上采用计程票价制;在流动人口较多的旅游开放城市,还可以采用平、高峰期间两票制,以提高经济效益和人为调节客流的时间分布。

二、票价

城市公共交通票价方法包括以成本为基础的定价方法、以市场供需为基础的定价方法和综合考虑整个社会综合效益的定价方法。城市轨道交通作为城市公共交通的一个组成部分,带有公益性质,不能单纯追求赢利。票价高低直接影响客流量与系统吸引力。因此,城市轨道交通系统票价制定应考虑以下因素:

(1)城市轨道交通系统运营成本。

(2)城市交通其他交通方式的票价水平。

(3)城市经济发展水平、市民生活水平及乘客承受力。

(4)政策因素:物价政策、交通费补贴政策等。

票价的制定在考虑上述因素后,兼顾城市轨道交通企业的经济效益与城市发展的社会效益,确定较合适的票价,并随上述因素的变化而调整。

在我国,城市轨道交通属于大型基础设施项目,与公众的生活密切相关,且在运营上具有自然垄断的特点,这就决定了政府必须对其票价进行管制。根据《价格法》等相关法律法规的规定,城市轨道交通票价属于政府定价范围,并实行政府价格决策听证制度。目前我国城市轨道交通定价和听证程序如下:

(1)由运营商根据需要制定票价机制和票价水平,并向市政府价格主管部门提交定价书面申请报告。

(2)根据相关法律法规,价格主管部门对申请报告进行初步审查、核实,并对符合听证条件的组织进行票价听证。

(3)市政府进行定价决策时要充分考虑听证结果,协调申请单位根据需要调整价格,必要时可以重新组织听证。

(4)价格主管部门公布票价,并对票价执行情况进行检测和跟踪调查。

三、售检票系统

目前国内城市轨道交通采用的售检票系统有人工售检票和自动售检票两种系统。

1. 人工检票系统

人工检票系统是单一的采用纸质车票作为介质,通过人工出售、人工检验票、人工统计的一种售检票系统。其特点是设备比较简单、车票单一、投资成本低;分段计费效果差、不利于在复杂的轨道交通网络中应用;运营成本大,不利于统计和分析。随着轨道交通发展将逐步被自动售检票代替。

2. 自动售检票系统

自动售检票系统是通过计算机集中控制的,以磁卡及非接触器或IC卡为介质的一种售检票方式。

自动检售票设备通常由自动售票机、半自动售票机、自动检票机、车站和中央控制计算机组成。为方便乘客买车票,有的轨道交通收费系统还使用了具有良好图像界面,可以接受硬币、纸币、信用卡和IC卡等多种支付手段的接触式自动售票机。

根据技术制式的不同,自动售检票设备主要有磁卡型、接触式IC卡型、非接触式IC卡型三种自动售检票系统。

从国外的经验和发展趋势来看,凡实行计程票价制,绝大多数都相应采取自动或半自动售检票方式。虽然采用自动或半自动售检票方式要增加设备投资,但优点十分明显,譬如能高效准确地售检票,既节约时间、节省大量劳动力,又避免因人为误解产生纠纷,确保乘客迅速通过售检票口。采用自动或半自动售检票方式还可以加强票务管理,减少人为因素影响,尤其在客流调查方面具有人工售检票无法比拟的优越性。

自动售检票系统方便了乘客,保证了畅通,提高了服务质量,因储值票还有储值功能,简化了乘客购票手续,受到了普遍的欢迎。对城市轨道交通运输的客运组织、收入审核、决策分析起着重要的作用。设置自动售检票系统,可使城市轨道交通合理计费、吸引客流(特别是短途乘客)、遏制舞弊及逃票、减少管理人员、增加收入、减少运营成本,提高社会效益和经济效益。

具体来说,自动售检票系统主要由中心AFC系统、车站AFC系统、终端设备和车票四部分组成,如图7-12所示。

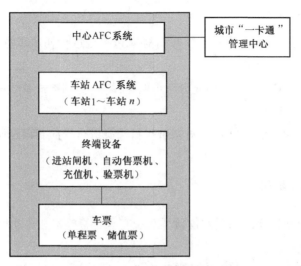

图7-12 自动售检票系统的构成

(1) 中心AFC系统

中心AFC系统作为运行在城市轨道交通公司行车调度指挥中心的计算机管理系统,协助管理人员管理和监控整个地铁AFC系统的运营,包括票务管理(IC卡初始化、票价制定、黑名单管理、票卡分发和回收)、运营管理(人员管理、财务管理、业务信息统计分析)、结算管理(数据采集与清算)、设备监控和维护管理等,是AFC系统的核心部分。

(2) 车站AFC系统

车站AFC系统是运行在各个车站现场的子系统,管理本车站的票务运营业务,监控终端设备运行状态,保持与中心AFC系统及本站各种终端设备的网络通信和数据交换。

(3) 终端设备

在车站现场配有各种终端设备,包括进出站闸机、自动售票机、自动充值机、车站票务系统、自动验票机。由于使用者是广大乘客,设备是否稳定、可靠、易于操作将直接影响AFC系统和地铁的正常运营。

(4) 车票

车票是旅客乘车的凭证,包括储值票和单程票,采用非接触式IC卡。

(5) "一卡通"系统接口

AFC的中心计算机局域网系统和位于各车站的局域网系统通过地铁专用宽带传输网连接在一起,构成AFC网络系统。AFC系统通过公用数据网接入城市"一卡通"网络系统,将运营交易数据上传到"一卡通"结算管理中心,同时接收中心下载的黑名单和其他指令信息。

四、车票的使用范围与管理

1. 车票的使用范围

在城市轨道交通系统中,所使用的车票种类较多,可回收类的车票包括单程票、福利票和出站票,非可回收类的车票包括纪念票、储值票、员工卡和车站工作票等。具体使用范围见表7-2。

表7-2 车票票种及其使用方法

类别	票种	介质	提供单位	使用方法	备注
可回收车票	单程票	非接触式IC卡	地铁票务清分系统ACC	进站刷卡,出站回收	当日一次乘车使用
	福利票			进站刷卡,出站回收	适用于持可免票证件的乘客在半自动售/补票设备换取的车票,使用方式同单程票
	出站票			出站回收	用于乘客在付费区补票出站。仅限发售出站票的车站当日出站时使用
非可回收车票	定值纪念票			进站刷卡、出站经回收,扣费后原处退还给乘客	已限定票值总额,在有效期内,每次一人使用有效
	车站工作票			进、出站均刷卡	由车站工作人员持有,仅限指定车站使用,不检查进出站次序
	其他预留票种			—	带行李单程票、往返票、一日票、区段票、计次纪念票、定期纪念票、员工票、储值票
	普通储值卡		一卡通公司	进、出站均刷卡	①有效期内限单人使用。收取押金、可充值
	学生卡				②异形卡的使用方法相同,以一卡通公司提供的样式为准
	纪念卡				
	员工卡				只限系统内部员工使用,每次扣除次数一次
	其他预留卡种			—	定期卡、计次卡等
应急纸票	单程票	纸质车票	运营企业	进站经人工检票、出站无需验票	根据ACC相关规定,满足应急启动条件时使用

2. 车票管理

(1) 车票管理流程

城市轨道交通车票的管理流程具体如图7-13所示。

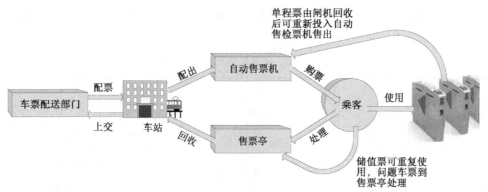

图 7-13 车票的管理流程

(2) 车票的安全管理规定

为保证车票的安全,原则上车票只能存放于专门的安全管理区域,主要包括点钞室(通常设置在车站设备区内,专门用于保管车站现金、车票及结算票款的工作间)、售票亭、临时售票亭、自动售票机、半自动售票机、出站闸机及车票回收箱等。

车站需根据车票的性质、票种在点钞室内划分区域,对车票实行分类存放,建立专门的台账对车票的分类存放、配发、回收等流通情况进行记录,并定期安排专人对各类车票进行全面盘点,以确保台账记录情况与实际清点情况相符。点钞室内存放车票的票柜、保险柜在无人值班时应处于锁闭状态。票务员在售票亭处理车票时,应将车票放在乘客接触不到的地方,尤其存放于临时售票亭的车票须做好防盗工作。

(3) 车票的交接要求

为保证车票在各岗位之间交接过程中的安全,车站在进行车票交接时,需建立车票的交接凭证和统计台账,交接人员依据交接凭证办理交接手续并做好书面交接记录,详细记录交接车票的种类、数量、状态、信息等。交接时若发现车票数量或信息有误,交接双方需及时核查更正;对于不能及时查明原因的,应按实际数量进行签收,车站在交接记录本上记录相关情况,并将情况立即报告上级组织调查。

(4) 车票的加封

为避免车票零散存放而导致遗失、混淆和重复劳动等问题,车票在经相关工作人员清点并确认数量后,可按一定数量进行加封保管,以保证车票保管的安全、准确。

用扎把带直接加封的车票主要是一些票面面积较大、便于用扎把带缠绕的车票,如纸票等,加封时将扎把带以十字形缠绕过车票,将车票固定在十字形内,用胶水将扎把带末端粘贴住,并在粘贴封口骑缝处加盖加封人员私章,以达到扎把带一经破封无法复原的目的,如图 7-14 所示。

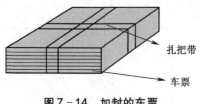

图 7-14 加封的车票

加封时,需在扎把带空白处注明加封内容(加封内容指车票类型、票种、数量、金额等,预制票需注明售出期限)、加封车站和加封日期。

用信封加封时,把车票放入信封后,将信封口封住,再用扎把带将信封背面的接缝处封住,在信封的正面注明加封内容、加封车站、加封人和加封日期,并在信封背面扎把带骑缝处加盖加封人员私章。

思 考 题

1. 车站是由哪些部分构成的?
2. 车站是如何分类的?
3. 简述车站客流组织应掌握的哪些原则。
4. 在大客流的情况下如何组织列车的运营?
5. 简述网络化客运组织的新要求。
6. 简述轨道交通客运服务的特点。
7. 说明客运服务的流程。
8. 简述单一票价制和计程票价制的优缺点。
9. 简述车票的票种及其使用方法。

第八章 列车运行控制及调度指挥

城市轨道交通信号系统是保证列车运行安全、实现行车指挥和列车运行现代化、提高运输效率的关键设备。传统的信号系统以地面信号为主体信号,驾驶员根据地面信号机的显示操纵列车的运行。城市轨道交通信号系统大都采用列车运行自动控制系统(Automatic Train Control,ATC),以车载信号为主体信号,根据地面传送的速度信号或距离信号,自动控制列车的运行。

第一节 ATC系统的组成及其功能

列车运行自动控制系统(ATC),包括列车自动防护(Automatic Train Protection,ATP)、列车自动运行(Automatic Train Operation,ATO)、列车自动监控(Automatic Train Supervision,ATS)三个子系统,它是一套完整的管理、控制、监督系统。三个子系统既相对独立,又相互联系,以保证列车安全、快速、短间隔地有序运行。

一、ATP系统

ATP系统是ATC系统中确保列车运行安全、缩短行车间隔、提高行车效率的重要设备,是ATC系统的核心。ATP系统的工作原理是:将前方目标点的距离或允许速度等信息不断地从地面传至车上,从而得到列车当前允许的安全速度,以此来对列车实现速度监督及管理。

ATP系统通过对列车运行速度的控制,监督列车在安全速度下运行,保证列车运行安全,主要实现以下功能。

1. **速度监督与超速防护**

城市轨道交通中的速度限制分为两种:一种是固定速度限制,如区间最大允许速度(取决于线路参数)、列车最大允许速度(取决于列车的物理特性);另一种是临时性的速度限制,如线路维修时临时设置的速度限制。

ATP系统始终严密监视列车的即时速度不能超过限制速度,一旦超过,先做警告,后启动制动,并做记录,确保列车在限制速度下运行。

2. 停车点防护

停车点有时就是危险点,危险点在任何情况下都不能越过。例如站内有车时,车站的起点即是必须停车点,如图8-1所示。在停车点的前方通常还设置一段防护段。在任何情况下,ATP系统计算得出制动曲线,保证列车不超过停车点停车。

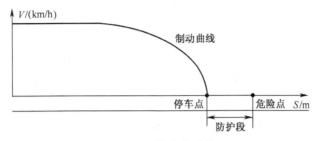

图8-1 停车点防护

有时在停车点设置列车开口速度,如5km/h,一旦需要,列车可在此基础上加速,或停在危险点前方。

3. 测速与测距

确定列车的速度和位置(距前方目标点的距离)是ATP系统车载设备的重要功能。列车实际运行速度是施行速度控制的依据,速度测量的准确性直接影响到速度控制效果。列车位置直接关系到列车运行的安全,通过确定列车的实际位置,才能确保列车之间的运行间隔。

ATP系统一般利用测速电机或雷达来测量列车的即时速度,并在驾驶室内显示出来。对于采用数字轨道电路的ATC系统,距离是根据各轨道电路的始端来测量,并通过使用测速单元的输入和车轮直径来确定。

4. 车门(包括屏蔽门)控制

城市轨道交通车辆的车门控制是重要的安全措施之一。车门是自动开闭还是由驾驶员手动操纵,这并不重要,关键是要对安全条件进行严格的监督。

ATP系统可以防止:列车在站外打开车门;列车在站内时打开非站台侧的车门;在车门打开时列车启动。

只有在ATP系统检查所有安全条件均已满足时,给出一个信号,才能打开车门。

5. 其他功能

除上述主要功能外,根据用户的要求,ATP系统还具有其他一些功能。

(1)紧急停车功能。在特殊紧急情况下,按压设在车站上的紧急停车按钮(平时加铅封),启动紧急制动,使列车停止运行。

(2)给出发车命令。ATP系统检查有关安全条件(如车门是否关闭等),并确认符合安全后,给ATO系统一个信号,驾驶员在得到显示后即可进行人工发车。在自动驾驶时,ATO系统得到ATP系统的发车确认信息后,即操纵列车自动启动。

(3)列车倒退控制。根据不同的用户协议,可以实现各种列车倒退控制。例如,当列车退行超过一定距离或者越过轨道电路分界点时,立即启动紧急制动。

(4)停稳监督。监督列车停稳是在站内打开车门和站台屏蔽门的安全前提。

二、ATO 系统

ATO 系统是控制列车自动运行和车站自动停车的设备。ATO 系统主要用于实现"地对车控制",即用地面信息实现对列车驱动、制动的控制。由于使用 ATO 系统,列车可以经常处于最佳运行状态,避免了不必要的、过于剧烈的加速和减速,因此可显著提高旅客舒适度、提高列车准点率及减少轮轨磨损。通过与列车再生制动配合,还可以节约列车能耗。

ATO 系统的优点是可缩短列车间隔,提高线路的利用率和行车的安全可靠性。ATO 系统的主要功能有以下几个:

(1)列车自动运行。将列车速度自动调整在允许速度范围内,尽可能减少牵引、惰行和制动之间的转换。

(2)自动折返。在自动驾驶模式下,在折返站无需驾驶员控制,列车能够自动折返。

(3)保证停车精度。车站停车点作为目标点,ATO 系统采用最合适的减速度使列车准确、平稳地停在规定的停车点。一般要求安装屏蔽门的车站允许的停车位置误差为 ±0.25m。

(4)跳停。跳停是指在线路上运营的列车,在某些指定车站不停车,而以规定的速度通过。ATO 系统收到来自 ATS 系统发出的跳停指令后,完成跳停作业。

装有 ATO 系统后,列车可用手动驾驶或自动驾驶方式运行。然而,不论在手动驾驶还是自动驾驶过程中,ATP 系统始终执行速度监督和超速防护功能。所以,可以认为 ATP 系统是城市轨道交通列车运行时必不可少的安全保障,ATO 系统是提高列车运行水平(准点、平稳、节能等)的技术措施。

图 8-2 表示了三种制动曲线,曲线(1)是列车的紧急制动曲线,由 ATP 系统计算及监督,列车速度一旦触及该制动曲线,立即启动紧急制动,以保证列车停车时不超过停车点。曲线(1)对应于列车最大减速度,一旦启动紧急制动,列车必须停稳后经过一定时间才能重新启动,并且列车记录仪加以记录。因此,这是一种非正常运行状态,应该尽量避免。曲线(2)是在驾驶室内显示出来的列车运行最大允许速度,由 ATP 系统计算,它略低于紧急制动曲线(两者相差通常为 3km/h~5km/h)。当列车速度达到该曲线时,应给出警告,但不启动紧急制动。曲线(3)是列车正常运行情况下的停车制动曲线,由 ATO 系统计算。

从三条停车制动曲线可以明显地看出:ATP 系统主要负责超速防护,起保证安全作用;ATO 系统主要负责正常情况下列车高质量地运行。

从本质上看,由 ATO 系统执行的自动驾驶过程是一个闭环反馈控制过程,其基本关系框图如图 8-3 所示。

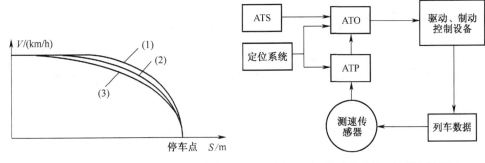

图 8-2 三种制动曲线　　图 8-3 自动驾驶的闭环控制框图

三、ATS 系统

列车自动监控系统主要实现对列车运行的监督,辅助行车调度人员对全线列车运行进行管理。它可以显示全线列车运行状态,监督和记录运行图的执行情况,为行车调度人员的调度指挥和运行调整提供依据,如列车偏离运行图时及时做出反应等,通道 ATO 接口,ATS 还可以向旅客提供运行信息通报,包括列车到达、出发时间,列车运行方向、中途停靠点信息等。

ATS 系统的主要功能有以下几方面：

(1) 控制与显示功能

能对列车进路、信号机、道岔实现中央控制,必要时,可将控制权转移至车站级;通过调整停站时间实现对列车运行的调整,在装备有 ATO 的线路上可设置列车运行等级,实现自动调整;具有复示现场设备状态的图形化显示;用图形来显示所有运行列车的位置及运行状态;显示所有运行列车编号及跟踪、记录列车编号。

(2) 时刻表功能

储存适合于不同运行情况的多套时刻表;根据时刻表自动完成列车车次号的跟踪与更新,对计划内的列车进行自动运行调整;时刻表自动生成。

(3) 仿真功能

模拟时刻表,模拟列车运行的调度等;用于系统调试、演示及人员培训;仿真模拟运行能够模拟在线控制中所有功能,但与现场没有任何信息和控制命令的交换。

(4) 数据记录

能记录设备状态、人工操作和系统自动操作信息与执行结果;通过用户选择,可回放记录的事件,最小时间步长为 1s;控制中心的记录信息至少能回放 192h,车站和车载设备至少能回放 24h;提供数据备份和恢复功能,并可回放和查询;可提供运行分析报告。

(5) 监测与报警

能及时记录被监测对象的状态,有预警、诊断和故障定位能力;检测列车是否处于 ATP 保护状态;监测与报警实时及在线进行;监测过程不影响被监测设备的正常工作。

第二节 ATC 系统的典型制式

根据车地信息传输方式分类,ATC 系统可分为点式 ATC 和连续式 ATC 两大类。

一、点式 ATC 系统

点式 ATC 系统在欧洲干线铁路及城市轨道交通中应用十分广泛。其主要优点是采用无源、高信息容量的地面应答器,结构简单,安装灵活,可靠性高,价格明显低于连续式 ATC 系统。对于客流量较小、行车间隔时间较长的线路,点式 ATC 系统比较实用。上海轨道交通 5 号线采用德国西门子公司的点式 ATC 系统。

1. 点式 ATC 系统的基本结构

点式 ATC 系统的主要功能是实现列车超速防护,所以又称为点式超速防护(点式 ATP)系统,它是一种点式传递信息,用车载计算机进行信息处理,最后达到列车超速防护目的的系统。

点式 ATP 系统主要由地面应答器、轨旁电子单元 LEU(又称为信号接口)及车载设备 3 部分组成,其基本结构如图 8-4 所示。

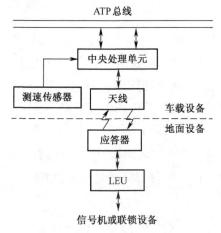

图 8-4 点式 ATP 系统基本结构

2. 点式 ATC 系统的基本工作原理

点式 ATC 系统的主要功能是实现列车超速防护,即 ATP 功能。图 8-5 表示车载中央控制单元根据地面应答器传至车上的信息(距目标点的距离、目标点的允许速度、线路的坡度等)及列车自身的制动率(负加速度),计算得出两个信号机之间的速度监控曲线。

为了清楚地表达出点式超速防护的机理,在图 8-5 所示曲线的中段,用细化的方式表示出四种情况。v_0 是所允许的最高列车速度。当列车速度达到 v_1 时,车载中央控制单元给出音响报警,如果此时驾驶员警惕降速,使车速低于 v_0,则一切趋于正常。当列车速度达到 v_2 时,车载中央控制单元给出启动常用制动的信息,列车自动降速至 v_0 以下,制动装置即可自动缓解,列车行驶趋于正常,若列车制动装置不具备自动缓解功能,则常用制动使列车行驶一段路程后停下,列车由驾驶员经过一定的手续后重新人工启动。当列车速度达到v_3时,车载中央控制单元给出启动紧急制动的信息,确保列车在危险点的前方停住。

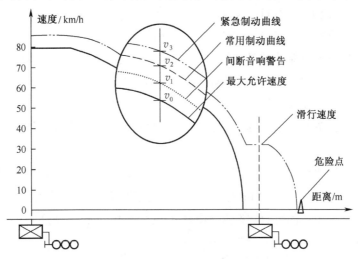

图8-5　点式ATP速度监控曲线

为了提高行车效率,有的行车部门要求在红灯信号机前方留出一段低速滑行区段,其目的是防止当列车行驶在信号机之间时红灯信号变为允许信号,若不设低速滑行段,则列车必须完全停下和经过一套手续后再重新起动。在留出低速滑行段后,列车可以以低速驶过第二个地面应答器,如果列车被告知信号仍是红灯,通过紧急制动还来得及停在危险点前方;如果列车被告知信号已改为允许信号,则驾驶员可在滑行速度基础上加速,从而提高了行车效率。

二、连续式ATC系统

点式ATC系统的主要缺点是信息传递的不连续性,不能满足大客流量和运行间隔短的运行线路,所以连续式ATC系统是城市轨道交通ATC系统的主流。连续式ATC系统根据信息传输通道分类,可分为基于轨道电路的列车运行控制系统(TBTC)和基于通信的列车运行控制系统(CBTC)两类制式。

根据车地之间所传输信息的内容分类,连续式ATC系统可分为:速度码系统与距离码系统。前者由控制中心将列车最大允许速度直接传至车上,这种制式在信息传递与车上信息处理方面比较简单,速度分级是阶梯式的,如上海轨道交通1号线的ATC系统;后者从地面传至车上的信息是前方目标点的距离等一系列数据,由车载计算机进行实时计算得出列车的最大允许速度。显然,距离码系统的信息传输比较复杂,速度控制是实时、无级的,如上海轨道交通2号、3号线等采用此种制式。

不论是速度码系统还是距离码系统,其轨道电路都被用作双重通道:当轨道电路区段上无车时,轨道电路发送检测信号或检测码;当列车一旦驶入轨道电路区段,立即转发速度信号或者有关数据电码。从"数字信号处理"学科角度来区分,速度码系统通常使用频分制方法,即用不同的频率来代表不同的允许速度。而在距离码系统中,由于信息电码的多样性和复杂性,所以必须使用时分制数字电码方式,按协议来组成各种信息。

(一) 基于轨道电路的 ATC 系统

基于轨道电路的 ATC 系统以钢轨作为信息传输的通道,目前主要有模拟轨道电路制式和数字编码轨道电路制式二类,其中绝大多数是数字编码轨道电路制式的 ATC 系统。

1. 采用模拟轨道电路的 ATC 系统

国内早期采用以模拟式无绝缘轨道电路为基础的 ATC 系统,是模拟信号时代一种先进的制式。上海轨道交通 1 号线的 ATC 系统就是这种制式的典型,它是一种典型的频分制速度码系统。

速度码系统的轨道电路频率配置如图 8-6 所示。在每个轨道电路的分界点设有阻抗联接器,当闭塞分区(轨道电路区段)无车时,阻抗联结器起发送/接收检测信息作用;当检测到列车已占用本闭塞分区(轨道电路区段)时,阻抗联接器迎着列车方向,向列车发送速度命令。

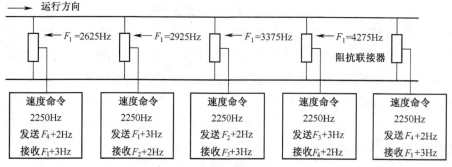

图 8-6 音频无绝缘轨道电路频率配置图

相邻轨道电路使用不同的列车检测载频频率和调制频率,四种不同的载频频率交替配置,而且相邻轨道区段的调制频率也不相同,其载频频率分别为 2625Hz、2925Hz、3375Hz 和 4275Hz,调制频率为 2Hz 和 3Hz,这样可以组成八种不同的组合,以防止相邻轨道电路的干扰。在钢轨上传送的列车检测信息,是经调制的幅度键控 ASK 信号,如图 8-7 所示。

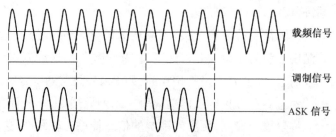

图 8-7 音频无绝缘轨道电路列车检测 ASK 信号

当列车占用轨道电路时,由于列车检测信息被列车车轮分路,导致该轨道区段接收端收不到列车检测信息,在证实列车已经到达的前提下,该轨道电路发送模块通过阻抗联接器,开始增发"速度命令"信息。在发送速度命令时,原来的检测信号仍在发送,但因列车分路,接收端收不到而已。

"速度命令"信息是指列车运行至该轨道区段出口端的目标速度,每个轨道区段的速度命令,根据与先行列车相隔几个闭塞分区(列车间的间隔距离)和线路条件等设定。全线各个轨道区段速度命令信息的载频为2250Hz,调制频率根据该线路运行速度档的等级而定,它们分别对应不同的调制频率。不同调制频率的含义见表8-1。

表8-1 不同调制频率含义(载频频率2250Hz)

调制频率	限制速度	调制频率	限制速度
6.83Hz	限速20km/h	15.30Hz	限速65km/h
8.31Hz	限速30km/h	18.14Hz	限速80km/h
10.10Hz	限速45km/h	4.5Hz	左车门控制
12.43Hz	限速55km/h	5.45Hz	右车门控制

后续列车根据与先行列车的间隔距离和进路条件,其对应的闭塞分区的限速是不同的。ATP速度命令控制线,如图8-8所示。

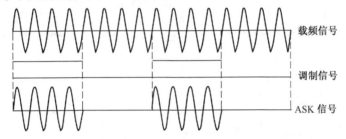

图8-8 ATP速度命令控制线

在图8-9中,先行列车在0T区段,1T必须空闲,后续列车若在2T,则后续列车收到的限速为0,即后续列车在闭塞分区2T的出口端,必须停车,并有1T闭塞分区作为保护距离;若1T、2T空闲,后续列车在3T,那么后续列车接收到的是20km/h的速度命令;同理,当1T、2T、3T、4T、5T、6T、7T都空闲,运行于8T的后续列车,其接收到的速度命令为80km/h的信息。可见,要使列车运行于最高速度80km/h,则其前方必须至少空闲7个闭塞分区。当然根据线路情况、车辆性能、轨道电路特性等,应进行闭塞设计,划分合理的闭塞分区,从而产生ATP速度命令控制线,作为ATP速度命令选择的逻辑依据。

从以上分析可知,速度码系统的限制速度是阶梯分级的,即限速值是跳跃式的,如图8-9所示,这对平稳驾驶、节能运行及提高行车效率都非常不利。因此,近年来速度码系统已逐渐被距离码系统所取代。

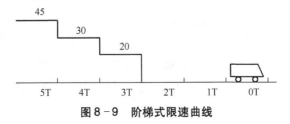

图8-9 阶梯式限速曲线

2. 采用数字编码轨道电路的 ATC 系统

以数字编码轨道电路为基础的 ATC 系统，具有较高的可靠性、合理的性价比，它是近阶段城市轨道交通 ATC 系统的主要制式，数字轨道电路取代模拟轨道电路是一种必然趋势。上海轨道交通 2 号、3 号线，广州轨道交通 1 号、2 号线等采用这种制式。

距离码系统以数字编码轨道电路为基础，根据地面传至车上的信息（包括区间最大限速、目标点的距离、区间线路坡度等）及列车自身的数据（如列车长度、制动率等），由车载计算机实时计算得出允许速度曲线。因为数据传输、实时计算及列车速度监控都是连续的，所以该系统实现的速度监控是无级的，可以有效地实现平稳驾驶与节能运行。

采用 FTGS 型轨道电路的 ATC 系统如图 8-10 所示。当列车进入轨道电路区段时，一方面通过轨道电路继电器落下向联锁装置给出有车占用的表示；另一方面由转换继电器接通 ATC 的发码装置，通过轨道电路的发送电路将有关列车控制的地面信息送上轨面，这些信息将由列车车载设备接收。当列车驶离该轨道区段时，转换继电器和轨道电路继电器均吸起，轨道电路发送检测码。

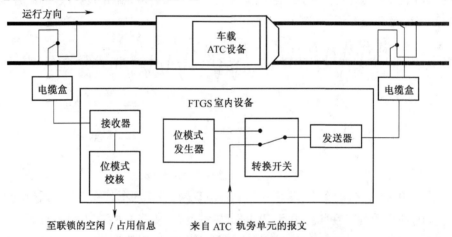

图 8-10 采用 FTGS 型轨道电路的 ATC 系统

必须指出，这类系统依赖列车进入轨道区段实现轨道电路表示码与信息码之间的转换，在"有车占用表示"延时给出情况下（当轮对分路条件不理想时，列车第一条轮对驶入轨道电路区段并不马上给出"有车占用表示"，而在第二条轮对，甚至更后的轮对相继驶入轨道电路区段后，才能给出"有车占用表示"），如不采取特殊的保护措施，有可能使列车闯入危险区，将会对安全造成极大威胁。为此，有的系统规定了轨道电路表示码与信息码之间的最大转换时间，若当列车驶入轨道电路区段，在最大转换时间内车载设备未收到信息码，则直接启动紧急制动，保证列车不闯入危险区。

FTGS917 型轨道电路采用频移键控（FSK）方式，载频频率为 9.5kHz 至 16.5kHz，间隔为 1kHz，由 15 个不同的位模式进行频率调制，频偏为 64Hz。位模式是以 15ms 为一位，+64Hz 为"1"，-64Hz 为"0"，构成最少 4bit，最多 8bit 的数码组合。15 种位模式为：2.2、2.3、2.4、2.5、2.6、3.2、3.3、3.4、3.5、4.2、4.3、4.4、5.2、5.3、6.2。例如，2.2 位模式波形如图 8-11 所示。

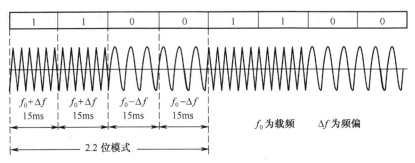

图 8-11　2.2 位模式波形

相邻轨道电路区段采用不同的载频频率和位模式,轨道电路区段只有收到与本区段相同的频率与位模式的信息才会响应。

当列车进入轨道电路区段时,轨道电路以频移键控(FSK)方式向车载设备传送信息。该信息以按协议约定的报文电码形式传送。报文电码包括头码、信息码和尾码,信息码内容按协议构成,一般包括:

(1)车站停车点(用以构成列车停站后开启车门的一个条件);

(2)列车运行方向;

(3)开启哪一侧的车门(即车站站台的位置,左侧或右侧);

(4)下一段轨道电路的入口允许速度;区间最大速度(取决于线路状态);

(5)下一段轨道电路区段的坡度;

(6)至限速区间起始点的距离(指列车所在轨道电路区段的起始点至限速区间起始点的距离);

(7)限速区间的允许速度;

(8)目标距离(指列车所在轨道电路区段的起始点至目标点的距离);

(9)目标速度(目标点的允许速度,如目标点为停车点,则目标速度为零);

(10)列车所在轨道电路的编号;

(11)列车所在轨道电路的长度;

(12)下一段轨道电路的编号;

(13)下一段轨道电路的载频频率(用于车载设备预调谐)。

(二) 基于通信的列车运行控制(CBTC)系统

随着3C技术(计算机、通信和控制)的飞跃发展,综合利用3C技术代替轨道电路构成新型列车运行控制系统已成为发展方向,其核心是通信技术的应用,出现了基于通信的列车运行控制(CBTC)系统。

基于通信的列车运行控制(CBTC)系统有两种制式:采用轨间电缆的CBTC系统(称为IL CBTC系统,也称为采用轨间电缆的ATC系统)和采用无线通信的CBTC系统(称为RF CBTC系统,简称CBTC系统)

1. 采用轨间电缆的ATC系统

武汉轻轨1号线和广州地铁3号线采用这种制式。

采用轨间电缆的 ATC 系统主要由地面控制中心、轨间传输电缆及车载设备三部分组成,如图 8-12 所示。

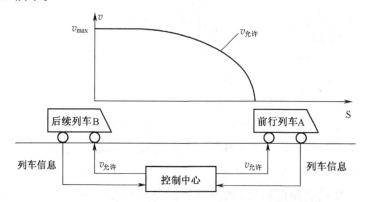

图 8-12　采用轨间电缆的列力速度自动控制的原理图

在地面控制中心内,按地理坐标储存了各种地面信息(如线路坡度、曲线半径、道岔位置、缓行区段的位置与长发等)。此外,经过联锁装置,将沿线的信号显示、道岔位置、列车的有关信息(车长、制动率、所在位置、实时速度等)不断地经由轨间电缆传至地面控制中心。地面控制中心内的计算机计算出在它管辖的区段上每一列车当前的最大允许速度,再经由轨间电缆传至相应列车,实现速度控制。

在图 8-12 上,某一时刻,后续列车 B 获得实时最大允许速度,随着前行列车 A 的运动,目标点的距离一直在改变,后续列车 B 的实时最大允许速度随列车 A 与 B 间的距离而变化。列车从控制中心获得最大允许速度值之后,一方面在速度表上显示出来,另一方面依据此值对列车速度进行监控。若列车实际速度高过最大允许速度,则先报警后下闸(常用制动)。如果制动设备条件许可,则可在列车实际速度低于最大允许速度时缓解制动机,从而避免了列车停车及重新启动。

应当指出,上述信息传递及在控制中心计算最大允许速度不是唯一的制式,这种制式的优点在于控制中心"管全局",统一指挥在其管辖范围内的全部列车运行,其缺点是一旦控制中心的设备故障,即会引起全线交通瘫痪。另一种制式是:控制中心将有关信息(如线路坡度、缓行段位置或目标距离、目标速度等)通过轨间电缆传递给机车,由车载计算机计算出自身的最大允许速度,使速度测量、速度计算、速度比较与速度校正在列车上形成闭环控制,这种制式的优点是可以避免"最大允许速度"在数据传输过程中受到干扰。

采用轨间电缆的 ATC 系统的信息传输的连续性是以昂贵的轨间电缆为代价的,维修费用也高,而且轨间电缆的存在给线路养护工作带来了不便。

2. CBTC 系统

CBTC 系统是一个连续数据传输的自动控制系统,利用高精度的列车定位(不依赖于轨道电路),实现双向连续、大容量的车—地数据通信,能够执行列车自动防护(ATP)、列车自动运行(ATO)及列车自动监控(ATS)。CBTC 的基本原理如图 8-13 所示。

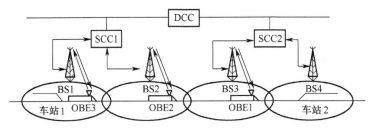

图 8-13　CBTC 系统基本原理

调度控制中心 DCC 控制多个车站控制中心 SCC，实现相邻 SCC 之间的控制交接。SCC 通过管辖范围内的多个基站 BS 与覆盖范围内的车载设备 OBE 实时双向联系。列车在区段内运行时，通过全球定位系统 GPS、查询应答器或里程计装置实现列车位置和速度的测定，OBE 利用无线通过基站 BS 将列车位置、速度信息发送给 SCC。SCC 通过 BS 周期性地将目标位置、速度及线路参数等信息发送给后行列车。OBE 收到信息后，根据前车运行状态（位置、速度、工况）、线路参数（弯道、坡度等）、本车运行状态、列车参数（列车长度、牵引重量、制动性能等），采用车上计算、地面（SCC）计算或车上、地面同时计算，并根据信号故障—安全原则，用比较、选择的方式，预期列车在一个信息周期末的状态能否满足列车追踪间隔的要求，从而确定合理的驾驶策略，实现列车在区段内高速、平稳地以最优间隔追踪运行。

第三节　ATC 系统的闭塞制式

一、闭塞制式的发展

城市轨道交通的信号闭塞制式基本上沿袭了大铁路的制式。从 20 世纪 80 年代至今，随着城市轨道交通 ATC 系统技术的不断发展，闭塞制式主要经历了固定闭塞、准移动闭塞和移动闭塞三个阶段。

固定闭塞 ATC 系统属 20 世纪 80 年代技术水平，如西屋公司、GRS 公司分别用于北京地铁、上海地铁 1 号线的 ATC 系统属于此种类型。

准移动闭塞信号系统在 20 世纪 90 年代开始大量采用，如我国广州地铁 1、2 号线采用的德国 Siemens 公司 FTGS 轨道电路及 LZB-700M 列控系统，上海地铁二号线采用的美国 US&S 公司 AF-904 轨道电路及 MicrolokⅡ 列控系统，上海明珠 3 号线及我国香港地区机场快线使用的的法国 Alstom 公司 DTC921 轨道电路及 SACEM（ATP/ATO）列车控制系统。

20 世纪 80 年代以后，在通信技术快速发展前提下，借助于通信技术，Alcatel、Siemens、Alstom 等公司相继推出了基于通信的列车控制（CBTC）移动闭塞信号系统。到目前为止，已有新加坡东北线（波导信息网络）、美国拉斯维加斯单轨线（基于无线通信）、旧金山 BART 的 AATC 系统（2.4G 无线）、纽约地铁改造项目、加拿大温哥华天车线（感应环线)、香港迪士尼线(基于无线通信)、广州地铁 3 号线(感应环线)、广州地铁 4、5 号线和上海地铁 8 号线(基于无线通信)武汉轻轨(感应环线)、等多条采用 CBTC 列车自动控制系统的地铁线路开通运营。

二、各种闭塞制式

1. 固定闭塞

列控系统采取分级速度控制模式时,采用固定闭塞方式。运行列车间的空间间隔是若干个闭塞分区,每一闭塞分区的长度要满足一个速度等级制动距离的要求。闭塞分区按线路条件经牵引计算来确定,一旦划定将固定不变。

一般情况下,闭塞分区是用轨道电路或计轴装置来划分,具有列车定位和轨道占用的检查功能。固定闭塞列控系统的追踪目标点为前行列车所占用闭塞分区的始端,后行列车从最高速度开始制动的计算点为要求开始减速的闭塞分区的始端,这两个点都是固定,空间间隔的长度也是固定的,所以称为固定闭塞,如图 8-14 所示。

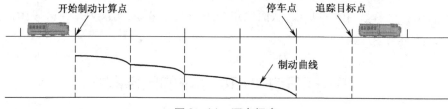

图 8-14　固定闭塞

2. 准移动闭塞

准移动闭塞方式的列控系统采取目标距离控制模式(又称连续式一次速度控制)。目标距离控制模式根据目标距离、目标速度及列车本身的性能确定列车制动曲线,不设定每个闭塞分区的速度等级,采用一次制动方式。

目标点是前行列车或限速点所占用闭塞分区的始端,目标速度是目标点的限速值,目标距离是本列车至目标点的距离。本列车从最高速开始制动的计算点是根据目标距离、目标速度及列车本身的性能计算决定。目标点相对固定,不依前行列车在同一闭塞分区内走行而变化,在前行列车出清原占用闭塞分区时,目标点前移一个闭塞分区,本列车的制动曲线随着目标点的移动而发生跳变。本列车制动曲线的起始点随线路参数和列车本身性能不同而变化,空间间隔的长度不固定,如图 8-15 所示。

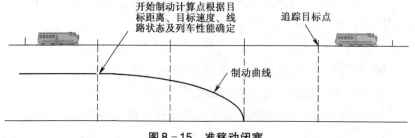

图 8-15　准移动闭塞

由于采用了一次制动方式不需设定速度等级,闭塞分区的长度可以等长。追踪目标点是前行列车所占用闭塞分区的始端,所以,闭塞分区的长度在一定程度上也会影响列车的追踪运行间隔。为了与移动闭塞相区别,所以称为准移动闭塞。

3. 移动闭塞

移动闭塞方式的列控系统采取目标距离控制模式。目标距离控制模式根据目标距离、目标速度及列车本身的性能确定列车制动曲线,采用一次制动方式。

移动闭塞的追踪目标点是前行列车的尾部(留有一定的安全距离),后行列车从最高速度开始制动的计算点是根据目标距离、目标速度及列车本身的性能来计算决定,如图 8-16 所示。

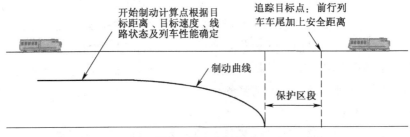

图 8-16 移动闭塞

追踪目标点是前行列车的尾部(留有一定的安全距离),与前行列车的运行速度有关,是随时变化的,而制动曲线的起始点随线路参数和列车本身性能不同而变化。列车间的空间间隔长度不固定,所以称为移动闭塞。其追踪运行间隔要比准移动闭塞更小一些。移动闭塞一般采用无线通信和无线定位技术来实现。

移动闭塞缩短了列车的行车间隔,提高了行车密度,从而增加运能,提高服务质量和服务水平。

三、闭塞制式的比较

近几年,随着电子通信技术的快速发展,ATC 技术也更趋先进。目前,固定闭塞在城市轨道交通领域已基本不采用。因此,下面仅对准移动闭塞和移动闭塞,从技术、功能、运营及维护、建设投资等方面对二者加以比较。

1. 技术方面

准移动闭塞信号系统以轨道电路作为列车检测的手段,以钢轨作为车—地信息传输的媒介,在国内外有相当多的地铁线路采用,具有成熟的运营经验。但存在列车定位精度不高、地到车单向信息传输、通信能力有限,以及易受供电牵引回流干扰等缺陷。

移动闭塞信号系统采用现代通信技术,以感应环线、裂缝波导、漏缆、无线电台等任一方式作为车—地信息传输的媒介,具有列车定位精度高、抗牵引回流干扰能力强的特点。其中环线方式的通信能力有限,无线方式可实现车—地大容量、实时的数据传输。对于采用开放标准的无线传输系统,有利于系统升级、扩容,但需要应对外界各种无线干扰。

2. 功能方面

准移动闭塞 ATP 系统采用连续速度距离曲线的列控方式,最小行车间隔时间一般可做到约 90s。

移动闭塞 ATP 系统采用实时的连续速度距离曲线的列控方式,最小行车间隔时间可做到约 80s~90s,甚至更短。移动闭塞 ATC 系统的列车定位和信息传输独立于轨道电路,有利于适应不同性能列车及不同厂商信号系统情况下的混合运营。

3. 运营及维护方面

准移动闭塞 ATC 系统的车—地信息传输基于轨道电路,轨旁设备多,维修工作量大,运营成本高。移动闭塞 ATC 系统如采用环线、波导方式的车—地传输系统,轨旁设备可减少,维护工作量可降低。若采用基于开放空间的无线传输系统,其轨旁设备更为简单,系统的维护成本更低,但目前开通运营的项目较少,运营、管理经验相对不足。

移动闭塞 ATC 系统在车地间提供双向、大容量、实时的数据通信链路,可满足快速、准确的维修要求,实现高质量的运营服务。

4. 建设投资方面

目前,已开通使用准移动闭塞信号系统的国内项目包括广州地铁 1、2 号线,上海地铁 2、3 号线,深圳地铁一期,南京地铁南北线等。对于移动闭塞信号系统,武汉轻轨环线、广州市轨道交通 3 号线(环线方式)、4 号线、5 号线(无线方式)及上海轨道交通 8 号线移动闭塞信号系统已开通使用。

从这几个城市轨道交通线信号系统的投资情况看,移动闭塞系统与准移动闭塞系统的工程造价大致相当。随着电子通信技术的不断发展,以及无线移动闭塞技术的日趋成熟,国产化率的逐渐提高,移动闭塞系统的建设成本和维护成本将低于准移动闭塞。

基于以上原因,目前新建城市轨道交通线大多选用基于通信的移动闭塞制式列控系统。关于闭塞制式的最终选择,各个城市应根据自己的轨道交通线网规划和具体的运营需求,结合信号系统设备的选型原则,综合考虑系统的成熟、可靠、满足运营要求等因素,在充分考虑与既有线结合和尽量满足线网间互联互通的基础上,通过对系统设备就技术功能、系统维护、设备价格、国产化情况、售后服务等诸方面因素进行综合比较后确定。

第四节　ATC 系统的控制模式

一、ATC 系统的速度控制模式

从速度控制方式角度看,ATC 系统可分为分级速度控制和目标距离速度控制两种模式。

1. 分级速度控制

分级速度控制是以一个闭塞分区为单位,根据列车运行的速度分级,对列车运行进行速度控制。分级速度控制系统的列车追踪间隔主要与闭塞分区的划分、列车性能和速度有关,而闭塞分区的长度以最坏性能的列车为依据,并结合线路参数来确定。所以,不同速度列车混合运行的线路采用这种模式能力要受到较大的影响。

分级速度控制又可分为阶梯式和曲线式。

（1）阶梯式分级速度控制

阶梯式分级速度控制不需要距离信息,只要在停车信号与最高速度间增加若干中间速度信号,即可实现阶梯控制方式。

每个闭塞分区设计为一个目标速度,闭塞分区的进入速度称为入口速度,驶离速度称为出口速度。在一个闭塞分区中,无论列车在何处都只按照固定的速度判定列车是否超速。因此轨道信息量较少,设备相对比较简单,这种传统的控制方式是目前较普遍采用的控制方式。

阶梯控制又分为出口速度控制和入口速度控制两种方式。

① 出口速度控制方式,又称为超前式速度控制方式,给出列车的出口速度值,控制列车不超过出口速度,如图 8-17 所示。

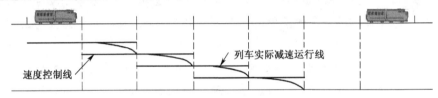

图 8-17　出口速度控制方式

日本新干线传统 ATC 系统采用"设备优先"的控制原则,进行出口速度控制。从最高速至零速的列车实际减速运行线为分段曲线组成的一条不连贯曲线组合。列车驶出每一个闭塞分区前必须把速度降到速度控制线以下,否则设备自动引发紧急制动,所以超前对出口速度进行了控制,不会冒出闭塞分区。

② 入口速度控制方式,又称为滞后式速度控制方式,给出列车的入口速度值,控制列车不超过下一个闭塞分区的入口速度,如图 8-18 所示。

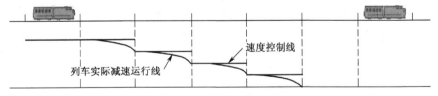

图 8-18　入口速度控制方式

法国 TVM-300 系统采用"人控优先"的控制原则,进行入口速度控制。在每一个闭塞分区的列车速度只要不超过给定的入口速度值,就不会碰滞后式速度控制线。考虑万一列车失控,在本闭塞分区的出口即下一闭塞分区的入口处的速度超过了给定的入口速度值,碰了滞后式速度控制线,即所谓撞墙,此时触发设备自动引发紧急制动,列车必然会越过第一红灯进入下一闭塞分区,因此,必须增加一个闭塞分区作为安全防护区段,俗称双红灯防护。

（2）曲线式分级速度控制

曲线式分级速度控制根据列车运行的速度分级，每一个闭塞分区给出一段速度控制曲线，对列车运行进行速度控制。法国 TVM430 系统采用曲线式分级速度控制方式，如图 8-19 所示。

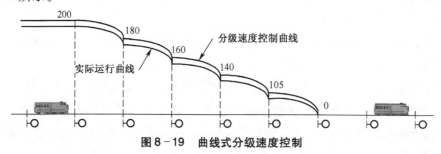

图 8-19　曲线式分级速度控制

该方式要求每个闭塞分区入口速度（上一个闭塞分区的目标速度）和出口速度（本闭塞分区目标速度）用曲线连接起来，形成一段连续的控制曲线。从最高速至零速的列车实际减速运行线为分段曲线组成的一条不连贯曲线组合，列车实际减速运行线只要在控制线以下就可以。速度控制是连续的，列车运行不会超速太多，紧急制动停车不会冒出闭塞分区，可以不需增加一个闭塞分区作为安全防护区段，设计时当然要考虑设有保护区段。

列控设备给出的速度控制曲线是根据每一个闭塞分区的线路参数和列车自身的性能计算而定，闭塞分区的线路参数可以通过地对车信息实时传输，也可以事先在车载信号设备中存储通过校对取得。

法国 TVM 系统采用"人控优先"的控制原则。列车正常运行由司机驾驶，当列车速度低于目标速度后，只给出允许缓解的表示，由司机进行缓解操作。只有在司机失误并可能出现危险的情况下，列控设备才强迫列车制动。法国铁路认为这种人机关系有利于发挥司机的技术能力，加强其责任感。

2. 目标距离速度控制

目标距离速度控制采用连续式一次制动速度控制的方式，根据目标距离、目标速度及列车本身的性能确定列车制动曲线，不设定每个闭塞分区速度等级，如图 8-20 所示。德国 LZB 系统和日本数字 ATC 系统采用这种控制方式。

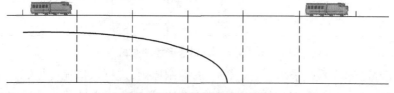

图 8-20　目标距离速度控制

连续式一次速度控制模式，若以前方列车占用的闭塞分区入口为追踪目标点，则为准移动闭塞；若以前方列车的尾部为追踪目标点，则为移动闭塞。从最高速至零速的列车控制减速线为一条连贯和光滑的曲线。

列控设备给出的速度控制曲线是根据目标距离、线路参数和列车自身的性能计算而定的,线路参数可以通过地对车信息实时传输,也可以事先在车载信号设备中存储通过校对取得。速度控制曲线是连续的,地对车信息传输的信息量相当大,可以通过无线通信、数字轨道电路、电缆等地对车信息传输系统传输。

目标距离速度控制的列车制动起点随线路参数和列车本身性能不同而变化,空间间隔长度不固定比较适合各种不同性能和速度列车的混合运行,其追踪运行间隔要比分级速度控制小,减速比较平稳,乘客的舒适度也较好。

二、列车驾驶模式

列车的驾驶模式,因列车和信号系统而异,一般有以下几种方式。

1. 正线上列车的驾驶模式

(1) 自动驾驶模式(ATO 模式)

自动驾驶模式是正线上列车的驾驶模式。在 ATO 模式下,车载 ATO 系统根据接收到的 ATP 信息,自动地控制列车启动、加速、巡航、惰行、制动,控制列车在安全停车点前和规定的站台停车位置停车,并自动控制车门、屏蔽门的开启。司机只负责对车载 ATP/ATO 设备的状态显示进行监督,并注意列车运行时状态、显示的变化,必要时可人工进行干预,以保证行车安全。

自动驾驶 ATO 模式下分为自动关门和人工关门两种方式,它们之间的区别在于:

① 对于自动关门方式,当列车在车站的运营停车时间终止时,自动发出车门、屏蔽门关闭命令,列车不需司机操作(司机按压 ATO 启动按钮无效)自动启动离站。一旦进入自动关门的 ATO 模式,只要没有人为干预,这种方式的自动驾驶控制模式维持不变。

② 对于人工关门方式,当列车在车站的运营停车时间终止时,车门、屏蔽门的关闭由司机根据发车时间及乘客上下车情况按压关门按钮人工完成,并且需司机按压 ATO 启动按钮后列车以 ATO 自动驾驶模式启动运行。

目前,在 ATO 模式下一般采用人工关门方式,司机的主要任务是:到站开启列车门、到点关闭列车门和按压启动按钮。

(2) ATP 监督下的人工驾驶模式(SM 模式)

ATP 监督下的人工驾驶模式,是一种受保护的人工驾驶模式。在这种模式下,司机关闭车门和执行出发检查后,手动启动,车载 ATP 设备根据地面提供的信息,自动生成连续监督列车运行的一次速度模式曲线,实时监督列车运行。司机根据 ATP 显示的速度信息驾驶列车,当列车运行速度接近限制速度时,提出报警;当列车运行速度超过限制速度时,ATP 车载设备将对列车实施制动。

(3) 限制人工驾驶模式(RM 模式)

限制人工驾驶模式即 ATP 限制允许速度的人工驾驶模式。在这种模式下,司机根据地面信号机的显示驾驶列车,以不超过 ATP 限制速度(如 25km/h)运行,列车运行安全由司机负责。当列车运行速度超过 ATP 限制速度时，ATP 车载设备则对列车实施制动。

（4）非限制人工驾驶模式（URM 模式）

非限制人工驾驶模式即不受限制的人工驾驶模式，在车载 ATP 设备故障状态下运用，ATP 将不对列车运行起监控作用。在这种模式下，列车由司机人工驾驶，没有 ATP 保护，运行安全由司机、调度员、车站值班员共同负责。

2. 列车折返模式

在全线列车交路折返站的折返线，以及其他临时列车运行交路需要的折返线路上，将考虑列车折返或车载设备驾驶端的自动转换。

列车折返作业方式有以下两种。

（1）无人驾驶自动折返

该折返模式在 ATO 驾驶模式下，列车可在无人驾驶的情况下以较高的速度（紧贴 ATP 最大允许速度），从到达站台自动驶入和驶出折返线，最后进入发车股道。在整个折返过程中，无需司机在车上对列车进行操作。

折返过程包括：列车到达折返站，在规定的停站时间结束及乘客下车完毕后，使列车处于 ATO 折返状态；司机下车并按压设在站台上的无人自动折返按钮，列车以 ATO 自动驾驶方式启动进入折返线并停车；车载信号设备自动关闭本驾驶端信号设备，启动反向驾驶端信号设备；自动反向启动列车，列车按 ATO 自动驾驶方式进入发车股道并停车，自动打开车门、屏蔽门。

（2）有人驾驶列车折返

有人驾驶列车折返运行包括有人 ATO 驾驶模式和 ATP 监督下的人工驾驶模式两种折返方式。

① 有人 ATO 驾驶模式折返。折返过程包括：列车到达折返站，在规定的停站时间结束且司机确认旅客下车完毕后，使列车处于 ATO 折返状态。司机可选择自动或人工关闭车门，并将关门信息传送给屏蔽门使之关闭；司机按压列车上的 ATO 启动按钮，列车以 ATO 自动驾驶方式启动进入折返线并停车；车载信号设备自动关闭本驾驶端信号设备，启动反向驾驶端信号设备；自动反向启动列车，列车按 ATO 自动驾驶方式启动进入发车股道并停车，自动打开车门、屏蔽门。

② ATP 监督下的人工驾驶模式折返。在 ATP 监督下的人工驾驶模式折返时，列车将在司机驾驶下从到达股道进入和驶出折返线，最后进入发车股道。当列车进入折返线停车时，列车运行将自动转换为由反方向驾驶室的 ATP/ATO 控制。

折返过程包括：列车到达折返站，在规定的停站时间结束且司机确认旅客下车完毕后，使列车处于 ATP 监督下的折返状态。司机人工关闭车门，并将关门信息传送给屏蔽门使之关闭；在 ATP 监督下人工驾驶列车进入折返线并停车；车载信号设备自动关闭本驾驶端信号设备，启动反向驾驶端信号设备；司机在反向端启动列车，在 ATP 监督下人工驾驶列车进入发车股道并定位停车；司机按压开门按钮打开车门，并将开门信息传送给屏蔽门使之打开。

3. 车辆段内的驾驶模式

列车在车辆段内的运行均按限制人工驾驶模式运行,运行中驾驶员须时刻注意地面信号机的显示以确保行车安全。

列车可以任意一种驾驶模式从正线进入车辆段转换轨,然后切换成限制人工驾驶模式驶入车辆段。为提高入段能力,列车在进入车辆段转换轨前可以提前将速度降至25km/h 以下,把驾驶模式转换成限制人工驾驶模式,直接以低速按进段信号机显示的允许信号进入车辆段,而不必在转换轨停车。

列车在车辆段出发占用转换轨,司机输入司机号并经 ATS 对列车、乘务组身份确认,车载信号设备通过闭环的自检测,车—地通信初始化完成后,列车可以 ATP 监督下的人工驾驶模式或 ATO 自动驾驶模式驶往正线投入运营。

4. 驾驶模式间的相互转换

在列车运行过程中,任何模式的转换,都应取得调度员的同意,并应在停车的情况下进行;如果在列车运行过程中,司机随意改变运行模式,将导致紧急停车。

第五节 列车运行调度指挥

城市轨道交通系统是一个复杂的、技术密集的公共交通系统,它具有高度集中和各个工作环节紧密联系、协同动作的特点,必须实行集中领导、统一指挥的原则。列车运行调度指挥是城市轨道交通系统日常运输工作的指挥中枢,凡与行车有关的各部门、各工种都必须在列车运行调度的统一指挥下进行日常生产活动。

列车运行调度的基本任务是:科学地组织客流,经济合理地使用车辆及运输设备,与运输有关各部门密切配合、协同动作,确保列车按运行图运行,完成运输生产任务,为城市经济建设和人民生活服务。

一、列车运行调度概述

在城市轨道交通中,通常由控制中心担任列车运行调度指挥工作。控制中心是城市轨道交通系统的运营生产指挥部门,负责所管辖各条轨道交通线路行车、电力、消防环控及票务等调度和突发事件处理等工作。

1. 列车运行调度的内容

控制中心实行分工管理原则,按业务性质设置不同的调度工种,通常设有行车调度、客运调度、电力调度和环控调度等调度工种,如图 8-21 所示。控制中心主任全面负责本线的调度指挥管理工作;运营主管负责行车调度的业务指导、突发事件的指挥与报告,运营统计与分析等;设备主管负责本线各相关设备的管理工作,包括施工管理及安全生产管理等。

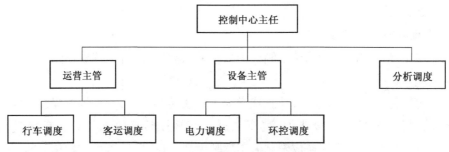

图 8-21 调度组织机构

在所有调度工种中,行车调度是城市轨道交通系统调度工作的核心,担负着指挥列车运行、贯彻安全生产、实现列车运行图、完成运输计划的重要任务。

行车调度员是列车运行的统一指挥者,负责监控或操纵列车远行控制设备,掌握列车运行、到发情况,发布调度命令,检查行车计划完成情况,在列车晚点或运行秩序紊乱时采取有效措施尽快恢复按图行车,负责施工要点登记,发生行车事故要迅速采取救援措施,并向上级和有关部门报告,填写各种报表。鉴于行车调度员负有组织指挥列车安全、正点运行的重要责任,行车调度员应具备较高的素质和业务水平。

2. 调度指挥方式

城市轨道交通采用何种行车调度指挥方式与行车调度指挥设备类型有关。城市轨道交通一般采用 ATC 系统,行车调度指挥有以下方式。

(1) 行车指挥自动化

ATC 系统具有列车运行自动化和行车指挥自动化功能,当 ATC 设备正常工作时,轨道交通采用这种调度指挥方式。ATS 系统由 ATP、ATO 和 ATS 组成。其中 ATS 系统能监控列车运行状态,实时控制列车运行。

控制中心的自动监控系统 CATS 是一个实时控制系统,其主要功能包括:能发出控制需求信息,并从轨道线路及信号设备上接受信息;行车调度员可人工或自动地将调度指挥信息传递至各集中站 ATC 设备;实现了列车的动态显示,如列车位置、车站到发时分、车次号等;根据储存的基本运行图或计划运行图,可采用人机对话生成当前使用运行图;自动排列列车进路;自动进行列车运行调整;自动绘制实际列车运行图和生成各种运行报告。

(2) 调度集中

当 ATS 系统因故不能使用时,改为调度集中方式。

行车调度员通过调度集中控制设备控制所管辖线路上的信号和道岔,办理列车进路,组织和指挥列车运行。

调度集中控制设备是一种远程控制的信号设备。它的特点是区间采用自动闭塞、车站采用电气集中联锁,并用电缆接到指挥该线路列车运行的控制中心。控制中心的行车调度员通过操纵控制台上的按钮集中控制,并监控列车到达、出发及途中运行情况,确保列车运行秩序正常。行车调度员通过区间和车站线路表示盘,可以方便快捷地掌握线路上列车运行和分布情况、区间和站内线路的占用情况、各种信号机的显示状态和道岔开通位置等。

(3) 人工调度

当不能实现调度集中控制时,可改为车站控制。车站值班员在列车调度员的指挥下,办理列车进路,接发列车。

行车调度员通过调度电话向车站值班员直接发布指令,以路票作为行车凭证,又称电话闭塞法。由车站值班员排列接发列车进路,通过与车站值班员的联系,调度员掌握列车到达、出发信息,下达列车运行调整调度命令。调度员也可通过无线调度电话呼叫列车司机,发布调度指令,指挥列车运行。列车运行图由行车调度员手工绘制。这种方式通常在线路开通初期,设施设备尚未到位等特殊情况下才使用。

二、列车运行组织

(一) 正常情况下的列车运行组织

正常情况是指在营业时间内,采用基本行车闭塞法和行车指挥方式。城市轨道交通采用的基本行车闭塞法主要有自动闭塞和区间闭塞两种,采用的行车指挥方式有行车指挥自动化、调度集中和调度监督三种。

1. 行车指挥自动化时的列车运行组织

在行车指挥自动化情况下,列车运行控制通常由 ATC 系统实现。由计算机通过调度集中设备实现当日使用列车运行图、列车进路自动排列和列车运行自动调整,指挥列车运行。控制中心 ATS 通常储存数个基本列车运行图,经过加开或停运列车等修改后的基本列车运行图称为计划列车运行图。使用列车运行图是当日列车运行的计划,由基本列车运行图或计划列车运行图生成。

在行车指挥自动化情况下,列车占用区间的行车凭证为列车收到的速度或距离命令,凭发车表示器显示的稳定白色灯光发车,如发车表示器故障无显示,凭行车调度员的命令发车。追踪运行列车间的安全间隔由 ATP 系统自动实现。

为了实现按图行车,行车调度员要努力组织列车正点运行。由于设备故障、乘降拥挤或作业延误等原因,难免出现列车运行晚点的情况。此时,行车调度员应根据列车运行的实际情况,按恢复正点和行车安全兼顾的原则,根据规定的列车等级进行运行调整,尽可能在最短时间内使晚点列车恢复正点运行。

列车运行调整有自动调整和人工调整两种。当 ATS 系统设置为自动调整时,系统根据使用时刻表对早晚点时间在一定范围内的列车自动进行调整。当早晚点时间超过一定范围时,行车调度员可在自动调整模式下进行人工调整。但人工调整时设定的列车停站时间和列车运行等级仅对经过指定车站的指定列车有效。当该次列车经过指定车站后,系统自动恢复对经过该站的后续列车进行自动调整。

在自动调整模式下,列车运行人工调整的措施有:设置列车停站时间、设置列车运行等级、设置列车跳停、实施扣车。

在列车运行秩序较混乱时,应退出自动调整模式,进行人工调整。待列车运行基本恢复正常后,再使用自动调整模式。

在人工调整模式下,除采用上述4种措施外,其他人工调整的措施还有:

(1)调整列车在始发站的出发时刻;

(2)调整列车运行时间间隔;

(3)变更列车运行交路,组织列车在具备条件的中间站折返;

(4)组织列车反方向运行;

(5)停运部分列车。

2. 调度集中时的列车运行组织

在调度集中情况下,由行车调度员人工排列列车进路,指挥列车运行及进行列车运行人工调整。

行车调度员通过进路控制终端键盘输入各种控制命令,控制管辖线路上的信号机、道岔及排列列车进路;通过显示器,掌握线路上列车运行和分布情况、区间和站内线路的占用情况及信号机的显示状态和道岔开通位置等。列车运行人工调整的措施可参照行车指挥自动化时的列车运行组织的调整措施。

在调度集中情况下,列车进入区间的行车凭证为出站信号机的绿灯显示。如出站信号机故障,行车凭证为行车调度员下达的调度命令。追踪列车的安全间隔由自动闭塞设备实现。

3. 调度监督时的列车运行组织

在实行调度监督控制时,调度监督设备只起监督作用,不具有行车调度员直接控制功能。通常采用双区间闭塞,即列车间隔按两个区间内只准有一列列车占用进行控制。行车调度员通过显示器监督出站信号开闭、区间占用情况和列车运行状态,组织指挥列车运行。

在调度监督、双区间闭塞法行车时,列车进入区间的行车凭证为出站信号机的绿灯显示,凭助理行车值班员的手信号发车。如出站信号机故障,行车凭证为行车调度员下达的调度命令。追踪列车的安全间隔由双区间闭塞设备实现。

在列车晚点或列车运行秩序混乱时,行车调度员应及时进行列车运行调整,尽快恢复按图行车,可采用的列车运行调整措施可与调度集中时相同。应该强调,在调度监督时,对采取跳停、反方向运行等运行调整措施有更严格的控制。

在调度指挥过程中,如发现车站行车值班员或列车司机有违章作业情况,行车调度员应及时下令纠正,确保行车安全。

(二)非正常情况下的列车运行组织

非正常情况下是指列车运行控制设备等出现故障,采用代用闭塞法或车站控制。城市轨道交通采用的代用闭塞法主要是电话闭塞法。从行车指挥的角度,行车指挥自动化、调度集中和调度监督均会发生控制权下放的情形。

1. 移动闭塞 ATC 系统故障时行车

（1）控制中心 ATS 设备故障

控制中心 ATS 设备故障或车站间数据传输故障时，控制权下放给联锁集中站。此时，可采用将列车时刻表下载到车站 ATS 设备的方式来自动排列进路，也可根据接收到的列车目的地号及列车运行位置信息来自动排列进路。此时，系统一般不能进行列车运行自动调整。

（2）车站 ATS 设备故障

车站 ATS 设备故障时，通过联锁工作站人工排列进路。在联锁设备人工控制的情况下，可在联锁工作站将信号机（进路）设定为自动进路状态，当列车运行至接近信号机的某一位置时会触发联锁设备为列车排出一条进路。此时，不能进行列车运行自动调整，但列车仍在 ATP 防护下自动运行。

（3）ATP 设备故障

车载 ATP 设备故障或车地数据传输故障时，司机应立即向行车调度员报告。列车以人工驾驶方式、按地面信号显示运行，直至退出运营。此时，行车调度员应采取有效措施，确保列车的运行安全。

轨旁 ATP 设备故障时，故障区域内停用移动闭塞，改用站间闭塞。列车进路由车站值班员人工排列，列车以人工驾驶方式、按地面信号显示运行。

（4）ATO 设备故障

ATO 设备故障时，列车改为 ATP 防护下的人工驾驶。行车调度员应安排备用列车替换 ATO 设备故障列车。

2. 固定闭塞 ATC 系统故障时行车

（1）控制中心 ATS 设备故障

控制中心 ATS 自动功能故障时，由行车调度员人工排列进路和进行列车运行调整，以及通知折返列车司机输入新的车次号。控制中心 ATS 显示功能故障时，控制权下放给集中站，由车站值班员在联锁工作站上排列进路。

（2）车站联锁设备故障

集中站联锁设备故障时，行车调度员下达按电话闭塞法行车的调度命令，控制权下放给集中站。车站正线上的道岔均应开通正线。控制中心和车站共同确认按电话闭塞法行车的第一趟列车运行前方区间和车站空闲，车站值班员用手信号接发列车，列车在故障区间以限速人工驾驶方式运行。

（3）ATP 设备故障

车载 ATP 设备故障时，司机应向行车调度员报告，切除车载 ATP，以限速人工驾驶方式（限速 20km/h）运行至前方站，清客后以双区间间隔、人工驾驶方式（限速 60km/h、线路限速低于 60km/h 时按线路限速）运行至就近有折返线或入段线的车站，退出运营。

小范围轨旁设备故障时，由行车调度员确认故障区间空闲后，向司机发布调度命令，列车不切除车载 ATP，但在故障区间以限速人工驾驶方式运行，并且在故障区间只准一个列车占用。大范围轨旁设备故障时,由行车调度员发布调度命令,停止使用基本闭塞法,按电话闭塞法行车。列车切除车载 ATP,以人工驾驶方式运行。列车占用区间的行车凭证为路票,车站值班员用手信号接发列车。

(4) ATO 设备故障

ATO 设备故障时,列车改为 ATP 防护下的人工驾驶。列车进入通过式车站的限速为 45km/h,列车进入尽头式车站的限速为 30km/h。

3. 电话闭塞法行车

在停用基本闭塞法、车站联锁设备故障、列车反方向运行、开行施工列车和轨道车时,均应停止使用基本闭塞法,改用电话闭塞法行车。

改用电话闭塞法或恢复基本闭塞法行车,均应有行车调度员发布的调度命令。电话闭塞法行车时,列车占用区间的行车凭证为路票,如图 8-22 所示,列车发车凭证为车站值班员的手信号。

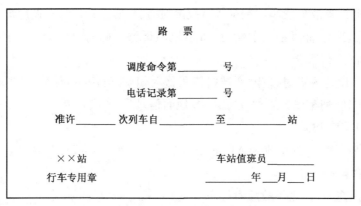

图 8-22 路票

在改用电话闭塞法行车时,行车调度员应及时调整使用时刻表,车站值班员根据调整后的使用时刻表,严格按照规定的作业程序与要求办理闭塞、准备进路、显示信号和接发列车。

路票在确认闭塞区间空闲并取得接车站承认闭塞后方可填发。为了确保行车安全,原则上路票由车站值班员填写。路票填写应内容齐全、字迹清楚、涂改无效。对无效路票应注销,重新填写。车站值班员应将填写的路票与电话记录号码进行核对,确认无误并签名后方可交给司机。电话记录号码每站一组,按日循环使用,相邻站不使用相同的号码,每个号码在一次循环内只使用一次,号码一经发出,无论生效与否,不得重复使用。

4. 特殊情况下列车运行

(1) 列车反方向运行

正常情况下,列车按正方向运行,但在特殊情况下,可组织列车反方向运行。所谓列车反方向运行是指下行列车在上行线运行或上行列车在下行线运行的情形。

列车反方向运行,应按规定程序进行审批,以行车调度员的调度命令下达执行。行车调度员应对反方向运行列车重点监控,确保行车安全。

(2) 列车退行

列车因故需要退行时,司机应立即向行车调度员报告。行车调度员在确认列车退行进路空闲和车站广播通告乘客注意安全的情况下,下达准许列车退行的调度命令。退行列车在进站位置处应一度停车,由接车人员手信号引导进站。站台服务人员负责列车退行的安全防护。退行列车进站后,司机立即向行车调度员报告。

在实行电话闭塞法行车时,列车出发后退回发车站,由发车站发出的电话记录号码作为与邻站取消闭塞的依据。

(3) 救援列车开行

在接到司机的救援请求后,如果确定由在线列车担当救援任务,行车调度员应尽可能根据正向救援的原则指派救援列车,并及时向担当救援任务的列车司机下达调度命令,以及向有关车站值班员下达封锁区间的调度命令。

在线列车担当救援任务时,原则上应先清客,后担当救援任务。有关车站应根据救援命令,适时进行扣车、准备列车进路,并做好客运组织工作。

向封锁区间开行救援列车时,不办理行车闭塞手续,以调度命令作为进入封锁区间的凭证,手信号发车。救援列车接近被救援列车时应一度停车,然后与被救援列车安全连挂。救援列车牵引运行时采用 ATP 防护下的人工驾驶方式,推进运行时采用人工驾驶方式,正线运行限速分别为 40km/h 和 30km/h。

5. 检修施工时列车运行

除了必须中断列车运行的设备抢修和必须利用列车间隔来排除设备故障外,城市轨道交通的检修施工作业原则上安排在非运营时间进行。在确认进行夜间检修施工时,行车调度员既要根据检修施工计划的安排,保证检修施工作业能顺利完成,又要保证次日运营能正常进行。

为减少施工列车占用正线,在需要开行施工列车时,各部门应周密计划,尽量合并装运、压缩开行列次,行车调度员在满足检修施工作业的前提下,尽量缩小线路封锁的范围。

向封锁区间开行施工列车时,按电话闭塞法行车或根据调度命令办理。施工列车推进运行时,应在列车前部设专人引导。到达检修施工地段后,应在防护人员显示的停车手信号前停车,然后再按调车作业办法进入指定地点。

为简化作业手续、提高作业效率,当封锁区间内只有一列施工列车,但该列车需往返多次运行时,可采取封闭区间运行的办法。采用该办法,除应有调度命令准许外,还必须做到:封闭区间内无其他检修施工作业,封闭区间内所有道岔均开通于施工列车运行的方向,施工列车不准超出封闭区间运行,以及施工列车按调度命令指定时间离开封闭区间。

在检修施工中发生设备损坏、人员伤亡或不能按时完成检修施工作业时,行车调度员应立即报告值班主任,采取有效措施确保次日运营能正常进行。检修施工结束后,行车调度员根据车站值班员的报告,在确认行车设备完好、检修施工人员和机具撤离后,下达调度命令同意注销检修施工。

6. 时间间隔法行车

在按电话闭塞法行车时,由于某种原因使车站一切电话中断,为了维持列车运行,双线区间可采用时间间隔法行车。此时,列车进入区间的行车凭证是红色许可证,凭车站值班员手信号发车。车站值班员应指定按时间间隔法的第一趟列车司机,将实行该行车法的情况通知前方车站。

为了保证行车安全,中间站道岔均应开通列车运行方向,禁止办理影响正线列车运行的调车作业。此外,列车发车间隔和列车运行速度应符合有关规定。

在电话通信恢复正常时,车站值班员向行车调度员汇报列车运行情况,并根据调度命令恢复原行车闭塞法。

思 考 题

1. 试述 ATC 系统的组成及其功能。
2. ATC 系统如何分类?有哪些典型制式?
3. ATC 系统的闭塞制式有哪几种?各有何特点?
4. ATC 系统的速度控制模式有哪几种?
5. 列车驾驶模式有哪几种?
6. 试述正常情况下的列车运行组织。
7. 试述非正常情况下的列车运行组织。

第九章 城市轨道交通事故及处理

城市轨道交通系统是一个独立的、封闭的系统,其结构复杂且客流密集,一旦发生灾害事故,就会形成比较严重的后果,甚至可能导致城市、区域经济和社会功能的瘫痪,因此城市轨道交通的安全问题一直得到广泛的关注。近年来,全球也包括我国城市轨道交通事故频发。因此,分析城市轨道交通事故产生的主要因素及影响程度,制定预防事故相关对策及突发事故后的救援措施,对于改善城市轨道交通系统的运营安全现状,预防事故的发生和降低事故损失都具有十分重要的意义。

第一节 事故的影响因素

城市轨道交通运营是包括社会、经济、自然、文化等因素在内的统一体,在内容、作用及空间结构上有其特殊性,是人员、社会财富的聚集场所,也是现代灾害及风险的交汇处。在现代及未来的城市轨道交通运营过程中,要保证良好、安全、舒适的运输能力,减少事故及危害发生,必须对已发生的城市轨道交通事故进行深刻的分析,总结出城市轨道交通运营安全影响要素,从而指导城市轨道交通建设及运营管理,并为建立城市轨道交通运营安全指标体系及评价方法提供支持。

城市轨道交通运营安全的真谛就是要保证乘客在购票——候车——乘车——出站整个过程中,生命财产不受到损害,并在一定时间内到达目的地。从历年来国内外事故因素统计中可以发现,影响城市轨道交通运营安全的主要因素来自人员、设备、环境和管理四大方面。

一、人员因素

在当前各种人—机—环境系统中,人是其中的重要组成部分,也成了安全问题的主要来源,一个掌握足够技能的人能够发现并纠正系统故障,并且使其恢复到正常状态,同样,人的不安全行为也能够造成严重事故。在城市轨道交通运营安全中,人也不例外地起着主导作用。在运营的各个环节与活动中,都需要人为参与操作、协调、控制及监督,以及与环境进行信息交流。可见,人员因素在城市轨道交通运营安全中的重要地位。

影响城市轨道交通运营安全的人员主要有两类。一类是从业人员,即工作人员,主要指供电系统、通信系统、信号系统、给水与排水系统、防灾与报警系统、环境与设备监控系统、机车车辆系统、车辆段检修设备系统、自动售检票系统、通风空调与采暖系统等部门的各级领导人员、专职管理人员和基层作业人员,他们是保证运营安全的关键人员,特别是在运营管理第一线的人员,其技术业务水平、心理、身体素质等是确保城市轨道交通安全运营的重要因素。另一类是非从业人员,即社会人员,主要指乘客、轨道交通沿线居民、可能穿越轨道交通线路的机动车及可能影响轨道交通运营的其他人员(如破坏轨道交通指示灯的人员)等。

1. 人员因素构成

影响城市轨道交通运营的人员因素主要体现在人的行为上。人员因素构成如图9-1所示。

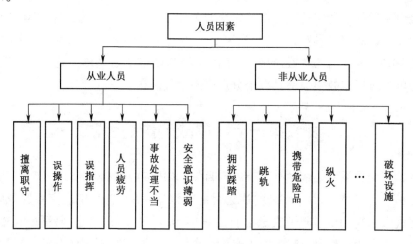

图9-1 人员因素构成

2. 人员因素特点

人员因素主要具有以下特点:

(1) 主导性

在人机系统中,人是主导因素。设备需要由人来设计、制造、使用和维护,人机系统需要人来监控与管理。机械操作不当与管理不协调会给城市轨道交通运营造成安全问题;反之,正确的使用与监管可以使整个系统运营良好,发挥积极作用。

(2) 主观能动性

人具有主观能动性,在城市轨道交通运营中,人的主观能动性主要造成两种情况:一是指敌意和人为事故,包括乘客违章携带危险品、吸烟等带来安全隐患,以及恐怖袭击、投毒、纵火等恶性事件造成的严重安全事故;另一种则是指突发情况发生时,人的应急处理能力能够产生积极作用,使得事故伤害降低、系统运转恢复等。

(3) 创造性

人具有改进现状的先进性,能够通过学习研究,不断提高现有系统的安全水平,完善安全管理制度与方法。

二、设备因素

设备是影响城市轨道交通运营安全的另一重要因素。设备的质量是保证轨道交通运营良好的基础,设备的运转情况影响着城市轨道交通运营的安全。轨道交通运营的基础设备包括:土建设施(站台、隧道、桥涵、路基、轨道)、线路设备、供电系统设备、机车车辆、通信系统设备、信号系统设备、通风空调和采暖设备、给水与排水设备、电梯与自动扶梯等。

1. 供电系统设备

供电系统危险主要是电气火灾和触电。电气火灾的原因主要包括:当电路发生短路时,电流可能超过正常时的数十倍,致使电线、电气温度急剧上升,远远超过允许值,而且常伴有短路电弧发生,易造成火灾;线路、变压器超载运行均将导致其绝缘材料过热起火;导线接头连接不牢或焊接不良均会使接触电阻过高,导致接头过热起火。接触不良的电线接头、开关接点、滑触线等还会迸发火花,引燃周围易燃、易爆物质(此类现象在运营新线及老线尤为明显);变压器一般都配备有散热设备,如风叶、散热器等,如果风叶断裂、变压器油面下降均会导致散热不良,使电器热量累积起来。电缆沟、电缆井内电缆过密,散热不良也会引起火灾。引起触电事故的主要因素,除了设备缺陷、设计不周等技术因素外,大部分都是违章作业、违章操作。要对运营工作人员操作正确性进行监督,防止在实际运营过程中由于人的精力和体力出现不适应而造成运营事故。例如,速度监控、列车无线调度电话等。

2. 车辆系统设备

城市轨道交通车辆在运营过程中可能存在的危险因素有:列车失控、轨道损伤或断裂、列车脱轨、列车相撞等都可能造成严重的伤亡事故;车辆的安全标志不醒目,可能造成机械伤人事故,并且在事故发生后,不利于应急救援及人员疏散;列车内空调供暖等易引起火灾,且列车相关材料选择不当燃烧后会产生有毒烟气,加重事故后果;列车内的高压电器设备如安全防护措施不当,可能引起人员伤亡事故。

3. 通信、信号系统

城市轨道交通专用通信系统是直接为城市轨道交通运营、管理服务的,是保证列车及乘客安全,列车快速、高效运作必不可少的信息传输系统。当发生紧急情况时,通信系统应能迅速转为应急通道,为防灾、救援和事故处理提供方便。同时,若通信系统的电源发生故障或通信设备本身发生故障等问题时,各种行车、票务及控制信息出现间断性不可靠传输,也会引发事故或使事态扩大。

信号系统是整个城市轨道交通运营的大脑,它保证列车和乘客的安全,实现快速、高密度、有序运行的功能。信号系统的不完善或信号系统设备故障,相当于大脑瘫痪,则运营整体处于瘫痪状态,或者不能保证运营安全。

4. 环控通风系统

城市轨道交通环境密闭,空间狭窄,连通地面的疏散口相对较少,逃生路径长。如果发生火灾,不仅火势蔓延快,而且积聚的高温浓烟很难自然排除,会迅速在城市轨道交通隧道、车站内蔓延,给人员疏散和灭火抢险带来相当大的困难,严重威胁乘客、城市轨道交通职工和抢险救援人员的生命安全。据分析表明,火灾后人员伤亡主要是烟雾窒息所致。环控通风系统故障、管理不到位(将通风通道或风亭改作自行车停放处、商铺或其他管理用房等情况),妨碍了通风系统的正常运作,则势必扩大事故后果和影响。

5. 给排水系统

在运营期间,给排水系统可能存在的危险因素有:污水乱排及污水、垃圾排入隧道等影响城市轨道交通的环境卫生,造成污染和职业伤害;给排水管道的防腐、绝缘效果不到位,发生渗漏现象等;隧道内排水系统不完善,隧道防水设计等级不够,导致涝灾或地表水侵入,地面塌陷;车站出入口的低平高度低于防洪设防要求,遇水倒灌;杂散电流腐蚀给排水管道等。

6. 其他辅助设施设备

站台、站厅设施可能存在的危险因素有:站台与轨道间没有隔离,在人员拥挤时,可能造成乘客落轨;车站地面材料不防滑或防滑效果不明显存在安全隐患,人员较多时可能导致踩踏事件;地下车站站厅乘客疏散区、站台及疏散通道等公共场所存在发生火灾的危险,且会发生连锁火灾事故,不利于事故救援,使火灾事故范围扩大;地下车站站厅乘客疏散区、站厅疏散通道内有妨碍疏散的设施或堆放物品,不利于事故救援,造成人员拥挤,使事故后果加重;车站内的建筑装修材料选用不当,易发生火灾,且产生有毒气体,加重事故后果;地下车站安全出口的设置不当,会造成人员拥挤,引发意外事故,且事故发生后,不利于事故救援和人员疏散,使事故范围扩大。

城市轨道交通车站站台边设置的屏蔽门/安全门,可以保证乘客安全,降低空调系统运营能耗,对提高车站内环境舒适度有明显作用。屏蔽门/安全门的设置应适应各种运营模式的要求,正常运营时为乘客上下车通道,火灾事故时配合城市轨道交通运营模式要求为乘客提供疏散通道。屏蔽门正常运营中可能存在的危险因素有:由于城市轨道交通车门的安全标志不醒目,造成的机械伤亡事故,并且在事故发生后,不利于事故救援和人员疏散。如果城市轨道交通采用接触轨交流方式,站台仍存在电位层,站台边2m宽度范围内需做绝缘层。屏蔽门/安全门与轨道连接,使屏蔽门/安全门与轨道等电位,因此,在城市轨道交通屏蔽门/安全门处由于绝缘和接地的问题存在人员触电事故的隐患。

影响运营安全的设备因素主要指运营基础设备和运营安全技术设备的安全性能,包括设计安全性和使用安全性。

设备的设计安全性是指设备的可靠性、可维修性、可操作性及先进性等。

(1)设备可靠性是指设备在规定条件下、规定时间内,处于正常工作的能力,它可以用可靠度、故障平均时间、故障率等来衡量。设备可维修性是指设备易于维修的特性,即设备发生故障后容易排除故障的能力。可维修性与维修的含义不同,维修是指设备保持和恢复功能的作业活动,是在使用中设备发生故障后,由设备维修部门采取的行动。

(2)可维修性则是设备的固有特性之一,可维修性好,可使设备在需要维修时以最少的资源(人力、技术、测试设备、工具、备件、材料等)在最短的时间内顺利地完成任务。城市轨道交通运营系统长期不间断的运行,对设备可维修性的要求较高,尤其希望维修时间越短越好。

(3)可操作性是指机器设计要便于人员进行操纵。因此,机器设备在设计过程中,要同时考虑人与机器两方面的因素,要着眼于人,落实在机器。

(4)设备先进性是指尽量利用最新科技成果,采用先进的装备,淘汰落后的设备。如用自动闭塞取代半自动、路签闭塞等。

设备的使用安全性包括设备的运行时间、维护保养情况等。设备运行时间越短,即设备越新,其使用安全性越好;设备维修保养越好,其使用安全性也越好。

三、环境因素

环境影响因素分为内部环境和外部环境因素。

1. 内部环境

内部环境通常是指作业环境,即作业场所人为形成的环境条件,包括周围的空间和一切生产设施所构成的人工环境。然而,城市轨道交通运营系统是一个非常复杂的宏观大系统,它是由系统硬件(运营基础设备和运营安全技术设备)、系统工作人员(运营系统内的各级管理人员和基层作业人员)、组织机构(管理机构、运行机构、维修机构等),以及社会经济因素(政治、经济、文化、法律等)等相互作用而构成的技术系统。因此,影响运营安全的内部环境绝不仅仅是作业环境,它还包括通过管理所营造的运营系统内部的社会环境,即运营系统外部社会环境因素在运输系统内的反映,它涉及面很广,包括运营系统内部的政治、经济、文化、法律等环境。

2. 外部环境

影响运营安全的外部环境包括自然环境和社会环境。自然环境是指自然界提供的、人类暂时难以改变的生产环境。在各种自然灾害中,最常见的是地震,严重影响城市轨道交通运营安全,危害极大。此外,气候因素(风、雨、雷、电、雾、雪、冰等)、季节因素(春、夏、秋、冬)、时间因素(白天、黑夜)也是不容忽视的事故致因。社会环境包括社会的政治环境、经济环境、技术环境、管理环境、法律环境及社会风气等,它们对运营安全均有不同程度的影响,较为直接的是轨道交通所在城市治安和车站秩序状况。

四、管理因素

管理上的薄弱是中国现阶段在安全生产管理问题上的一个难题。在我国,北京地铁制定了较为详细的《运营事故处理规则》和《北京地铁运营服务标准》。天津地铁运营公司制定了"0123"安全管理目标:人员伤亡0(包括员工和乘客)、1个标准(安全标准化班组建设)、2个百分百(制度百分之百执行、作业百分之百登记)、3个杜绝(杜绝重大行车事故、杜绝非不可抗拒重大火灾事故、杜绝非不可抗拒的爆炸事故)。香港地铁公司采用了一套完善的安全管理方式,制定了安全策略和安全管理系统推行地铁运营安全管理计划,每三年便邀请国际安全专家到港进行深入视察和探讨。这些城市都通过积极地制定安全指引和有效措施来消除隐患、减少危害,确保城市轨道交通运营的安全。但是,从整体上来看,我国在城市轨道交通运营安全管理方面仍然存在着以下问题。

(1) 国家尚未建立完整的安全保障政策法规体系和认证的标准,迄今只出台了《地铁运营安全评价标准》编号为 GB/T 50438—2007,指导地铁运营;

(2) 仅有少数轨道交通项目由国际机构进行了系统安全评价或开展系统运营安全保障工作,而且无法对其正确性进行认定;

(3) 大多数轨道交通项目的安全管理处于分散管理的状态,建设和运营各阶段的安全管理没有连贯性,不成体系;

(4) 各设计单位虽在设计中按照设计规范和有关标准执行,但缺少系统性的安全审查方法和手段;

(5) 参与轨道交通项目建设和运营管理的各方(业主、设计、施工、监理、设备承包商、运营等单位)对系统安全保障工作缺乏认识;

(6) 缺少能够全面进行城市轨道交通安全评价的机构来开展系统安全保障的各项工作。

第二节 城市轨道交通事故分类

城市轨道交通线路走向一般沿城市建成区的主干道铺设,线路沿线房屋密集、高楼林立、商业繁华、客流量大。城市轨道交通事故,按照是否建成可以分为施工期间事故和运营期间事故,本书主要讨论的是城市轨道交通在运营期间发生的事故。

城市轨道交通运营安全事故,根据事件性质可以分为火灾事故、水灾事故、停电事故、自然灾害、列车事故、恐怖活动、公共安全事故等七类事故。

1. 火灾事故

火灾事故是对城市轨道交通运营安全造成的影响最为严重、危害最大的一类事故。导致起火的原因有很多,如电路故障、设备故障、操作不当、人为纵火,或者其他灾害衍生出来的次生灾害,都有可能导致火灾。表 9-1 记录了全世界城市轨道交通运营安全火灾事故的主要案例,包括发生的时间、地点,以及部分产生原因和后果。

表 9-1 城市轨道交通运营安全的主要火灾事故统计表

事故分类	时间	地点	原因及后果
火灾事故	1971.12	加拿大蒙特利尔	车辆在隧道端头撞车,引起电路短路,造成座椅起火,36 辆车被毁,司机死亡
	1972.10	德国东柏林	电路短路,车站和 4 辆车被毁
	1974.1	加拿大蒙特利尔	车辆内废旧轮胎引起电线短路,9 辆车被毁

续表

事故分类	时间	地点	原因及后果
火灾事故	1975.5	葡萄牙里斯本	机车牵引失败,引起火灾,毁车4辆
	1979.1	美国旧金山	过失造成电路短路引发火灾,死亡1人,伤56人
	1979.9	美国费城	变压器火灾引起爆炸,伤148人
	1980~1981	美国纽约	共发生8次火灾,重伤50人,死亡53人
	1981.6	前苏联莫斯科	电路引起火灾,死亡7人
	1982.8	英国伦敦	电路短路,伤15人,1辆车被毁
	1984.9	德国汉堡	列车座位着火,2辆车被毁,伤7人
	1984.11	英国伦敦	车站月台引发大火,车站损失巨大
	1985.4	法国巴黎	垃圾引发大火,伤6人
	1987.11	英国伦敦	售票处大火,死亡31人
	1991.4	瑞士苏黎士	地铁机车电线短路,重伤58人
	1995.10	阿塞拜疆巴库	电动机车电路故障,558人死亡,269人受伤
	2001.7	英国伦敦	列车撞击月台起火,32人受伤
	2003.2	韩国大邱	人为纵火,198人死亡,147人受伤,289人失踪
	2004.1	中国香港	人为纵火,14人受伤
	2006.7	美国芝加哥	脱轨起火,152人受伤

2. 水灾事故

城市轨道交通水灾事故主要是指由于自然降雨、台风或地下结构破坏渗水等导致的水淹事故,造成设备损害、运营中断等后果,全世界的主要水灾事故统计见表9-2。

表9-2 城市轨道交通运营安全的主要水灾事故统计表

事故分类	时间	地点	原因及后果
水灾事故	2001.9	中国台北	暴雨洪水造成18座车站淹水,地铁瘫痪
	2003.7	中国上海	施工隧道渗水,造成整幢民房坍塌,附近防汛墙开裂
	2005.4	中国上海	管道破裂渗水,导致一出口封闭超过2h,部分商铺受影响
	2007.8	美国纽约	暴雨导致地铁运输系统瘫痪
	2009.3	中国上海	泡沫塑料堵塞地下水道,通道地面严重积水,4部电梯停运,影响正常运行超过2h
	2008.7	中国北京	雨水倒灌入车站,停运3h

3. 停电事故

城市轨道交通停电事故主要是指由于灾害或者供电系统损坏导致的城市轨道交通

站点、列车断电停运等造成运营瘫痪甚至人员受伤的事故,全世界的主要停电事故统计见表9-3。

表9-3 城市轨道交通运营安全的主要停电事故统计表

事故分类	时间	地点	原因及后果
停电事故	1996.1	中国北京	高压输电线被砸断,57辆列车停运
	2003.8	英国伦敦	近2/3列车停运,25万人被困地铁,许多地铁站被迫暂时关闭
	2007.10	日本东京	东京地铁大江户线突然停电,进而造成全线停止运行,1300人被困列车中,10人因不适被送医院治疗

4. 自然灾害

对城市轨道交通系统造成影响的自然灾害主要包括:地震、大风、雷击、洪水、雨雪、冰冻等。相对而言,发生比较多、危害比较大的是地震和雨水倒灌,全世界的主要自然灾害统计见表9-4。

表9-4 城市轨道交通运营安全的主要自然灾害统计表

事故分类	时间	地点	原因及后果
自然灾害	2001.9	中国台北	台风,台北捷运高架线路长时间停运
	2003.5	日本仙台	地震,仙台地铁线路全线停运
	2007.7	中国重庆	雷击,供电设备损坏,部分区间断电,部分线停运7h
	2008.4	中国上海	10级大风,上海轨道交通3号线限速运营0.5h
	2011.3	日本东京	地震,东京都内的东京地铁、京王电铁、小田急电铁等所有线路均停止行驶

5. 列车事故

城市轨道交通列车事故主要是指运营过程中发生的列车相撞和脱轨事故,还包括列车追尾、列车颠覆等,易造成人员伤亡、运营中断、瘫痪等严重后果,全世界的主要列车事故统计见表9-5。

表9-5 城市轨道交通运营安全的主要列车事故统计表

事故分类	时间	地点	原因及后果
列车事故	1991.5	日本	列车碰撞事故,死42人,伤527人
	1991.8	美国纽约	列车脱轨,死6人,伤100余人
	1999.8	德国科隆	列车撞击事故,67人伤,7人重伤
	2000.3	日本东京	列车出轨,3人死亡,44多人受伤
	2000.6	美国纽约	列车出轨,89人受伤
	2003.1	英国伦敦	列车出轨,32人受伤

续表

事故分类	时间	地点	原因及后果
列车事故	2003.10	英国伦敦	列车出轨,7人受伤
	2004.11	美国华盛顿	列车相撞,20人受伤
	2005.1	泰国曼谷	列车追尾,140多人受伤
	2005.4	日本兵库尼崎	列车脱轨,107人死亡,400多人受伤
	2006.7	美国芝加哥	列车出轨,100多人受伤
	2007.7	委内瑞拉	列车追尾,1人死亡,多人受伤
	2009.6	美国华盛顿	列车相撞,9人死亡,76人受伤
	2009.12	中国上海	列车相撞,50万乘客受影响,停运约4h
	2011.9	中国上海	信号故障列车追尾,伤271人
	2012.2	阿根廷首都	列车出轨,死50人,伤700余人

6. 恐怖活动

城市轨道交通中的恐怖活动主要形式为爆炸、投放毒气等,全世界的主要恐怖活动统计见表9-6。

表9-6 城市轨道交通运营安全的主要恐怖活动统计表

事故分类	时间	地点	原因及后果
恐怖活动	1995.3	日本东京	"沙林"神经毒气,死12人,伤5000人
	1995.7	法国巴黎	炸弹爆炸事件,8人死亡,117人受伤
	1996.6	俄罗斯莫斯科	发生爆炸,4人死亡,7人受伤
	1998.1	俄罗斯莫斯科	发生爆炸,3人受伤
	1999.6	俄罗斯圣彼得堡	发生爆炸,6人死亡
	2000.11	德国杜塞尔多夫	车站炸弹袭击,9人受伤
	2001.8	英国伦敦	发生爆炸,6人受伤
	2011.9	加拿大蒙特利尔	毒气袭击,40余人受伤
	2004.2	俄罗斯莫斯科	自杀式爆炸,40人死亡,134人受伤
	2004.8	俄罗斯莫斯科	爆炸袭击,8人死亡,10人受伤
	2005.7	英国伦敦	连环爆炸袭击,52人死亡,700余人受伤

7. 公共安全事故

城市轨道交通公共安全事故主要是指由乘客造成的事故或对乘客人身安全造成直接影响的公众性质的事故,如踩踏事故、坠轨事故等。由于车站人数过多拥挤、乘客蓄意或是公共设施故障等,都容易造成此类事故,导致财产损失、运营中断,甚至人员伤亡,全世界的一些公共安全事故见表9-7。

表9-7 城市轨道交通运营安全的主要公共安全事故统计表

事故分类	时间	地点	原因及后果
公共安全事故	1999.6	俄罗斯	车站发生意外,6人死亡
	1999.9	白俄罗斯	人数过多发生意外,54人被踩死
	2008.4	美国芝加哥	货车撞进地铁站,2人死亡,18人受伤
	2011.7	中国北京	扶梯故障,1人死亡,2人重伤,26人轻伤

根据历史数据,全世界范围内自从城市轨道交通建成投入运营以来,世界各地发生的重大事故中:火灾事故约39起,水灾事故约6起,停电事故约3起,自然灾害约6起,列车事故约22起,恐怖活动约14起,公共安全事故1起。根据事故类型,可绘制出如图9-2所示的事故分布图。

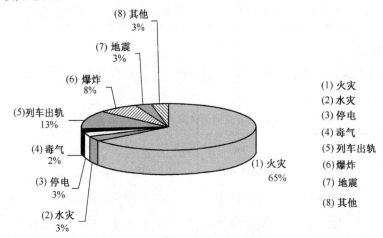

图9-2 城市轨道交通事故分布图

除了这七类主要事故,还有一类事故非常重要:停运事故。城市轨道交通停运事故主要是指由于各种原因造成的线路停运甚至扩大到整个路网瘫痪的事故。在这七类事故发生后,可能导致财产损失、人员伤亡,但是最常导致的后果是列车停运、瘫痪,这对城市轨道交通运营来说,也是不小的损失。

城市轨道交通运营安全事故还有其他分类方法。

(1) 按照事故导致后果的程度,分为一般事故、较大事故、重大事故、特别重大事故;按照事故紧急和轻重程度分为一般事件、突发事件、突发事故、重大事故等。

(2) 按照城市轨道交通物理设备、性质,可分为设备事故、工伤事故(人员受伤等)、消防事故(火灾事故)、行车事故等。

城市轨道交通运营安全事故的分类,是为存储事故数据、事故分析及预警做基础,因此,找到合适的分类方法和各自类别的特性非常重要,且不同的分类方法在不同的途径中有着不一样的作用,也可以同时利用多维度的分类方法,使事故特征更加明显,更容易进行下一步分析工作。

第三节 事故处理

事故的分析、调查、处理是事故发生后的重要环节,目的是为了及时恢复正常、找出事故发生的原因和形成机制,并制定相应的措施、方法与手段,减少和杜绝事故的再次发生。

一、突发事件的处理原则

突发事件的处理应遵循以下原则:预防为主、以人为本、反应迅速、先通后复。

1. 预防为主

建立健全综合信息支持体系,准确预测预警,采取有效的防范措施,尽一切可能防止突发公共事件的发生。对无法防止或已经发生的突发公共事件,尽可能避免其造成恶劣影响和灾难性后果。

2. 以人为本

抢险工作应坚持"先救人,后救物;先全面,后局部",尽量减少人员伤亡。

3. 反应迅速

建立"高度集中、统一指挥、逐级负责"的应急指挥体系,建设统一管理、装备精良、技术熟练、反应迅速的专业救援队伍,切实做到早发现、早报告、早控制。

4. 先通后复

发生突发事件和灾害后,城市轨道交通运营单位应启动有效的前期处置预案,配合所在城市有关应急机构,尽快恢复正常运营。

在城市轨道交通系统中,可能会发生或存在多种潜在的事故类型,例如,大面积的长时间停电、火灾、水灾、地震、危险物质泄漏、放射性物质泄漏、恐怖袭击等。此外,城市在开展各类大型活动时也可能出现重大客流等紧急情况。因此,城市轨道交通应急管理既要做到突出重点、准确反映城市轨道交通的主要重大事故风险,又要合理地编制各类预案,避免各类预案间相互孤立、交叉和矛盾,从而使任何可能发生的事故局部化,尽可能消除、减少事故造成的人员伤亡和财产损失,尽快恢复交通。

二、分级处理

根据发生事故的隶属关系和事故的等级分类,按照分级管理原则予以处理。

1. 凡发生下列重特大安全生产事故时,由城市轨道交通安全管理部门或者配合上级有关部门调查处理。

(1)轨道交通发生重大事故、大事故、火灾、爆炸、毒害等事故;

(2)造成2人(含)以上死亡的重、特大交通事故。

2. 凡发生下列安全生产事故时,由城市轨道交通安全管理部门具体负责调查处理。

(1)发生行车的险性事故、涉及两个单位以上的一般事故;

(2)火灾、爆炸、毒害事故,造成人员伤亡的;直接财产损失达到一定数额的;

(3)发生因工死亡事故;

(4)发生重大道路交通事故以上的;

(5)设施设备重大事故、大事故或涉及两个单位以上的一般事故;

(6)在短时间内连续发生多起安全事故;

(7)因人员违规操作或行车设备故障造成严重晚点15min或30min以上的事件;

(8)城市轨道交通安全管理部门安全生产委员会认为要调查处理的事故。

3. 凡发生以下安全生产事故时,由各直属单位具体负责调查处理。

(1)发生行车的一般事故;

(2)因人员违规操作或行车设备故障造成晚点10min以上事件;

(3)发生因工轻伤、重伤事故;

(4)发生设施设备一般事故、故障和障碍;

(5)客伤事故。

三、处理程序

1. 事故报告

事故处理直接关系到事故发生后的处置,以及事故发生后能否及时、迅速恢复运营线路正常行车秩序。良好畅通的信息传递能够使事故损失减少到最小程度。反之,如果由于信息传输程序复杂、混乱,将会引起事故后果与损失扩大,不良影响扩大,延误事故的处理。

事故报告的主要内容包括:

(1)事故基本情况,包括事故经过、人员伤亡、财产损失等;

(2)事故原因,包括直接原因、间接原因、事故性质及认定依据;

(3)事故有关人员的责任认定和处理意见;

(4)事故的教训和采取的防范措施;

(5)员工受教育情况;

(6)其他需要报告的事项。

2. 调查分析

各处理职责单位应按照职责要求,开展事故的调查取证工作。

(1)调查分析依据

① 根据相关法律法规,分析火灾事故和因工死亡事故的主要原因分别以《火灾原因认定书》《企业职工伤亡事故报告和处理规定》和市、区安全生产监督局制定的法律文书

有关规定为准。

② 分析轨道交通事故、设施设备事故、客伤事故发生的原因可以按照城市轨道交通企业颁发的各类规章制度为准。

(2) 调查分析要求

① 查清事故原因。调查事故的原因应从主观原因和客观原因、直接原因和间接原因、管理原因和技术原因等多层次、全方位分析查找,对一时难以查清的,要采用挂牌制度,定时间,排节点,落实负责人,落实有效的安全防范措施,以确保安全。

② 组织安全再教育。各单位必须针对事故所暴露的安全隐患,要通过召开事故分析会、班组学习等形式,有针对性地开展员工安全教育。要从安全法规、安全意识、安全技能、事故教训、预防措施等方面着手,让每个员工都能吸取教训,举一反三,增强防范意识。安全教育必须做到有内容、有记录,实行备案制。

③ 落实预防措施。在查清事故原因的基础上,应及时制定落实安全预防整改措施。预防措施的落实,必须建立安全责任制,落实到责任部门和责任人,做到明确期限,并从人力、物力、财力上给予必要的保证,确保措施真正落到实处。

④ 调查分析时间要求。调查工作中注意原始操作资料的收集、分析工作,并要求在规定的时间内完成事故(件)的调查取证工作,并提出相应的处理意见的报告。

四、行车事故的处理程序示例

不同的城市轨道交通系统可根据各自的运营实践和线路等设备情况,制定不同的事故处理程序。

1. 行车事故现场报告内容

无论行车事故的性质如何,在发生有关行车事故(事件)后其报告内容应包括:

(1) 事故概况及基本原因;

(2) 事故发生的时间,包括月、日、时、分;

(3) 事故发生的地点,包括区间、千米、米、站、站场线段等;

(4) 列车车次、车号,关系人员职务、姓名;

(5) 人员伤亡情况以及车辆、线路等城市轨道交通设备损坏情况;

(6) 是否需要救援等。

在紧急情况时,特别是在发生重大事故和大事故时,由于现场情况和环境情况很复杂、混乱,事故当事人可先报告上述部分内容,但必须报清事故发生的地址、事故概况及可能后果,是否需要救援帮助,以利于行车安全管理部门及有关管理人员和领导决策。

必须进行现场事故抢救和救援时,行车调度员及时通知各相关部门进行。各相关部门一旦接到行车调度员及上级有关领导的指示,需尽快做好救援准备,及时出动展开救援工作。

2. 行车事故报告程序

1) 发生重大事故、大事故时的报告程序

(1) 在运营正线上发生时:
①由值乘列车的司机立刻报告行车调度员,如果由于条件限制不能及时报告时,可由相邻车站行车值班员转报行车调度员;
②行车调度员应将发生情况立刻报告调度中心上级领导,并且判断是否需要出动救援列车;
③控制中心接报后应将情况立刻报告总公司主管运营和安全相关科室负责人。
(2) 在站场,包括出入场线上发生时:
①由值乘司机立刻报告车辆段运转部门值班人员;
②车辆场运转值班员或信号值班员立即报告车辆场值班调度与安全运行科,如需事故救援,由安全运行部门立刻组织事故救援工作的开展;
③车辆场计划调度科值班调度接报后,立刻报告车辆部门主要领导、总值班室;
④总值班室接报后应报告总公司主管运营和安全相关科室负责人。

2) 发生行车险性事故及一般事故的报告程序
(1) 在运营正线上发生时:
①由值乘列车的司机立刻报告行车调度员,如果由于条件限制不能及时报告时,则报告最近车站的行车值班员转报行车调度员;
②行车调度员接报后立即报告主任调度员,并且判断是否需要事故救援;
③总值班室接报后应报告总公司主管运营和安全相关科室负责人。
(2) 在站场,包括出入场线上发生时:
①由值乘司机立刻报告车辆段运转部门值班人员;
②车辆段运转值班人员接报后应立即报告运转部主任、车辆段值班调度与安全运行科,如需要事故救援,报告安全运行部门,并立即组织事故救援工作的开展;
③车辆段计划调度科值班调度要立即通报车辆部门主要领导,并通报总值班室;
④总值班室接报后,应报告总公司主管运营和安全相关科室。

3. 行车事故的处理

(1) 行车事故现场处置

在事故报告程序完成后,有关人员要迅速进行事故现场的处置。若事故发生在线路区间,在专业人员及救援人员到达事故现场前,值乘司机负责引导乘客自救、组织疏散、安抚乘客等工作,等待进一步救援;在有关救援人员到达后,应由事故现场的最高行政领导负责或委任相关专业人员指挥抢救,处理善后工作。

若事故发生在车站时,应由车站站长负责乘客救援、组织乘客离开现场,并保护现场、查找证人、做好记录,等待有关救援人员与相关领导到达进行进一步救援活动。车站站长应在救援专业人员到达后向有关领导报告,并听从到达现场的最高行政领导和最高行政领导委任的救援指挥员的命令。现场勘查工作由行车管理部门与公安部门按规定进行。

在险性事故和一般事故发生后,值乘司机必须按规定程序要求报告,并且等待行车调度员的进一步命令指示,按要求执行,不得擅自移动列车。如需事故救援时,值乘司机应按照规定请求救援,并在救援人员和设备到现场前负责列车安全、乘客安全等工作。在救援人员到达后自己一下现场指挥人员简单报告情况,并按行车调度员或指定的事故救援指挥人员的命令执行。关于事故现场的勘测工作,由行车管理部门按规定进行。

(2) 事故调查、分析

重大事故和大事故发生后,应成立专门的事故处理调查小组,各有关部门参加负责调查、处置、协调、善后、分析等各项工作,包括现场摄、录像及绘制现场草图、设备检测、收集物证、询问人证、调查记录现场情况等。

值乘司机和事故有关人员要积极配合,实事求是提供当时情况报告,便于掌握现场真实资料,以评定和分析事故产生的原因及确定事故责任,明确事故责任者和事故关系者,制定防范措施。

险性事故和一般事故发生后,如涉及两个以上直属单位时,由城市轨道交通企业负责调查,在规定的时间内将事故调查报告上报,并提出防范措施。对责任单位无异议的险性事故,由险性事故责任单位组织调查分析,明确原因与责任者,提出处理意见,制定防范措施。对涉及一个单位的一般事故,由责任单位调查分析,找出原因,判定责任,并对责任者进行处理,制定事故处理措施。

与险性事故和一般事故有关的人员必须配合调查分析,如实报告情况,不得隐瞒事实,对推脱责任、拖延调查、隐瞒真相的个人与单位部门,经查实予以从重处理。

对事故涉及城市轨道交通以外单位的调查,由城市轨道交通企业事故调查处理小组与相关单位协调处理,必要时提请司法部门裁决处理,凡行车事故涉及刑事责任的调查,处理由公安部门负责,事故有关单位、个人协助配合调查工作。

第四节 安全运营控制体系

一、城市轨道交通运营安全预先控制

1. 安全运营风险评估及预警

(1) 安全运营风险评估

城市轨道交通企业应定期或不定期对运营情况进行危险源辨识和安全评估,及时掌握当前的安全运营状况和潜在的风险,做到安全管理工作心中有数;根据安全评估的结果,及时调整安全工作的重点;对潜在的风险,制定风险的防范措施,变被动安全为主动安全。对影响安全运营的设施设备难点问题进行专题研究,不断提高设施设备完好率。同时应学习国内外运营安全风险评估体系的先进做法,建立符合运营实际的风险评估体系,并将其作为长效管理手段。

安全运营风险评估工作应确保每年开展一次,遇年度新线投入运营前,应进行开通

前的试运营风险评估。安全运营风险评估工作可采用专家组或评估小组的方式进行。

（2）预警工作

应建立反应灵敏的预警机制，通过危险源的识别，变事后补救为事先预防，通过建立设施设备的信息化管理手段，增强设施设备的状态监控；通过安全检查、业务考核等手段，增强从业人员的业务素质，并消除人为隐患；通过采用先进的监控技术，减少灾害天气和突发事件对轨道交通运营的影响；应通过强化预警机制的功能，及早发现隐患，力争将事故消灭在萌芽状态。

2. 规范新线接管程序、把握关键点

（1）规范新线接管程序

我国已进入城市轨道交通建设的快速发展阶段，顺畅高效的接管程序是确保新线顺利接管、按时开通的重要保障。因此，应建立和完善新线接管程序，规范建设、运营的接管节点和职责，可明确新线部与相关部室、分公司的各自职责，确保新线接管安全顺畅。为此要从设计、施工、设备调试、验收等环节介入，不断进行安全评估，并进行总联调。

（2）强化新线接管关键节点的施工安全

在新线接管过程中，随着运营方的逐步介入，会存在主要设备临时代管、施工计划代管、线路运行权交接等关键节点。这些阶段存在着设备处于调试阶段、施工人员多、调度条件不成熟等不利因素，易发生设备、人身安全事故，因此，必须针对新线接管的关键节点制定严密的规章制度。

二、城市轨道交通运营安全过程控制

城市轨道交通运营安全过程控制就是对轨道交通运营工作的流程的全过程进行控制，从运营计划和运行图的制定、调度指挥实施、车站客流组织和客运服务、设施设备的保障等各个环节进行全过程控制，通过各个环节有效地监控和正常运转，来实现轨道交通各组成部分的联动有效运转，建立和强化安全运营"过程控制"。采取积极有效的措施，将事后补救变为事前预防，真正体现"安全生产、预防为主"的原则。

1. 行车安全控制

城市轨道交通行车安全是运营安全工作的重点，因此必须强化行车安全控制，及时消除行车安全中的各种设备和人为隐患，严格执行行车岗位标准化、规范化操作。

（1）确保运营安全规章的有效性、适应性、覆盖性

为保障城市轨道交通安全运营工作，必须根据行车工作的特点和设备、设施的技术条件要求，建立以安全管理制度为统领，包括安全操作规程手册、事故处理规程、应急处置预案等在内的安全规章体系，以制度来规范安全管理各个环节，以规范化保证安全，确保事事有章可循，严格落实安全规章制度才是运营安全的保证。各类安全规章制度体系包括：

① 操作类安全规章；

② 设备操作类安全规章；

③ 设备保障单位安全运营管理规章；

④ 事故预案；

⑤ 安全管理规章。

(2) 确保行车岗位人员操作的标准化、规范化

建立规范全面的运营规章后，要通过经常性的规章制度培训和学习，让员工理解规章，通过经常检查督促，让员工严格执行规章；通过经常分析事故苗头、事故隐患、事故后果，让员工认识到遵章守纪的重要性。

2. 设施、设备保障

运营设施、设备质量的好坏，直接关系到列车运营安全与否，因此必须采用先进的检测手段，及时发现设施、设备的隐患，建立维修管理信息化系统，不断提高设备的质量。按照设备控制体系的要求，科学地进行设备管理工作，提高设备完好率和运营保障力度。

(1) 完善设备科学化管理、信息化管理机制

设施、设备的维修，不仅要保证质量，还要体现速度。要采用先进的设备检测技术和工具，快速检测设备状态，查找故障点，为及时、准确地掌握设备质量提供保证。

在设施、设备维修管理上，要采用维修管理信息化系统，对维修工程中工时、物料、定额、检修规程等，进行全面监控，保证维修计划的落实，提升设施、设备维修管理水平，提高维修水平。

对设施、设备的维修管理，做到精简细修、突出重点。在设备的日常维修保养中，特别抓好车辆、接触网等设备的巡视、检测，以小防大，杜绝大故障或事故的发生。同时，集中技术力量解决经营中出现的故障或技术难题，要组织跨专业的技术攻关，从设施、设备运营质量角度为确保运营安全奠定坚实的基础。

(2) 完善设施、设备规程

标准与规程是设施、设备管理工作开展的依据。由于城市轨道交通设备种类多，且更新较快，因此要求规程也要不断修改完善。

3. 完善监控手段，提高应急处置能力

(1) 进一步加强运营时段现场管理，使之成为确保轨道交通运营始终处于可控状态的重要手段，深入运营一线，靠前指挥，抓小防大，安全观前移，提高现场处置能力。

(2) 加强信息管理，提高突发信息传递速度。为提高应对突发事故（件）处置能力，减少事故发生对运营的影响，要规范信息传递制度，理顺信息传递渠道。同时，运营企业可发挥快速有效的信息传递系统的作用，提高短信群发系统的稳定性，使各级领导、技术骨干能在第一时间掌握各类运营信息。

(3) 坚持和完善运营交接班会议制度。利用运营交接班制度，能及时将安全运营月的运营情况进行分析，协调解决运营中的实际问题，并能随时掌握运营安全状态，做到运营安全天天受控。

(4) 坚持和完善月度运营例会制度，有利于及时分析安全运营状况和形势，把握安全

动态,制定有效应对措施。

4. 开展安全培训和演练,提高安全素质

(1)制定安全教育制度,明确安全教育内容和要求,通过各种途径和手段加强宣传教育和培训,增强员工安全防范意识,提高安全技能。对新员工落实"三级"安全教育制度,使员工在上岗前符合岗位安全知识、技能、等级的要求。根据安全运营的实际需要,评定运营系统中的各个岗位的安全等级,制定各个等级的安全知识和安全技能要求,对员工进行分层培训、考核,实行安全关键岗位持证上岗,同时结合运营实际和国内外同行业的事故事件,通过编制《事故案例》等手段教育员工,不断强化员工的安全意识。

(2)在完善事故处置预案的基础上,组织制定公司演练计划,定期、不定期组织进行各层级的、切实有效的各种演练,不断提高各级员工对各种预案的熟练程度,以及应急应变的能力。

(3)充分发挥车站和列车广播等宣传方式,进行广泛的安全宣传教育,提高市民对城市轨道交通安全意识的强化和掌握。

5. 安全检查

安全检查是安全工作落实的重要一环。通过查隐患、查整改、查落实,控制人的不安全行为、车辆设备的不安全状态和环境不良因素对安全运营的影响。同时,各单位仍要坚持日常检查和定期检查相结合,专项检查和综合检查相结合,及时发现各类隐患,并认真抓好整改工作。

三、城市轨道交通运营安全事后控制

1. 完善抢险救援动作机制

为了能快速、有效处置运营突发事件,运营企业可成立抢险救援中心,负责整个轨道交通系统设施设备紧急抢修和灾害等抢险救援,实行准军事化管理,全天候待命。抢险救援中心设立3个抢险车辆备勤点,抢险车均统一安装GPS卫星定位系统。同时还要进一步完善抢险救援中心的运作机制,特别是应考虑如何从网络化运营的高度来合理设置抢修点,以增强应急抢修的反应能力。

2. 建立事故处理的规范程序

针对城市轨道交通发生的事故,对事故苗头找原因、查漏洞、定措施,通过分析查找原因、整改隐患、完善规章、改进管理,防止同类事故重复发生。

认真落实"预防为主"的方针,在管理人员中树立安全管理责任意识,切实做到事事有人负责。

3. 安全整改

对于日常运营中暴露的安全隐患,以开展"安全隐患整治月"等活动,对影响安全运营的设施、设备各类隐患进行排查,确保设施、设备处于正常运营状态。同时,应针对运营过程中暴露出的设备系统问题,组织技术力量进行技术攻关,不断优化设备系统。

4. 完善考核和责任追究制度

(1) 以员工手册作为员工考核的依据。

(2) 月度经济责任制考核制度。

(3) 领导干部安全责任追究制度。

(4) 运营主业单位安全责任风险抵押金制度。

第五节 城市轨道交通应急预案

一、城市轨道交通应急管理机制、体制

1. 应急管理机制

应急机制主要由统一指挥、分级响应、属地为主和公众动员四个基本机制组成。

(1) 统一指挥是应急活动的最基本原则。应急指挥一般可分为集中指挥与现场指挥,或场外指挥与场内指挥几种形式,但无论采用哪一种指挥系统,都必须实行统一指挥模式,无论应急救援活动涉及单位级别高低和隶属关系如何,都必须在救援指挥中心的统一组织协调下开展相关工作,使各参与单位既能充分发挥自己的作用,又能相互配合,提高整体效能。

(2) 分级响应是指在初级响应到扩大应急的过程中实行分级响应的机制。扩大或提高应急响应级别的主要依据是:事故灾难的危险程度,事故灾难的影响范围,事故灾难的控制事态能力。而事故灾难的控制事态能力是"升级"的最基本条件,扩大应急救援主要是提高指挥级别、扩大应急范围等。

(3) 属地为主是强调"第一反应"的思想和以现场应急为现场指挥的原则,即强化属地部门在应急救援体制管理工作中的主导作用,以提高应急救援工作的时效。

(4) 公众动员机制是应急机制的基础,也是最薄弱、最难以控制的环节,即现场应急机构组织调动所能动用的资源进行应急救援工作,当事故超出本单位的处置能力时,向本单位外寻求其他社会力量支援的一种方式。

2. 应急管理体制

根据《国家处置城市地铁事故灾难应急预案》,城市地铁事故灾难应急处置组织机构分为三个层次:一是国家应急机构,即国务院或国务院授权建设部设立城市地铁事故灾难应急领导小组(以下简称"领导小组"),领导小组下设办公室、联络组和专家组;二是省级、市级地铁事故灾难应急机构,该机构比照国家地铁事故灾难应急机构的组成、职责,结合本地实际情况确定;三是地铁企业事故灾难应急机构,地铁企业应建立由企业主要负责人、分管安全生产的负责人、有关部门参加的地铁事故灾难应急机构。

应急管理机构从功能上讲,可由应急运转指挥中心、事故现场指挥中心、支持保障中心、媒体中心和信息管理中心五个运作中心组成。其中,应急运转指挥中心负责协调应

急组织各个机构的动作和关系,主持日常工作,维持应急救援系统的日常运作;事故现场指挥中心负责事故现场应急的指挥工作、人员调度、资源的有效利用;支持保障中心负责提供应急物质资源和人员的后方保障;媒体中心负责处理媒体报道、采访、新闻发布会;信息管理中心负责信息管理、信息服务。各中心要不断调整运行状态,协调关系,形成一个有机的整体,使系统快速、高效施行现场应急救援行动。

城市轨道交通企业应急管理机构应按照属地为主、分工协作、应急处置与日常建设相结合的原则建立,在应急处置过程中实现统一指挥、分级负责、科学决策,保证事故灾难信息的及时准确传递、事故快速有效处置,同时还要做到既保证常备不懈,又降低运行成本。

目前应急管理体系、机构设置,主要有以下几类:

(1)层级型。由城市轨道交通运营企业主要负责人为总负责,组建公司、部门两级应急系统。公司级包括企业主要负责人、分管安全生产的负责人及安全、保卫、调度、设备、信息管理、对外联络、卫生、物资保障、环保等各部门负责人员;建立二级部门应急机构,并延伸至基层班组。

(2)联动型。由城市轨道交通运营企业主要负责人为总负责,将运营中发生的所有行车、设备、消防、治安等安全信息报城市轨道交通控制中心,城市轨道交通控制中心组成联动中心,统一指挥相关部门处置各类安全减灾及应急工作。

(3)专职型。城市轨道交通运营企业建立应急救援管理指挥专门机构和专业应急救援队伍,内设信息管理、应急管理(抢险、指挥)、重大危险源管理三个职能部门,负责城市轨道交通安全生产信息接收、汇总、上报、发布,重大事故隐患、预案编制管理,应急培训,预案演练,救援物资管理,抢险指挥,重大危险源建档、管理,专家库管理,查处谎报、瞒报案件等工作,使应急救援工作贯穿于安全生产事故的事前预防、事中应急、事后管理中,形成安全生产应急救援工作的一条较为完整的工作链和工作体制、机制。

《国家处置城市地铁事故灾难应急预案》中规定,城市地铁企业必须建立由企业主要负责人、分管安全生产的负责人、有关部门参加的地铁事故灾难应急机构。地铁企业可根据自身的发展规模、线路长度、员工素质等情况选择适合企业自身的安全、应急管理体系和机构。

二、预防体系的构建

1. 培养地铁突发事件防范意识

地铁突发事件的发生很多时候是由于缺乏防范意识或疏忽大意造成的。尤其在当今全球化、信息化时代,一切社会组织都处于变幻无常的环境中,稍有不慎,便会导致地铁突发事件的爆发。培养地铁突发事件防范意识的基本途径有两条:警示和宣传教育。

(1)警示

为了防范地铁突发事件,首先就是要采取正确有效的警示措施,使人们了解可能遇到的突发事件及其危害性,并进一步进行防范,以避免或减少损失。

发警报、设立警示牌和发放宣传资料是警示的重要手段。

① 警报是由相关部门针对特殊情况而向特殊人群发出的警示信息,其作用是能直接使公众注意某种突发事件,从而采取一定的防范措施。在地铁突发事件发生的那一瞬间发出警报,使地铁范围内的乘客和工作人员第一时间知道突发事件的发生,从而做好防范避险工作,使人员伤亡和财产损失能够减少至最低。

② 警示牌具有醒目、针对性强、能长期发挥作用的特点。在地铁通道处设立警示牌能有效引起乘客的注意,使乘客自觉按警示牌的要求行事,有效避免地铁突发事件的发生。

③ 发放宣传资料能够使公众在短期内全面了解一些地铁突发事件,从而采取有效的防范措施,可以普及公众"防范地铁突发事件"的相关知识,提高公众在地铁突发事件发生时的应急能力。

（2）宣传教育

通常,面对地铁突发事件容易出现两类错误的心理:一是漠视、忽视突发事件出现的可能性或者突发事件的后果,居安而不思危;二是夸大地铁突发事件可能造成的后果,过度恐慌,临危先乱。因此,要提高公众应对地铁突发事件的能力,就要进行有针对性的教育,通过教育在全社会范围内营造居安思危、临危不乱的心理氛围,提高社会全员应对地铁突发事件的能力。

由于乘客素质对地铁安全有很大的影响,因此应加强对市民的地铁安全乘车意识的教育,减少由于乘客失误而产生的地铁运营事故,特别是安全法制教育。多做地铁安全宣传教育,乘客就能自觉维护地铁安全。还要加强乘客在紧急情况下逃生自救知识的宣传教育。加强对地铁工作人员的法制教育、技术教育、安全教育和职业道德教育,牢记"安全第一"的要求,任何时候都不能麻痹大意。加强地铁员工在地铁突发事件应对技能的培训和锻炼。

2. 建立地铁突发事件的预警系统

一般来说,预警是指对即将发生的突发事件进行紧急指示。地铁突发事件预警系统通过对预警对象和范围、预警指标、预警信息进行分析和研究,及时发现和识别潜在的或现实的危机因素,评估即将发生地铁突发事件的严重程度并决定是否发出危机警报,以便及时地采取相应预防措施减少突发事件发生的突然性和破坏性,从而实现防患于未然的目的。

地铁突发事件的预警系统包括地铁突发事件监测、评估识别和预报3个子系统。

高效的监测系统,是科学防范和应对地铁突发事件的基础和前提,是科学管理突发事件的客观要求。通过应用一定的科学技术,对可能诱发地铁突发事件的各种因素和灾害本身的变化进程进行适时观察、测定,及时了解其活动、变化规律和趋势的灾害管理活动。通过风险分析及信息的采集。

通过对监测信息的分析,识别可能发生的事故的类型、范围及主要诱因。对已被识别的现实的致错诱因,进行综合分析,以明确哪个致错因素是主要的危险源,对其评估潜在威胁。

根据危机评估的结果,对危害程度较大的潜在危机向各利益相关者发出警报,提请注意并提前采取预控措施。

3. 建立果断、可靠、高效的调度指挥系统

调度指挥中心负责各条线路的日常行车指挥工作,维持列车按时刻表的要求正常运营及在非运营时间进行施工维修安排(调度工程车运行)。调度指挥中心人员应具备现场实际工作经验,具备丰富的运营经验和综合素质,对地铁有关设备的性能、原理、功用、操作程序及全线环境充分了解和熟悉。在突发事件发生时能果断、高效地指挥乘客疏散和逃生,指挥消防人员快速营救。

决策组织机构、信息管理机构、后勤保障机构和参谋咨询机构是建立果断、可靠、高效的应对地铁突发事件系统的保证。各个部门之间高效、协调共同应对地铁突发事件,以确保应急工作的快速响应。

4. 完善地铁结构设计

(1)增设救援专用通道。当地铁发生突发事件后,救援人员可以通过救援专用通道快速进入地铁,而站内乘客可通过出入口通道向外疏散,从而提高事故处理效率。

(2)增设地铁与临近高层建筑物的联络通道,并设置相应隔断门。当地铁出现突发事件后,乘客可通过联络通道进入临近建筑物,尤其是一旦出现水灾,可充分利用城市高层建筑物的优势疏散乘客;人员疏散完毕后,立即关闭隔断门。

(3)设置相邻隧道间的联络通道。列车在隧道中央发生突发事件后,乘客可以通过联络通道迅速撤离至相邻隧道内,增加生还几率。

(4)设置安全屏蔽门。屏蔽门在发生爆炸时可以起到阻隔火焰、控制烟气流动的作用,可及时排除烟气,为乘客撤离和消防人员进入提供足够的通风量,为灾情的控制和人员逃生创造条件,并可避免爆炸发生时人群因为拥挤而发生意外的情况。

三、地铁突发事件应急预案

1. 应急预案的流程

应急预案主要内容应包括:指挥系统组织构成,应急装备的设置(主要包括报警系统、救护设备、消防器材、通讯器材等),事故处理与恢复正常运行。应急预案流程如图9-3所示。

2. 乘客的安全疏散

地铁客流量大,人员密度高,不易进行安全检查,且地铁空间相对狭小封闭,一旦发生恐怖袭击、火灾、水灾等突发事件,浓烟积聚不散;温度上升快,峰值高;人的心理恐慌程度大,行动混乱程度高;人员疏散难度大;扑救困难。

一旦发生突发事件,工作人员必须提高警惕,据实报道灾情,立即疏散站内人群,拦截其他乘客进站;同时立即中止本区间的列车运行,相邻隧道也应立即停止正常行车。

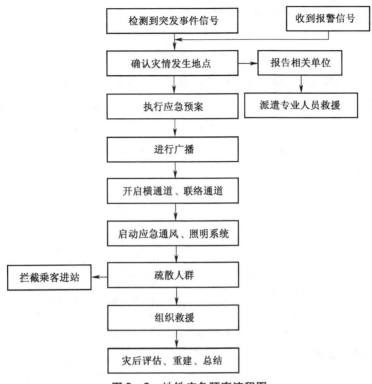

图9-3 地铁应急预案流程图

(1) 列车在站台附近发生突发事件

此时列车一般处于刚离站或即将到站的状态。一旦发生突发事件,司机要及时用无线电向车站通报灾情,车站工作人员赶到站台做好组织疏散和救援准备工作。若事件不是很严重,司机将车开至就近的站台,打开车门,和车站工作人员一起组织乘客进行疏散。若列车烟雾较大,司机应立即断开外部电源,启用备用电源,维持车厢内的照明;同时,车站救援人员应立即开拖车将列车拖至站台,迅速开门疏散乘客。若灾情非常严重,则由车厢内幸存人员向车站通报。

(2) 列车在区间隧道中部发生突发事件

此时列车离两端站台的距离都较远,来不及将列车开往站台。车头发生灾害时,乘客从车尾下车后步行至后方车站;车尾发生灾害时,乘客从车头下车后步行至前方车站;列车中部发生灾害时,乘客从列车两端下车后步行至前、后方车站。此时,隧道通风系统迅速启动,排除烟气,并向乘客提供必要的新风,形成一定的迎面风速,诱导乘客安全撤离。

(3) 列车在车站发生突发事件

列车在车站发生灾害时,司机、幸存乘客或车站工作人员应向控制中心报告,停止本站列车服务;车站工作人员通过广播系统对站台上滞留的乘客进行疏散,并及时拦截外部乘客进站;车站工作人员、消防人员进行救援工作。

(4) 站台或站厅发生突发事件

车站站台或站厅发生灾害时,车站工作人员通过广播系统对车站滞留的乘客进行疏散,乘客可利用车站楼梯、出入口迅速撤至地面。相邻车站要对在该段区间隧道中行驶的列车下达停车或者返回的指令,以减少人员的伤亡。

3. 联动

事故发生后,将事故信息第一时间传递给 OCC 控制中心,OCC 控制中心分别将事故信息传递给公安报警中心、119 火灾救援消防大队、120 急救中心及车站各部门工作人员。公安报警中心也分别将信息传递给附近公安局和派出所、119 火灾救援消防大队、120 急救中心及车站各部门工作人员、公交公司。由这些部门人员组成临时指挥中心,共同协调紧急救援行动,缩短救援时间。人员疏散出站后,由公交公司派遣公交车疏散从车站出来的群众,各相关部门的联动如图 9-4 所示。

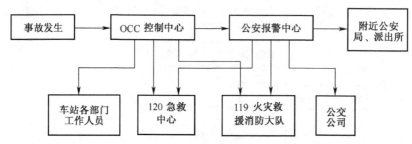

图 9-4 地铁应急预案各相关部门联动图

4. 灾后评估、重建

人员疏散、列车运行方案确定之后,要着手灾后重建和恢复通车,如组织专家和有关人员对车站、区间隧道、地铁列车等的受损情况进行详细的清查和评估,对受损区段的结构进行修复和重建,消除突发事件留下的安全隐患等工作,尽早恢复使用和通车。同时应立即调查突发事件的起因,追究有关人员的责任,并提出应吸取的教训和改进的措施,以对今后的地铁设计和防灾提供借鉴。

四、常见事故应急处理

1. 大面积停电的应急处理

(1)地铁线路发生停电事故时,应沉着镇静,稳定乘客情绪、维持秩序,尽力保证乘客安全。控制中心根据停电影响情况,组织抢修抢险,发布列车停运、急救和车站关闭命令,并及时将灾情向上级报告。

(2)车站工作人员应加强检查紧急照明的启动情况,巡查各部位(如升降电梯)中是否有人员被困等,根据控制中心命令清站和关闭车站。

列车司机负责维持列车进站停车后,组织车上乘客向车站疏散。如果列车在区间停车,则利用列车广播安抚乘客,要求乘客不擅自操作车上设备,并立即报告行车调度,按行车调度指令操作。

2. 火灾的应急处理

(1)车站发生火灾时的处理措施

① 车站立即向乘客广播发生火灾情况,暂停列车服务,并指引车站乘客有序地进行

疏散,撤离车站。同时,向控制中心报告,视火灾情况报119和120。

② 组织人员进行灭火和关闭车站的各类电梯,救助受伤的乘客。

③ 列车司机接到车站火灾通知后,听从行车调度指挥,并通过列车广播系统做好乘客广播。

④ 控制中心接报后,立即执行车站火灾应急程序,扣住列车不能进入火灾车站,保持与司机和车站的联系,并视情况报119和120。

(2) 列车在站台发生火灾时的处理措施

① 司机开启课室门(屏蔽门)并通过列车广播安抚乘客,引导乘客疏散和使用列车的灭火器进行灭火自救,并确认火灾位置及向车站和控制中心报告。

② 车站接报后,立即广播通知乘客列车发生火灾情况,暂停列车服务。同时,组织人员进行灭火和引导乘客有序进行疏散,并视火灾情况报119和120。

③ 控制中心接报后,立即执行列车火灾应急程序,控制好列车间的距离,保持与司机和车站的联系,并视情况报119和120。

(3) 列车在区间(隧道)发生火灾时的处理措施

① 司机保持列车运行至前方车站后,开门疏散乘客。在运行途中通过列车广播安抚乘客,引导乘客使用车厢内的灭火器进行灭火自救,并确认火灾位置及向车站和控制中心报告。

② 如列车在区间(隧道)不能运行,则应打开列车的逃生装置,引导乘客有序地往就近车站方向疏散。

③ 车站接报后,立即广播通知乘客,引导乘客进行紧急疏散,并安排人员前往事故列车接应司机,组织乘客进行疏散。

④ 控制中心接报后,立即执行列车火灾应急程序,控制好列车间的距离,保持与司机和车站的联系,并视情况报119和120。

3. 特殊气象的应急处理

(1) 特殊气象应急预案分类

根据特殊气象对城市轨道交通运营的影响,应急预案包括以下六个类别。

① 台风、雷雨大风(含龙卷风)应急预案;

② 暴雨应急预案;

③ 高温应急预案;

④ 大雾、灰霾应急预案;

⑤ 冰雹、道路结冰应急预案;

⑥ 寒冷应急预案。

(2) 特殊气象应急预案启动原则

以当地气象台发布的气象预警信号为准。当当地某区域气象台发布相应的台风和雷雨大风、暴雨、高温、大雾和灰霾、冰雹和道路结冰及寒冷气象预警信号后,由责任控制中心在受影响的线路范围内启动相应的特殊气象应急预案。

(3) 相应的特殊气象应急预案的解除原则

满足以下两个条件,责任控制中心可解除相应的特殊气象灾害应急预案,并向下令启动预案的领导汇报。

① 当地某区域气象台解除相应的台风和雷雨大风、暴雨、高温、大雾和灰霾、冰雹和道路结冰及寒冷气象预警信号。

② 控制中心确认受相应的特殊气象影响的设备已全部恢复正常。

(4) 停止某线路段运营的启动及解除程序

① 启动程序。当需要停止某线路段运营时,控制中心 OCC 向运营总部总经理汇报,总经理下令启动。因特殊情况联系不上时,分别依次由运营总部分管安全、行车组织的副总经理下令启动。

② 解除程序。当达到恢复某线路段运营条件时,控制中心 OCC 向运营总部总经理汇报,总经理下令恢复。因特殊情况联系不上时,分别依次由运营总部分管安全、行车组织的副总经理下令解除。

③ 恢复因台风、雷雨大风(含龙卷风)造成高架或地面路段停运的行车条件是:接获气象台取消橙色信号及在过去 1h 监测到的最高风速低于 74km/h(8 级)。

恢复高架段行车的程序是:首先,组织客车或工程车限速 25 km/h 进行线路检查;然后,安排专业维修人员跟车检查相关设备设施;确认具备条件后,恢复正常运营服务。

(5) 特殊气象发生险情的应急处理原则

① 抓住主要矛盾,先全面、后局部,先救人、后救物,先抢救通信、供电等要害部位,后抢救一般设施。

② 根据需要,各部门积极合理地调动人力、物力投入抢险,在确保安全的情况下,尽快开通线路,恢复运营(含局部线路)。

③ 发生灾害时,应迅速准确地报告事故情况,确保信息渠道畅通。

④ 各部门、员工均应采取有效措施控制事态、减少损失,防止次生灾害的发生。

⑤ 贯彻抢险与运营并重、地铁运输与公交运输系统统筹兼顾的工作方针,在积极稳妥地处理事故的同时,按照总部相关规定最大限度地维持地铁运营或尽快恢复地铁运营。

4. 大客流应急处理

大客流的出现指因地铁周边环境影响或因设备故障导致设备能力不足等不可预见的情况,造成突发性进、出站客流增大,超过车站设备承受能力的情况。

大客流可能出现的时间主要有节假日、特别的事件(如演唱会或体育赛事等)、恶劣天气、运营服务中断、意外事件、紧急事件、事故等。

大客流可能出现的地点主要有站台、站前广场、换乘通道、电动扶梯及步梯、楼梯、出入口、站厅等。

大客流的应急处置原则有:车站发生突发性大客流时,由值班站长负责现场客运组织,安排、监督各岗位的职责实施情况。主要有管理客流、车站清人、阻止乘客进入车站等。

（1）管理客流。在地铁公安协助的情况下，站务员、车站助理在入口处实行"分批放行"限制进站乘客；车站督导员关闭进站闸机及自动售票机；车站人员使用手提扬声器引导乘客；车站人员在重要的位置和入口设置单行走向。

（2）车站清人。值班站长请求行车调度员安排空车接载乘客；车站督导员播放清站广播；车站人员转换电扶梯运行方向来疏导站台、站厅客流。

（3）阻止乘客进入车站。值班站长请求行车调度员安排列车不停站；车站督导员关闭车站入口或指定该口为"仅供出站的出口"；车站人员摆放通告，在入口及进入大门的地方对关站和禁入原因加以解释；车站人员停止到站台方向的电扶梯。

5. 乘客受伤、晕倒、身体不适等应急处理

（1）乘客受伤应急处理

① 任何人员发现有乘客受伤，应及时上报值班站长。

② 督导员到现场查看乘客所在位置、受伤等具体情况。确认乘客状况，严重程度；通知综控室报 OCC（调度控制中心）；如有需要，采取急救；初步判断事件原因；如与设备有关，须先停用该设备，并报故障报警中心；安排人员寻找目击证人。

③ 站厅或站台人员协助督导员救助乘客，并现场寻找目击证人，记录事情经过。

④ 如有必要，值班站长应报 OCC 召唤医护人员。

⑤ 值班站长在 ODMS（关于不如意事件报告的系统）中记录事件情况。

（2）乘客晕倒、身体不适应急处理

① 任何人员发现有乘客身体不适，应及时上报值班站长。

② 督导员到现场查看乘客所在位置、身体不适等具体情况。确认乘客状况，严重程度；如有可能，采取急救；初步判断事件原因；安排人员寻找目击证人；如乘客状况严重，通知综控室报 OCC。

③ 站厅或站台人员协助督导员救助乘客，并现场寻找目击证人，记录事情经过。

④ 如有必要，值班站长应报 OCC 召唤医护人员。

⑤ 值班站长在 ODMS 中记录事件情况。

思 考 题

1. 影响城市轨道交通运营安全的安全因素有哪些？
2. 城市轨道交通运营安全事故的分类方法有哪几种？描述常见的分类。
3. 试描述事故处理的处理程序。
4. 城市轨道交通运营安全控制的过程是什么？
5. 城市轨道交通应急管理的体制是什么？
6. 试描述火灾事故的应急处理流程。
7. 调查所在城市的轨道交通系统，分析存在不安全因素有哪些？

附录 A
城市轨道交通运营管理规定

（中华人民共和国交通运输部令2018年第8号）

《城市轨道交通运营管理规定》已于2018年5月14日经第7次部务会议通过，现予公布。自2018年7月1日起施行。

部　长　李小鹏
2018年5月21日

城市轨道交通运营管理规定
第一章　总　　则

第一条　为规范城市轨道交通运营管理，保障运营安全，提高服务质量，促进城市轨道交通行业健康发展，根据国家有关法律、行政法规和国务院有关文件要求，制定本规定。

第二条　地铁、轻轨等城市轨道交通的运营及相关管理活动，适用本规定。

第三条　城市轨道交通运营管理应当遵循以人民为中心、安全可靠、便捷高效、经济舒适的原则。

第四条　交通运输部负责指导全国城市轨道交通运营管理工作。

省、自治区交通运输主管部门负责指导本行政区域内的城市轨道交通运营管理工作。

城市轨道交通所在地城市交通运输主管部门或者城市人民政府指定的城市轨道交通运营主管部门（以下统称城市轨道交通运营主管部门）在本级人民政府的领导下负责组织实施本行政区域内的城市轨道交通运营监督管理工作。

第二章　运营基础要求

第五条　城市轨道交通运营主管部门在城市轨道交通线网规划及建设规划征求意见阶段，应当综合考虑与城市规划的衔接、城市轨道交通客流需求、运营安全保障等因素，对线网布局和规模、换乘枢纽规划、建设时序、资源共享、线网综合应急指挥系统建设、线路功能定位、线路制式、系统规模、交通接驳等提出意见。

城市轨道交通运营主管部门在城市轨道交通工程项目可行性研究报告和初步设计文件编制审批征求意见阶段，应当对客流预测、系统设计运输能力、行车组织、运营管理、运营服务、运营安全等提出意见。

第六条 城市轨道交通工程项目可行性研究报告和初步设计文件中应当设置运营服务专篇，内容应当至少包括：

（一）车站开通运营的出入口数量、站台面积、通道宽度、换乘条件、站厅容纳能力等设施、设备能力与服务需求和安全要求的符合情况；

（二）车辆、通信、信号、供电、自动售检票等设施设备选型与线网中其他线路设施设备的兼容情况；

（三）安全应急设施规划布局、规模等与运营安全的适应性，与主体工程的同步规划和设计情况；

（四）与城市轨道交通线网运力衔接配套情况；

（五）其他交通方式的配套衔接情况；

（六）无障碍环境建设情况。

第七条 城市轨道交通车辆、通信、信号、供电、机电、自动售检票、站台门等设施设备和综合监控系统应当符合国家规定的运营准入技术条件，并实现系统互联互通、兼容共享，满足网络化运营需要。

第八条 城市轨道交通工程项目原则上应当在可行性研究报告编制前，按照有关规定选择确定运营单位。运营单位应当满足以下条件：

（一）具有企业法人资格，经营范围包括城市轨道交通运营管理；

（二）具有健全的行车管理、客运管理、设施设备管理、人员管理等安全生产管理体系和服务质量保障制度；

（三）具有车辆、通信、信号、供电、机电、轨道、土建结构、运营管理等专业管理人员，以及与运营安全相适应的专业技术人员。

第九条 运营单位应当全程参与城市轨道交通工程项目按照规定开展的不载客试运行，熟悉工程设备和标准，察看系统运行的安全可靠性，发现存在质量问题和安全隐患的，应当督促城市轨道交通建设单位（以下简称建设单位）及时处理。

运营单位应当在运营接管协议中明确相关土建工程、设施设备、系统集成的保修范围、保修期限和保修责任，并督促建设单位将上述内容纳入建设工程质量保修书。

第十条 城市轨道交通工程项目验收合格后，由城市轨道交通运营主管部门组织初期运营前安全评估。通过初期运营前安全评估的，方可依法办理初期运营手续。

初期运营期间，运营单位应当按照设计标准和技术规范，对土建工程、设施设备、系统集成的运行状况和质量进行监控，发现存在问题或者安全隐患的，应当要求相关责任单位按照有关规定或者合同约定及时处理。

第十一条 城市轨道交通线路初期运营期满一年，运营单位应当向城市轨道交通运营主管部门报送初期运营报告，并由城市轨道交通运营主管部门组织正式运营前安全评估。通过安全评估的，方可依法办理正式运营手续。对安全评估中发现的问题，城市轨道交通运营主管部门应当报告城市人民政府，同时通告有关责任单位要求限期整改。

开通初期运营的城市轨道交通线路有甩项工程的，甩项工程完工并验收合格后，应当通过城市轨道交通运营主管部门组织的安全评估,方可投入使用。受客观条件限制难以完成甩项工程的,运营单位应当督促建设单位与设计单位履行设计变更手续。全部甩项工程投入使用或者履行设计变更手续后,城市轨道交通工程项目方可依法办理正式运营手续。

第十二条 运营单位承担运营安全生产主体责任,应当建立安全生产责任制,设置安全生产管理机构,配备专职安全管理人员,保障安全运营所必需的资金投入。

第十三条 运营单位应当配置满足运营需求的从业人员,按相关标准进行安全和技能培训教育,并对城市轨道交通列车驾驶员、行车调度员、行车值班员、信号工、通信工等重点岗位人员进行考核,考核不合格的,不得从事岗位工作。运营单位应当对重点岗位人员进行安全背景审查。

城市轨道交通列车驾驶员应当按照法律法规的规定取得驾驶员职业准入资格。

运营单位应当对列车驾驶员定期开展心理测试,对不符合要求的及时调整工作岗位。

第十四条 运营单位应当按照有关规定,完善风险分级管控和隐患排查治理双重预防制度,建立风险数据库和隐患排查手册,对于可能影响安全运营的风险隐患及时整改,并向城市轨道交通运营主管部门报告。

城市轨道交通运营主管部门应当建立运营重大隐患治理督办制度,督促运营单位采取安全防护措施,尽快消除重大隐患;对非运营单位原因不能及时消除的,应当报告城市人民政府依法处理。

第十五条 运营单位应当建立健全本单位的城市轨道交通运营设施设备定期检查、检测评估、养护维修、更新改造制度和技术管理体系,并报城市轨道交通运营主管部门备案。

运营单位应当对设施设备进行定期检查、检测评估,及时养护维修和更新改造,并保存记录。

第十六条 城市轨道交通运营主管部门和运营单位应当建立城市轨道交通智能管理系统,对所有运营过程、区域和关键设施设备进行监管,具备运行控制、关键设施和关键部位监测、风险管控和隐患排查、应急处置、安全监控等功能,并实现运营单位和各级交通运输主管部门之间的信息共享,提高运营安全管理水平。

运营单位应当建立网络安全管理制度,严格落实网络安全有关规定和等级保护要求,加强列车运行控制等关键系统信息安全保护,提升网络安全水平。

第十七条 城市轨道交通运营主管部门应当对运营单位运营安全管理工作进行监督检查,定期委托第三方机构组织专家开展运营期间安全评估工作。

初期运营前、正式运营前以及运营期间的安全评估工作管理办法由交通运输部另行制定。

第十八条 城市轨道交通运营主管部门和运营单位应当建立城市轨道交通运营信息统计分析制度,并按照有关规定及时报送相关信息。

第三章 运营服务

第十九条 运营单位应当按照有关标准为乘客提供安全、可靠、便捷、高效、经济的服务,保证服务质量。

运营单位应当向社会公布运营服务质量承诺并报城市轨道交通运营主管部门备案,定期报告履行情况。

第二十条 运营单位应当根据城市轨道交通沿线乘客出行规律及网络化运输组织要求,合理编制运行图,并报城市轨道交通运营主管部门备案。

运营单位调整运行图严重影响服务质量的,应当向城市轨道交通运营主管部门说明理由。

第二十一条 运营单位应当通过标识、广播、视频设备、网络等多种方式按照下列要求向乘客提供运营服务和安全应急等信息:

(一)在车站醒目位置公布首末班车时间、城市轨道交通线网示意图、进出站指示、换乘指示和票价信息;

(二)在站厅或者站台提供列车到达、间隔时间、方向提示、周边交通方式换乘、安全提示、无障碍出行等信息;

(三)在车厢提供城市轨道交通线网示意图、列车运行方向、到站、换乘、开关车门提示等信息;

(四)首末班车时间调整、车站出入口封闭、设施设备故障、限流、封站、甩站、暂停运营等非正常运营信息。

第二十二条 城市轨道交通票价制定和调整按照国家有关规定执行。

城市轨道交通运营主管部门应当按照有关标准组织实施交通一卡通在轨道交通的建设与推广应用,推动跨区域、跨交通方式的互联互通。

第二十三条 城市轨道交通运营主管部门应当制定城市轨道交通乘客乘车规范,乘客应当遵守。拒不遵守的,运营单位有权劝阻和制止,制止无效的,报告公安机关依法处理。

第二十四条 城市轨道交通运营主管部门应当通过乘客满意度调查等多种形式,定期对运营单位服务质量进行监督和考评,考评结果向社会公布。

第二十五条 城市轨道交通运营主管部门和运营单位应当分别建立投诉受理制度。接到乘客投诉后,应当及时处理,并将处理结果告知乘客。

第二十六条 乘客应当持有效乘车凭证乘车,不得使用无效、伪造、变造的乘车凭证。运营单位有权查验乘客的乘车凭证。

第二十七条 乘客及其他人员因违法违规行为对城市轨道交通运营造成严重影响的,应当依法追究责任。

第二十八条 鼓励运营单位采用大数据分析、移动互联网等先进技术及有关设施设备,提升服务品质。运营单位应当保证乘客个人信息的采集和使用符合国家网络和信息安全有关规定。

第四章　安全支持保障

第二十九条　城市轨道交通工程项目应当按照规定划定保护区。

开通初期运营前,建设单位应当向运营单位提供保护区平面图,并在具备条件的保护区设置提示或者警示标志。

第三十条　在城市轨道交通保护区内进行下列作业的,作业单位应当按照有关规定制定安全防护方案,经运营单位同意后,依法办理相关手续并对作业影响区域进行动态监测:

(一)新建、改建、扩建或者拆除建(构)筑物;

(二)挖掘、爆破、地基加固、打井、基坑施工、桩基础施工、钻探、灌浆、喷锚、地下顶进作业;

(三)敷设或者搭架管线、吊装等架空作业;

(四)取土、采石、采砂、疏浚河道;

(五)大面积增加或者减少建(构)筑物载荷的活动;

(六)电焊、气焊和使用明火等具有火灾危险作业。

第三十一条　运营单位有权进入作业现场进行巡查,发现危及或者可能危及城市轨道交通运营安全的情形,运营单位有权予以制止,并要求相关责任单位或者个人采取措施消除妨害;逾期未改正的,及时报告有关部门依法处理。

第三十二条　使用高架线路桥下空间不得危害城市轨道交通运营安全,并预留高架线路桥梁设施日常检查、检测和养护维修条件。

地面、高架线路沿线建(构)筑物或者植物不得妨碍行车瞭望,不得侵入城市轨道交通线路的限界。沿线建(构)筑物、植物可能妨碍行车瞭望或者侵入线路限界的,责任单位应当及时采取措施消除影响。责任单位不能消除影响,危及城市轨道交通运营安全、情况紧急的,运营单位可以先行处置,并及时报告有关部门依法处理。

第三十三条　禁止下列危害城市轨道交通运营设施设备安全的行为:

(一)损坏隧道、轨道、路基、高架、车站、通风亭、冷却塔、变电站、管线、护栏护网等设施;

(二)损坏车辆、机电、电缆、自动售检票等设备,干扰通信信号、视频监控设备等系统;

(三)擅自在高架桥梁及附属结构上钻孔打眼,搭设电线或者其他承力绳索,设置附着物;

(四)损坏、移动、遮盖安全标志、监测设施以及安全防护设备。

第三十四条　禁止下列危害或者可能危害城市轨道交通运营安全的行为:

(一)拦截列车;

(二)强行上下车;

(三)擅自进入隧道、轨道或者其他禁入区域;

(四)攀爬或者跨越围栏、护栏、护网、站台门等;

（五）擅自操作有警示标志的按钮和开关装置,在非紧急状态下动用紧急或者安全装置;

（六）在城市轨道交通车站出入口5米范围内停放车辆、乱设摊点等,妨碍乘客通行和救援疏散;

（七）在通风口、车站出入口50米范围内存放有毒、有害、易燃、易爆、放射性和腐蚀性等物品;

（八）在出入口、通风亭、变电站、冷却塔周边躺卧、留宿、堆放和晾晒物品;

（九）在地面或者高架线路两侧各100米范围内升放风筝、气球等低空飘浮物体和无人机等低空飞行器。

第三十五条 在城市轨道交通车站、车厢、隧道、站前广场等范围内设置广告、商业设施的,不得影响正常运营,不得影响导向、提示、警示、运营服务等标识识别、设施设备使用和检修,不得挤占出入口、通道、应急疏散设施空间和防火间距。

城市轨道交通车站站台、站厅层不应设置妨碍安全疏散的非运营设施。

第三十六条 禁止乘客携带有毒、有害、易燃、易爆、放射性、腐蚀性以及其他可能危及人身和财产安全的危险物品进站、乘车。运营单位应当按规定在车站醒目位置公示城市轨道交通禁止、限制携带物品目录。

第三十七条 各级城市轨道交通运营主管部门应当按照职责监督指导运营单位开展反恐防范、安检、治安防范和消防安全管理相关工作。

鼓励推广应用安检新技术、新产品,推动实行安检新模式,提高安检质量和效率。

第三十八条 交通运输部应当建立城市轨道交通重点岗位从业人员不良记录和乘客违法违规行为信息库,并按照规定将有关信用信息及时纳入交通运输和相关统一信用信息共享平台。

第三十九条 鼓励经常乘坐城市轨道交通的乘客担任志愿者,及时报告城市轨道交通运营安全问题和隐患,检举揭发危害城市轨道交通运营安全的违法违规行为。运营单位应当对志愿者开展培训。

第五章 应急处置

第四十条 城市轨道交通所在地城市及以上地方各级人民政府应当建立运营突发事件处置工作机制,明确相关部门和单位的职责分工、工作机制和处置要求,制定完善运营突发事件应急预案。

运营单位应当按照有关法规要求建立运营突发事件应急预案体系,制定综合应急预案、专项应急预案和现场处置方案。运营单位应当组织专家对专项应急预案进行评审。

因地震、洪涝、气象灾害等自然灾害和恐怖袭击、刑事案件等社会安全事件以及其他因素影响或者可能影响城市轨道交通正常运营时,参照运营突发事件应急预案做好监测预警、信息报告、应急响应、后期处置等相关应对工作。

第四十一条 运营单位应当储备必要的应急物资,配备专业应急救援装备,建立应急救援队伍,配齐应急人员,完善应急值守和报告制度,加强应急培训,提高应急救援能力。

第四十二条 城市轨道交通运营主管部门应当按照有关法规要求,在城市人民政府领导下会同有关部门定期组织开展联动应急演练。

运营单位应当定期组织运营突发事件应急演练,其中综合应急预案演练和专项应急预案演练每半年至少组织一次。现场处置方案演练应当纳入日常工作,开展常态化演练。运营单位应当组织社会公众参与应急演练,引导社会公众正确应对突发事件。

第四十三条 运营单位应当在城市轨道交通车站、车辆、地面和高架线路等区域的醒目位置设置安全警示标志,按照规定在车站、车辆配备灭火器、报警装置和必要的救生器材,并确保能够正常使用。

第四十四条 城市轨道交通运营突发事件发生后,运营单位应当按照有关规定及时启动相应应急预案。运营单位应当充分发挥志愿者在突发事件应急处置中的作用,提高乘客自救互救能力。

现场工作人员应当按照各自岗位职责要求开展现场处置,通过广播系统、乘客信息系统和人工指引等方式,引导乘客快速疏散。

第四十五条 运营单位应当加强城市轨道交通客流监测。可能发生大客流时,应当按照预案要求及时增加运力进行疏导;大客流可能影响运营安全时,运营单位可以采取限流、封站、甩站等措施。

因运营突发事件、自然灾害、社会安全事件以及其他原因危及运营安全时,运营单位可以暂停部分区段或者全线网的运营,根据需要及时启动相应应急保障预案,做好客流疏导和现场秩序维护,并报告城市轨道交通运营主管部门。

运营单位采取限流、甩站、封站、暂停运营措施应当及时告知公众,其中封站、暂停运营措施还应当向城市轨道交通运营主管部门报告。

第四十六条 城市轨道交通运营主管部门和运营单位应当建立城市轨道交通运营安全重大故障和事故报送制度。

城市轨道交通运营主管部门和运营单位应当定期组织对重大故障和事故原因进行分析,不断完善城市轨道交通运营安全管理制度以及安全防范和应急处置措施。

第四十七条 城市轨道交通运营主管部门和运营单位应当加强舆论引导,宣传文明出行、安全乘车理念和突发事件应对知识,培养公众安全防范意识,引导理性应对突发事件。

第六章 法律责任

第四十八条 违反本规定第十条、第十一条,城市轨道交通工程项目(含甩项工程)未经安全评估投入运营的,由城市轨道交通运营主管部门责令限期整改,并对运营单位处以2万元以上3万元以下的罚款,同时对其主要负责人处以1万元以下的罚款;有严重安全隐患的,城市轨道交通运营主管部门应当责令暂停运营。

第四十九条 违反本规定,运营单位有下列行为之一的,由城市轨道交通运营主管部门责令限期改正;逾期未改正的,处以5000元以上3万元以下的罚款,并可对其主要负责人处以1万元以下的罚款：

（一）未全程参与试运行；

（二）未按照相关标准对从业人员进行技能培训教育；

（三）列车驾驶员未按照法律法规的规定取得职业准入资格；

（四）列车驾驶员、行车调度员、行车值班员、信号工、通信工等重点岗位从业人员未经考核上岗；

（五）未按照有关规定完善风险分级管控和隐患排查治理双重预防制度；

（六）未建立风险数据库和隐患排查手册；

（七）未按要求报告运营安全风险隐患整改情况；

（八）未建立设施设备检查、检测评估、养护维修、更新改造制度和技术管理体系；

（九）未对设施设备定期检查、检测评估和及时养护维修、更新改造；

（十）未按照有关规定建立运营突发事件应急预案体系；

（十一）储备的应急物资不满足需要，未配备专业应急救援装备，或者未建立应急救援队伍、配齐应急人员；

（十二）未按时组织运营突发事件应急演练。

第五十条 违反本规定第十八条、第四十六条，运营单位未按照规定上报城市轨道交通运营相关信息或者运营安全重大故障和事故的，由城市轨道交通运营主管部门责令限期改正；逾期未改正的，处以5000元以上3万元以下的罚款。

第五十一条 违反本规定，运营单位有下列行为之一，由城市轨道交通运营主管部门责令限期改正；逾期未改正的，处以1万元以下的罚款：

（一）未向社会公布运营服务质量承诺或者定期报告履行情况；

（二）运行图未报城市轨道交通运营主管部门备案或者调整运行图严重影响服务质量的，未向城市轨道交通运营主管部门说明理由；

（三）未按规定向乘客提供运营服务和安全应急等信息；

（四）未建立投诉受理制度，或者未及时处理乘客投诉并将处理结果告知乘客；

（五）采取的限流、甩站、封站、暂停运营等措施，未及时告知公众或者封站、暂停运营等措施未向城市轨道交通运营主管部门报告。

第五十二条 违反本规定第三十二条，有下列行为之一，由城市轨道交通运营主管部门责令相关责任人和单位限期改正、消除影响；逾期未改正的，可以对个人处以5000元以下的罚款，对单位处以3万元以下的罚款；造成损失的，依法承担赔偿责任；情节严重构成犯罪的，依法追究刑事责任：

（一）高架线路桥下的空间使用可能危害运营安全的；

（二）地面、高架线路沿线建（构）筑物或者植物妨碍行车瞭望、侵入限界的。

第五十三条 违反本规定第三十三条、第三十四条，运营单位有权予以制止，并由城市轨道交通运营主管部门责令改正，可以对个人处以5000元以下的罚款，对单位处以3万元以下的罚款；违反治安管理规定的，由公安机关依法处理；构成犯罪的，依法追究刑事责任。

第五十四条 城市轨道交通运营主管部门不履行本规定职责造成严重后果的,或者有其他滥用职权、玩忽职守、徇私舞弊行为的,对负有责任的领导人员和直接责任人员依法给予处分;构成犯罪的,依法追究刑事责任。

第五十五条 地方性法规、地方政府规章对城市轨道交通运营违法行为需要承担的法律责任与本规定有不同规定的,从其规定。

第七章 附 则

第五十六条 本规定自 2018 年 7 月 1 日起施行。

附录 B

城市轨道交通运营管理规范（节选）

1 术语和定义

1.1 城市轨道交通：采用专用轨道导向运行的城市公共客运交通系统包括地铁系统、轻轨系统、单轨系统、有轨电车、磁浮系统、自动导向轨道系统、市域快速轨道系统。

1.2 运营单位：经营城市轨道交通运营业务的企业。

1.3 运营管理：运营单位实施的行车组织、客运组织与服务、设施设备运行与维护、车站与车辆基地管理、土建设施运行与维护、安全管理等工作。

1.4 行车组织：利用城市轨道交通设施设备，根据列车运行图组织列车运行的活动。

1.5 非正常情况：因列车晚点、区间短时间阻塞、大客流以及设备故障等原因，造成列车不能按列车运行图正常运营，但又不危及乘客生命安全和严重损坏车辆等设备，整个系统能够维持降低标准运行的状态。

1.6 应急情况：因发生自然灾害以及公共卫生、社会安全、运营突发事件等，已经导致或可能导致事故发生或设施设备严重损坏，不能维持城市轨道交通系统全部或局部运行的状态。

1.7 应急指挥中心：具有通信、指挥等功能，负责指挥城市轨道交通运营突发事件处置的应急救援场所。

1.8 运营时间：为乘客提供城市轨道交通运营服务的时间，即线路单一运行方向的始发站从首班车发车到末班车发车之间的时间。

1.9 车站客运服务人员：在车站内负责票务服务、安全巡视、秩序维护和乘客疏导等工作的人员。

1.10 列车驾驶员：具备城市轨道交通列车驾驶作业资格，从事列车驾驶岗位工作的人员。

1.11 调度员：具备城市轨道交通调度作业资格，从事调度岗位工作的人员，主要包括行车调度员、电力调度员、环控调度员和维修调度员等。

1.12 行车值班员：具备城市轨道交通车站作业资格，从事车站设备控制、列车运行监视等工作的人员。

1.13 其他人员：主要包括工程车驾驶员、特种设备作业人员、信号楼值班员、从事设备维修及操作维护人员等。

2 总体要求

2.1 运营单位应按有关规定取得相应的经营许可。

2.2 运营单位应保障城市轨道交通安全、有序、高效运营,为乘客提供安全、准时、便捷、舒适的服务。

2.3 运营单位应建立健全组织机构,设置行车组织、客运服务、设施设备维护和安全管理等部门,并保障各部门职责明确、分工合理、衔接紧密,制定切实可行的运营组织管理程序。

2.4 运营单位应配置具备相应岗位资格能力的生产、技术、管理等工作人员,并建立岗位责任制,保障定员合理、责任落实。

2.5 运营单位应建立健全安全管理、行车组织、客运组织与服务、设施设备运行维护、车站与车辆基地管理、应急预案等规章制度和操作办法。

2.6 运营单位应注重环境和生态保护,积极推广节能技术。

2.7 运营单位应建立资产管理体系,加强资产管理,控制风险和降低成本。

2.8 运营单位应按照下列计量单位对主要运营指标进行统计:

(1)年客运量:按"百万人次/年"统计;(2)日客运量:按"百万人次/日"统计;(3)年运营里程:按"列公里/年"统计;(4)日运营里程:按"列公里/日"统计;(5)年开行列次:按"万列次/年"统计;(6)年运营收入:按"百万元/年"统计;(7)年票务收入:按"百万元/年"统计;(8)年经营性收入:按"百万元/年"统计;(9)年运营总成本:按"百万元/年"统计;(10)年耗电量:按"万千瓦时/年"统计。

2.9 运营单位应统计上述运营指标,并向有关主管部门报告。

3 行车组织

3.1 一般要求

(1)行车组织应实行集中管理、统一指挥、逐级负责。

(2)行车组织工作应实行24h工作制。

(3)运营单位应制定正常情况、非正常情况和应急情况下的行车组织方案。

(4)运营单位应制定行车组织规则,并应根据行车线路的封闭方式、范围、线路条件、设备条件等,制定相应的细则。运营单位应按照行车组织规则及其细则做好行车组织工作。

(5)城市轨道交通列车正常情况下应按双线单方向组织运行。

(6)运营单位应对列车运行速度进行规定,并按规定的速度组织列车运行,列车运行速度不得超过允许的最高运行速度。

(7)行车时间以北京时间为准,从零时起计算,实行24h制;行车日期划分以零时为界,零时以前办妥的行车手续,零时以后仍视为有效。

3.2 列车运行调度

(1)运营单位应根据运营线路路网规模,设有一个或多个运营控制中心,承担日常运营调度指挥工作。

(2)运营单位应根据运营业务需要,合理设置运营控制中心岗位,明确岗位工作职责和技能要求,制定各岗位工作计划和流程。

(3)运营单位应根据线路设计运能、客流需求和设备技术条件,编制列车运行图,并应明确开行列车数、首末班车时间、区间运行时间、列车停站时间、列车折返时间等参数,以及运行限速、列车运行交路等技术要求。

(4)运营单位应根据城市轨道交通沿线乘客出行规律及变化,以及路网其他相关线路的列车运行情况,及时调整和优化列车运行图。

(5)列车运行调度的管理层次宜分为一级和二级两个指挥层级,二级服从一级指挥;一级指挥为运营控制中心值班主任、行车调度员、电力调度员、环控调度员和维修调度员等;二级指挥为行车值班员、车辆基地调度员等。各岗位人员应根据职责开展工作,并服从运营控制中心值班主任协调和指挥。

(6)运营控制中心人员职责应包括以下内容:

a) 值班主任负责统一协调和管理,完成调度指挥任务,协调解决运行中出现的问题。在非正常情况和应急情况下,决策并组织执行应急处置方案等;

b) 行车调度员负责组织实施正线及辅助线的行车组织作业等;

c) 电力调度员负责正线及车辆基地供电设备的监控、供电系统施工作业管理等;

d) 环控调度员负责火灾报警系统的中心级监控,车站环控设备及隧道通风系统的中心级监控等;

e) 维修调度员负责组织实施车站、正线及辅助线等设施设备的检查、维修、施工作业的组织实施等。

(7)行车调度工作应遵守以下基本规则:

a) 指挥列车运行的命令和口头指示,只能由行车调度员发布;

b) 行车调度员发布命令时,在车站由行车值班员或指定人员负责传达,在车辆基地由车辆基地调度员负责传达;

c) 行车调度员同时向多个车站行车值班员发布调度命令时,指定其中一名行车值班员复诵,其他行车值班员核对,确保无误。

(8)行车调度员应做好以下工作:

a) 检查各站执行列车运行图和行车相关施工计划的情况,及时发布行车命令和口头指示;行车调度员在发布命令前,应准确了解掌握现场情况;

b) 严格按列车运行图指挥行车,发生非正常情况或应急情况时,按照预案及时、准确处置,保障运营安全;

c) 监控列车在车站到发及区间内的运行情况,及时、准确处理临时发生的问题,防止列车运行事故发生;

d) 必要时可授权实行降级控制,保证列车运行安全。

(9)当信号设备发生故障不能正常使用时,行车调度员发布调度命令停止基本闭塞法,采用电话闭塞法组织行车,列车驾驶员以人工驾驶模式驾驶列车运行,相关操作满足以下要求：

　　a）行车调度员发布停止基本闭塞法，改用电话闭塞法组织行车命令前，应确认电话闭塞区段内全部列车到站停稳，且电话闭塞区段内所有区间空闲；

　　b）行车值班员应将承认闭塞、列车出清站线、取消闭塞等情况记入行车日志；

　　c）行车值班员应准确填写路票，确认无误并加盖站名印后，交由列车驾驶员作为行车凭证；

　　d）列车凭路票占用区间，一个区间只允许一列车运行；

　　e）行车调度员确认设备已恢复正常并测试完毕后，方可取消电话闭塞；

　　f）行车调度员应先向车站发布取消电话闭塞的调度命令，再向列车驾驶员发布取消电话闭塞的调度命令。

　　（10）发生火灾时，调度员应按照应急预案进行如下操作：

　　a）环控调度员应执行相应的通风排烟模式；

　　b）行车调度员应指挥列车运行，及时疏散乘客，调整后续列车运行；

　　c）电力调度应切断牵引电流和设备电流，保证排烟系统的电源供应，监视供电设备和电缆状态，防止乘客触电；

　　d）维修调度员应启动抢修工作。

　　（11）列车在区间发生火灾时，如列车能继续运行，应继续运行至就近车站并及时疏散乘客；列车无法继续运行被迫在区间停车时，列车驾驶员应按调度命令组织乘客就地疏散。

　　3.3　车站行车组织

　　（1）车站行车组织工作应包括：监督行车设备运转状态，收集信息并上报运营控制中心，执行行车调度员命令调整列车运行，与列车驾驶员执行联控措施。

　　（2）运营单位应制定车站行车工作细则，内容应包括：车站技术设备的使用、管理，接发列车、调车以及与行车有关的客运工作组织，技术作业程序和作业时间，并附车站线路平面图、联锁图表及接触网（轨）分段绝缘器位置等技术资料。

　　（3）车站应将车站行车工作细则按专业岗位摘录分发；车站行车工作相关人员，应遵守车站行车工作细则规定。

　　（4）车站实行层级负责制，宜分为：站长、值班站长、行车值班员、车站客运服务人员。

　　（5）站长代表运营单位在车站行使属地管理权，应做好以下工作：

　　a）组织领导车站员工开展工作，根据工作目标和工作要求，制定车站工作计划；

　　b）全面负责车站的安全管理工作，定期组织开展车站安全宣传、安全教育和安全检查，落实车站安全隐患的整改措施；

　　c）全面负责车站的客运服务工作，监督指导车站客运服务人员为乘客提供优质服务。

　　（6）值班站长服从站长领导，应做好以下工作：

　　a）组织本班员工开展工作，及时按程序要求向站长汇报工作情况；

b) 负责本班车站运营组织工作,服从运营控制中心调度员指挥,组织执行相关调度命令;

c) 负责本班安全工作,车站发生突发事件时,根据应急预案和上级指令及时采取措施;

d) 负责本班服务工作,监督指导车站客运服务人员为乘客提供优质服务;

e) 负责巡视、检查车站设施设备状况,发现故障、异常情况及时处理和报告。

(7)行车值班员服从值班站长领导,应做好以下工作:

a) 开展车站行车组织工作,服从运营控制中心调度员指挥,执行相关调度命令;

b) 负责操作、监控车站行车相关设施设备,监视乘客乘降,掌握车站客流情况,发现故障、异常情况时,及时与调度员进行联系,按有关程序处理和报告;

c) 负责车站施工作业登记及施工安全管理;

d) 负责记录交接班事项和其他需要记录的事项。

(8)车站应设置包括售票、站厅巡视、站台巡视等岗位,车站客运服务人员职责分别为:

a) 售票人员负责售票,处理与乘客相关的票务事务,填写票务报表,负责售票厅内设备备品管理;

b) 站厅巡视人员负责巡视站厅区域内的消防设备、乘客信息服务设备、自动售检票设备、标志标识、照明设备、电梯、自动扶梯等服务设施设备及可疑物品,注意乘客进出站情况,及时主动向有需要的乘客提供服务;

c) 站台巡视人员负责巡视站台区域内的消防设备、乘客信息服务设备、标志标识、照明设备、电梯、自动扶梯、屏蔽门(安全门)状态、站台候车椅等服务设施设备及可疑物品;负责按站台接发列车规范接发列车,监视列车运行状态、乘客候车及上下车状态,提醒乘客注意安全,进行乘客疏导,及时处理站台区域发生的突发事件,及时主动向有需要的乘客提供服务。

(9)列车停站时分超过规定时间时,车站行车值班员应向行车调度员报告。

(10)列车到站进行折返作业时,列车驾驶员应按车站行车工作细则作业。

(11)信号系统出现故障的情况下,车站可根据行车调度员的命令,准备列车进路,办理接发列车手续。

3.4 车辆基地行车组织

(1)车辆基地行车由车辆基地调度员统一指挥,并由其负责车辆基地日常运营和设备维修组织等工作。车辆基地的其他工作人员应服从车辆基地调度员的指挥,按照各自职责开展工作。

(2)车辆基地调度员应按车辆基地管理制度和调车作业规程办理作业。

(3)车辆基地应确保运用车状态良好,符合列车上线有关标准;应确保备用车状态良好,并停放在车辆基地运用库指定位置,做好随时发车准备。

(4)车辆基地内作业应优先接发列车;接发列车时,应提前停止影响接发车进路的调车作业;发车时,应按规定时间提前开放发车信号。

(5)车辆基地接发列车应灵活运用股道,做到正点发车,不间断接车,减少转线作业。

(6)信号楼值班员应按照车辆基地调度员的指挥及接发列车计划、调车作业计划,准确及时准备进路,做好接发列车组织工作。

(7)发车前,信号楼值班员应检查确认进路、道岔位置正确,影响进路的调车作业已经停止后方可开放发车信号;接车前,应检查确认接车线路空闲,进路、道岔位置正确,影响进路的调车作业已经停止后方可开放接车信号。

(8)列车驾驶员不得在车辆基地道岔、咽喉区擅自停车;因特殊原因需在道岔、咽喉区临时停车时,车辆基地调度员、信号楼值班员应向列车驾驶员查明停车原因,并在列车具备运行条件后,指示列车驾驶员启动列车。

3.5 列车驾驶

(1)列车驾驶员负责正线、辅助线和车辆基地内列车驾驶,应安全、正点完成驾驶作业任务。

(2)列车驾驶员应根据列车运行图,严格执行调度命令,按信号显示要求行车,严禁臆测行车。

(3)列车驾驶员应熟悉正线、辅助线和车辆基地线路、信号、股道、道岔状况和限速规定。

(4)列车驾驶员出勤前应充分休息,严禁饮酒或服用影响精神状态的药物;出勤时应按规定着装,携带驾驶证、驾驶员日志、手电筒等行车必备物品,禁止携带与工作无关的物品。

(5)列车驾驶员在出勤前,应抄写调度命令、值乘计划及当日行车安全注意事项,了解车辆、线路技术状况,做好行车预想。

(6)列车驾驶员在车辆基地出勤前,应熟知值乘车号、车次、列车停放股道等信息,领取列车钥匙等物品。

(7)列车驾驶员在车辆基地出勤前进行列车整备作业,包括以下内容:

a)列车驾驶员应检查确认列车走行部位、电器箱体及车体外观等无异常,确认车辆限界内无人员及异物侵入;

b)列车驾驶员应做好列车检查和试验,确保列车在投入运营前技术状态良好;

c)列车驾驶员应对两端驾驶室进行检查,确认操作手柄、开关处于规定位置,灭火器、随车工具等备品齐全、封条完好。

(8)列车驾驶员在驾驶列车时,满足以下要求:

a)应精神集中,加强瞭望,注意观察仪表、指示灯、显示屏的显示和线路状态。

b)应严格执行呼唤作业规定,手指眼看口呼唤,做到内容完整、时机准确、动作标准、声音清晰。

c)运行中发生列车故障或发生危及运营安全情况时,应按相应预案要求果断处理。

d)接到调度命令时,应逐句复诵,确认无误后认真执行;对调度命令有疑问时,应核实清楚后再认真执行;换班时,应准确交接调度命令。

　　e) 其他人员需登乘列车驾驶室时,应认真查验登乘凭证并做好记录。

　　(9)列车驾驶员在运行中发现有影响行车的障碍物、区间有人员、线路有异常等情况时,应果断停车,并将情况立即报告行车调度员,按行车调度员指示处理。

　　(10)列车发生故障时,列车驾驶员应按行车调度员指令采取措施。列车发生突发事件时,列车驾驶员应及时通过列车广播向乘客说明情况。

　　(11)列车驾驶员退勤时,应满足以下要求:

　　a) 交回行车备品,汇报运行情况,确认下次出勤时间及地点;

　　b) 如在驾驶过程中发现列车故障,将故障及处理情况如实报告。

　　(12)运营单位应合理制定乘务组织计划,保证列车驾驶员两次值乘之间有充足的休息时间,避免疲劳驾驶;在线路两端车站,应设有列车驾驶员休息、就餐、卫生等场所。

4　客运组织

4.1　一般要求

　　(1)运营单位应制定服务质量管理、票务管理等客运服务制度,根据列车运行图、车站设施设备和人员情况等编制客运组织方案。

　　(2)运营单位应建立公共卫生管理制度,保持车站、车厢整洁卫生。

　　(3)运营单位应确保城市轨道交通线路的全天运营时间不少于15h。

　　(4)当有两条以上具有换乘功能的运营线路时,应具备乘客一次购票(卡)连续乘坐不同线路的功能,实现线网一票(卡)通用功能。

　　(5)车站应提供现场问询服务。

4.2　客运组织管理

　　(1)运营单位应确保客运服务设施完好、标志标识明显,并满足以下要求:

　　a) 运营单位在车站和列车上设置运营线路图,提供首末车时间、运行方向、到站和换乘等信息,并在站台上向乘客提供列车到达时间。

　　b) 运营单位确保车站照明、通风、制冷供暖、电扶梯、自动售检票、屏蔽门(安全门)、卫生间和无障碍设施等客运服务设施设备完好、正常,并配置醒目、明确、规范的标志标识。

　　c) 车站各类导向标志清晰、完整,并保持正常工作状态,在通道、出入口明显位置设置清晰的导向标志引导客流进站、换乘、出站;车站设置禁入标志,明示禁入区域,并设有阻挡外界人、物送入的防范设施。

　　d) 车站广告、商业设施、宣传品等的设置不得遮挡标志标识,不得影响车站行车和客运组织。

　　e) 当车站不设站台屏蔽门时,按 GB 50157-2013 的规定在站台设置醒目的安全警示标识。

　　(2)运营单位根据车站客流情况,做好客流组织工作,加强巡查管理,并满足以下要求:

a) 运营单位应优化车站客流组织,保证乘客进出站顺畅,避免进出站客流交叉;
b) 车站客运服务人员应做好车站管理区域的巡查和管理;
c) 运营单位在客流高峰时段应增派车站客运服务人员,维持乘车秩序;
d) 当发生突发客流影响行车安全或乘客人身安全时,运营单位应及时采取控制措施,保障乘客安全和运营秩序;
e) 发生紧急情况时,运营单位应采取措施控制事态扩大。

(3)运营单位采用多种宣传形式,向乘客宣传客运服务有关事项和安全知识,并满足以下要求:

a) 广播用语应以普通话为基本服务语言,宜提供英语、方言服务,表达规范、清晰、准确。
b) 车站应广播文明候车、安全乘车等信息;列车进站时,车站应广播列车开行方向、安全乘车等信息;换乘站应广播换乘信息。
c) 列车到站时,列车应广播到达站站名;列车启动后,列车应广播前方到站站名,前方到站为换乘站时,应广播换乘信息;前方到站需要换开另侧车门时,应提前告知乘客。
d) 列车车门开关时,应通过声音和警示灯,提醒乘客注意安全。
e) 运营单位对需要清客、不停车通过车站等情况,应及时告知乘客。
f) 发生突发事件时,运营单位应通过广播系统、乘客服务信息系统和专人引导等方式,引导乘客快速疏散,并向乘客做好解释工作。
g) 运营单位需组织停运或改变运输组织方式时,应及时向相关主管部门报告并向社会公告。

(4)运营单位应在车站入口处张贴禁止携带易燃易爆化学危险品进站乘车的警告标志。发现有携带易燃易爆化学危险品的乘客,运营单位应禁止其进站乘车。运营单位因工作需要携带易燃易爆化学危险品的人员,应乘坐专用列车或乘其他符合安全运输规定的运输工具,进出站时和运输途中应做好安全防护措施。

(5)运营单位对车站内无人认领的物品,应立即转移至远离乘客的区域,并进行安全检查。如发现易燃易爆化学危险品等,应及时进行处理,必要时应向有关部门报告。

4.3 客运组织服务

(1)客运组织服务范围应包括:维护车站秩序,组织乘客有序乘降;提供售票、检票、充值、退票、补票等票务服务;处理乘客投诉、乘客纠纷,回答乘客咨询;提供无障碍乘车服务。

(2)运营单位应加强服务管理,改进和提高客运服务质量,并应采取一下措施:加强员工培训,增强爱国敬业和优质服务意识;提高员工的规范服务技能和业务水平;建立与乘客沟通渠道,加强与乘客沟通;建立投诉监督机制,接收社会监督。

(3)运营单位应制定明确的客运组织服务标准,为乘客提供符合规范的服务设施、候车环境和乘车环境。

(4)运营单位应加强服务质量考核与管理,完善考核管理制度,定期开展考核工作;

应定期开展或委托第三方进行乘客满意度调查,并对发现的问题进行及时整改。

(5)运营单位应在站厅、站台和列车内显著位置公布监督投诉电话。

(6)运营单位应设置受理和处理乘客投诉的专职机构和专职人员。

(7)运营单位接到乘客投诉后,应在24h内处理,7个工作日内处理完毕,并将处理结果告知乘客。

(8)城市轨道交通客运服务,年度统计数据满足以下指标要求:列车正点率应大于或等于98.5%;列车运行图兑现率应大于或等于99%;有效乘客投诉率不应超过3次/百万人次,有效乘客投诉回复率应为100%。

5 人员管理

5.1 一般要求

(1)运营单位应根据岗位工作标准,进行岗前和在岗操作技能培训;对参与突发事件应急处置工作的人员,运营单位还应进行特定业务培训和定期演练。

(2)运营单位应制定年度教育培训计划,落实培训资金,开展相应培训,做好培训记录,建立培训档案。

(3)列车驾驶员、调度员和行车值班员满足下列要求:持证上岗;定期进行健康检查;身体条件不符合任职岗位要求的人员,应调整工作岗位;按规定着装,正确佩戴服务标志,用语规范,服务热情;严禁酒后上岗。

5.2 列车驾驶员

(1)列车驾驶员应接受行车设施设备、行车组织规程等内容的培训。上岗前应接受驾驶车型的基本构造、一般故障处理及所行线路的行车组织和应急处置等内容的培训。在培训期间,应进行车辆故障、火灾、停电和脱轨等险情的模拟操作;并在经验丰富的驾驶员的指导和监督下,驾驶里程不少于5000km。

(2)列车驾驶员应定期进行心理测试,对不符合要求的列车驾驶员,运营单位应及时调整。

(3)列车驾驶员脱离驾驶岗位6个月以上或发生过事故的,应进行身体检查和心理测试,并重新进行上岗考试。

5.3 调度员

(1)调度员负责监视列车运行及设备运转状况,及时准确下达控制命令,处理运营中的各类事件,并做好相关记录。

(2)应由经验丰富的调度员担任值班主任;值班主任应经过系统岗位培训,具有行车调度岗位工作经验,熟悉电力调度、环控调度等工作内容和流程,并持证上岗。

(3)行车调度员应接受运营调度、行车组织、客运组织、施工管理以及应急处置等内容的培训。

(4)电力调度员应接受安全作业、电力指挥、电力倒闸操作以及应急处置等内容的培训。

(5)环控调度员应接受环境与设备监控系统、屏蔽门(安全门)系统、火灾自动报警系统及相关机电设备的操作、维修管理以及应急处置等内容的培训。

(6)维修调度员应接受车站、正线及辅助线技术设备的维修实施、应急抢险、抢修等内容的培训。

5.4 行车值班员

行车值班员应接受车站行车管理、客运、票务、施工、车站设施设备操作以及应急处置等内容的培训。

5.5 车站客运服务人员

车站客运服务人员应接受客运服务、票务处理、紧急救助、车站紧急设备操作以及应急处置等内容的培训。

5.6 其他人员

(1)设备维修人员应具有相关专业工作技能,熟悉岗位操作流程和工作要求。

(2)特种设备作业人员应参加专业培训并取得从业资格证,方可上岗。

(3)驾驶列车、操作信号或重要设备及办理行车作业的实习人员,应在专职指导人员的监督下进行实际操作。

(4)负责车辆维修的人员应接受车辆构造、电气设备、专业工具使用以及维修规程等内容的培训。车辆维修电工应持有低压电工操作证方可上岗。

(5)负责供电系统维修的人员应接受安全作业、设备巡视、电力倒闸操作、接触网(轨)维护、电力监控系统维护操作以及应急处置等内容的培训,并持有高压电工操作证方可上岗。

(6)负责通信系统维修的人员应接受传输系统、电话系统、无线通信、时钟系统、闭路电视系统、广播系统、乘客信息服务系统、光缆和电缆等维修规程,信息安全,仪器仪表使用以及应急处置等内容的培训。

(7)负责信号系统维修的人员应接受列车自动控制系统、车载设备和轨旁设备维护、专用仪器仪表使用以及应急处置等内容的培训。

(8)负责机电系统维修的人员应接受环境与设备监控系统、火灾自动报警系统、屏蔽门(安全门)系统、电梯、自动扶梯和售检票等设备的操作规范以及应急处置等内容的培训。机电系统维修人员应持有低压电工操作证方可上岗。

(9)工程车驾驶员应接受调车作业、工程施工作业、救援牵引作业、应急供电作业以及限界检测等内容的培训。

参 考 文 献

[1] 孙章,蒲琪.城市轨道交通概论[M].北京:人民交通出版社,2010.
[2] 毛保华.城市轨道交通系统运营管理[M].北京:人民交通出版社,2006.
[3] 徐金祥,冲蕾.城市轨道交通信号基础[M].北京:中国铁道出版社,2010.
[4] 何静.城市轨道交通运营管理[M].北京:中国铁道出版社,2007.
[5] 张秀媛.城市轨道交通客流分析[M].北京:北京交通大学出版社,2011.
[6] 张国宝.城市轨道交通运营组织[M].上海:上海科学技术出版社,2006.
[7] 吴汶麒.轨道交通运行控制与管理[M].上海:同济大学出版社,2007.
[8] 朱顺应.城市轨道交通规划与管理[M].南京:东南大学出版社,2008.
[9] 程钢.城市轨道交通运营组织[M].成都:西南交通大学出版社,2010.
[10] 耿幸福.城市轨道交通行车组织[M].北京:人民交通出版社,2010.
[11] 叶华平.城市轨道交通概论[M].北京:中国铁道出版社,2009.
[12] 王艳辉,祝凌曦.城市轨道交通运营安全管理方法与技术[M].北京:北京交通大学出版社,2011.
[13] 秦启文,陆林,周永康.突发事件的预防与应对[M].北京:新华出版社,2008.
[14] 百度百科.http://baike.baidu.com/
[15] 维基百科.http://zh.wikipedia.org/zh-cn/
[16] 王红梅.城市轨道交通的运营管理研究[D].北京:北京交通大学,2007.
[17] 胡晓嘉,顾保南,吴强.城市轨道交通运营管理模式研究[J].城市轨道交通研究,2002(4).
[18] 欧阳志坚,马小毅.城市轨道交通客流规模影响因素分析[J].城市轨道交通研究,2004(3).
[19] 王如路,李素莹,陈光华.上海轨道交通网络化客流特征及规律初探[J].地下工程与隧道,2008(4).
[20] 王奕,徐瑞华.基于周期时变特点的城市轨道交通短期客流预测研究[J].城市轨道交通研究,2010(1).
[21] 吴金洪,韦强.TBTC与CBTC系统的比较与选型[J].中国铁路装备,2010(1).
[22] 郭平.城市轨道交通客流特征及预测相关问题[J].城市轨道交通研究,2010(1).
[23] 屈明月.城市轨道交通开行跨站停列车的综合评价研究[J].石家庄铁道大学学报(自然科学版),2012(2).
[24] 鲁放,韩宝明.2011年中国城市轨道交通运营线路统计与分析[J].都市快轨交通,2012(1).
[25] 万传风、魏庆朝.城市轨道交通运行评价指标体系[J].中国安全科学学报,2006(5).
[26] 朱沪生.上海城市轨道交通网络化建设的实践和对策[J].城市轨道交通研究,2006(12).